仓央嘉措

诗传全集

闫晗 / 编著

中国華僑出版社

图书在版编目 (CIP) 数据

仓央嘉措诗传全集 / 闫晗编著 . —北京：中国华侨出版社，2010.12
ISBN 978-7-5113-1093-4

I.①仓… Ⅱ . ①闫… Ⅲ . ①仓央嘉措（1683 ~ 1706）—传记 Ⅳ . ① K825.6

中国版本图书馆 CIP 数据核字（2010）第 245299 号

仓央嘉措诗传全集

编　　著：闫　晗
责任编辑：刘雪涛
封面设计：王明贵
文字编辑：周水琴
美术编辑：张军莲　张　诚
经　　销：新华书店
开　　本：880mm × 1230mm　1/32　印张：11　字数：273 千字
印　　刷：北京德富泰印务有限公司
版　　次：2011 年 6 月第 1 版　2021 年 6 月第 14 次印刷
书　　号：ISBN 978-7-5113-1093-4
定　　价：28.00 元

中国华侨出版社　北京市朝阳区西坝河东里 77 号楼底商 5 号　邮编：100028
法律顾问：陈鹰律师事务所
发 行 部：（010）58815874　传　　真：（010）58815857
网　　址：www.oveaschin.com　E-mail：oveaschin@sina.com

前言

那一天，
我闭目在经殿的香雾中，
蓦然听见，
你诵经中的真言[1]；

那一月，
我摇动所有的经筒，
不为超度，
只为触摸你的指尖；

那一年，
磕长头[2]匍匐在山路，
不为觐见，
只为贴着你的温暖；

那一世，
转山转水转佛塔[3]，
不为修来世，
只为途中与你相见；

那一夜，
我听了一宿梵唱，
不为参悟，
只为寻你的一丝气息；

那一月，
我转过所有经筒，
不为超度，
只为触摸你的指纹；

那一年，
我磕长头拥抱尘埃，
不为朝佛，
只为贴着你的温暖；

那一世，
我翻遍十万大山，
不为修来世，
只为路中能与你相遇；

那一瞬，
我飞升成仙，
不为长生，
只为佑你平安喜乐；

只是，
就在那一夜，

前言

我忘却了所有，
抛却了信仰，
舍弃了轮回[4]，
只为，
那曾在佛前哭泣的玫瑰，
早已失去旧日的光泽。

这首诗彰显出了一个世人眼中的仓央嘉措。他细腻、温柔，是拉萨[5]街头翩翩浪子，是雪域青天下的英俊少年。

今天如果有机会走入布达拉宫[6]，走到这座恢弘宫殿的顶层——红宫[7]，人们会看到历代达赖喇嘛[8]的灵骨塔。为那句“我摇动所有的经筒，不为超度，只为触摸你的指尖”，有无数痴于情爱的红尘男女去往红宫，试图接近诗人最后的归宿，倾听这位忧郁的王者灵魂寂静的叹息。但他们一定会失望，那些华贵的金塔，独独少了仓央嘉措的那一座。

事实上，他传奇人生的真正结局至今都是一个谜。有说法认为他被政敌拉藏汗杀害于押解京师的路上，还有说法认为他在青海湖自沉。对他抱有深刻同情者，更愿意相信他在五台山坐化以及在内蒙古阿拉善传法这两种结局。

仓央嘉措，1683 年出生于西藏[9]南部门隅纳拉山下普通的农奴家庭。作为一代格鲁派[10]教宗的他，父亲与母亲以及世世代代的先祖都笃信宁玛派[11]。宁玛派僧可以恋爱结婚，不认为爱情与信仰有什么冲突，而格鲁派主张禁欲。仓央嘉措 15 岁才坐床，他在宁玛派文化氛围中长大，受俗世欲望的熏染，情爱对他来说不是洪水猛兽，而是那么天真自然。他生命从一开始就埋下了悲剧的种子。

而他悲情命运的另一位促成者，就是第巴仲麦巴・桑结嘉措[12]。由于当时西藏复杂的局势，五世达赖阿旺罗桑嘉措去世后匿丧。我们可以肯定，在当时的条件下，匿丧确实是对格鲁派最有利的处理方式。但是，五世达赖的死被隐瞒了15年，随着格鲁派的壮大，继续瞒而不报没有可以让人信服的理由。越来越多的研究者相信，是第巴的权力欲望使他做出了这宗胆大包天的欺瞒事件，他不想交回权力。即使在清政府发现了事情真相后，当仓央嘉措在康熙帝的支持下坐床之后，第巴桑结嘉措依然不肯交出权力。他让一位颇有才华的宗教领袖坐了冷板凳，成为他的傀儡。

仓央嘉措在藏南的山野中长大，向往自由和爱情。他不在乎什么身份地位，扮作俗人模样在拉萨夜晚游乐，享受酒馆里醇美的青稞酒[13]，享受与姑娘们的爱情。如果仅仅沉溺于情爱，仓央嘉措不会受到不同年代、不同民族、不同信仰的人的喜爱。真实的仓央嘉措是一位富有才华的诗人。他的诗歌在西藏流传很广。

对于仓央嘉措的诗歌，现在普遍带有争议，即他的作品究竟是令世人倾倒的情歌，还是宗教作品道歌。一些研究者认为，仓央嘉措的作品实质上是极富宗教意味的、意思含蓄暧昧的道歌，由于翻译原因以及文化原因，成了我们今日所见的“仓央嘉措情歌”。岁月能使地面苍青的树木变成地下蕴藏太阳光热的煤石，亦会使久远年代一个平淡的故事变成千年后一个惊心动魄的传说。即使仓央嘉措创作的当真是道歌，那又如何，他已然是一个时光铸就的传奇，与藏族英雄格萨尔王[14]一样，成为雪域不朽的传说，一个浪漫、有情的大活佛[15]。

本书较为全面地收录、整理、翻译了仓央嘉措流传下来的作品，做了文辞优美的赏析，不偏重学术的分析，只愿与仓央嘉措诗歌爱好者们分享那些真挚朴实的字句带来的瞬息感动。

为了让大家较为深入地了解这位浪漫的诗人，我们特别撰写了他的传记，较为清晰地理清了时代的脉络，同时尝试探研了诗人的情感世界，希望能从某一个角度完善读者对这位诗人认知的缺失，让大家心目中有一个更真实、立体、有血有肉的仓央嘉措。

注释

①真言：又称咒。梵语叫曼怛罗。真言就是诸佛菩萨及明王天等之本誓本愿。有三种：大咒（根本咒）、中咒（心咒）与小咒（心中心咒）。真言能发神通，除灾患，与世间的咒禁法相似，所以叫作咒。

②磕长头：为藏传佛教信仰者礼佛朝圣最至诚的方式之一。其五体投地，称为“身”敬；同时口念咒语，称为“语”敬；心中观想佛陀，称为“意”敬。三者统一。有长途、短途和就地三种。短途或十数天，或几小时；远者则不远千里，朝启夕止，风餐露宿，要历经累年数月，匍匐行于雪域沙石路上。

③佛塔：佛塔在佛教中拥有极其特殊的地位，一般讲，佛教中佛像象征的是佛祖之“身”，佛经象征的是佛祖之“语”，而佛塔则象征着佛祖之“意”。功德都极大。又因为在身、语、意三者之中，以意为最上、最殊胜，故佛塔的意义不言而喻，建造佛塔之功德亦难估量。而修造珍藏佛舍利塔便更是涵盖了佛祖之身、语、意，其福德功量不可思议至极。

④轮回：又称轮转、流转、生死轮回、轮回转生、生死。指众生因起惑造业的影响，而在六道迷界中流转生死。因为像车轮旋转，循环不停，所以称轮回。 佛教认为，众生因于无明与爱执而轮回于生死。轮回境界有三界六道，前者指欲界、色界与无色界，后者即六道轮回，指天、人、阿修罗、畜生、饿鬼、地狱。大乘佛教一般都讲六道，但说一切有部则除去阿修罗而说五道或五趣。天、人、阿修罗称为三善道，或三善趣；畜生、饿鬼、地狱称为三恶道，或三恶趣；天为最佳，地狱则为最恐怖之处。轮回思想源自灵魂转生、不灭原理，为印度各派宗教、哲学所共通之根本思想，与业的思想结合之后更被佛教采用，并得发展演绎。轮回思想在中国及日本皆广泛流传，在藏传佛教里则形成了活佛转世信仰。

⑤拉萨：即拉萨市，西藏自治区首府，在西藏自治区的东南部，拉萨河的北岸，有着1300多年的悠久历史。公元7世纪松赞干布统一西藏时，将王城从雅隆迁到了逻些，也就是后来的拉萨，并建立了吐蕃王朝。在藏语中“拉萨”为“圣地”、“佛地”之意，其西连日喀则地区，东邻林芝地区，南与山南地区交界，北则接那曲地区，总面积约3万平方千米。人口约50万，生活着藏、回、汉等31个民族，其中以藏族为主，约占80%以上。 一直以来拉萨就是西藏政治、文化、宗教、经济的中心，其标志性建筑布达拉宫，宏伟壮丽；还有大昭寺、小昭寺等等众多文物古迹和珍宝。

⑥布达拉宫：布达拉是梵语音译，意为舟岛、佛教圣地，原系指观世音菩萨所居之岛。屹立于拉萨市区西北的玛布日山上。为宫堡式建筑群，规模宏大，是西藏的标志性建筑。据《新唐书·吐蕃传》记载，公元7世纪时，松赞干布为迎娶唐文成公主而建布达拉宫。后毁于战乱天灾。清朝顺治时重建。后经历代扩建，始成今日规模。整座宫殿总建筑面积约13万平方米。依山而起，集宫殿、佛殿、灵塔殿、经堂、僧舍等为一体，其中主楼高117米，共9

层。整个建筑气势雄伟，藏式风格鲜明，是现在世界上规模最大、海拔最高的宫殿建筑群，有“世界屋脊的明珠”之美誉。布达拉宫收藏着无数文物珍品与稀世宝物，堪称艺术之宝库。

⑦红宫：是布达拉宫主体建筑之一（另一为白宫），因其外观颜色为红色而得名。建筑主体主要是灵塔殿，其中以五世达赖的灵塔最为壮观，高14.85米，塔体通身全部以黄金包镶，外面还镶饰了无数宝石。此外还有殿堂群，包括寂圆满大殿及法王洞、殊胜三界殿、响铜殿、上师殿等殿堂。

⑧喇嘛：在藏文中有“至尊导师”或“至高无上者”的含义。在活佛制度出现之后，喇嘛逐渐被作为活佛的另一个重要尊称，代表着活佛是引领僧侣信徒走向成佛之道的上师或导师。

⑨西藏：古时称吐蕃，清朝时正式定名西藏。西藏历史大致发展情况：唐宋时为吐蕃；元朝属宣政院；明朝称乌思藏，设都司等；清朝初期称卫藏，也叫“图白忒”、“土伯特”或“乌思藏”等，卫指前藏，藏即后藏，后正式定名为西藏。清朝设西藏办事大臣管理西藏事务。西藏自治区位于青藏高原的西南部，东连四川省，东南与云南省相连，北与新疆维吾尔自治区和青海省毗邻，南边与西部和印度、缅甸、尼泊尔、不丹等国接壤。

⑩格鲁派：又称格鲁巴，格登巴。1409年始于格登建寺，故名。格鲁即汉语善规之义，指该派主张严守戒律。僧徒戴黄色僧帽，因称黄教。创自宗喀巴大师，其教理源自噶当派，故又称新噶当派。有格鲁之教法，亦多有绍自萨嘉、迦当、噶举等派者，因时退弊，融汇革新，遂成具有鲜明密宗特色的合释尊一代教法之密乘宗派。其后又有争葱寺、哲蚌寺、扎什伦布寺等格鲁寺院建造，格鲁派其宗大成，最终成为藏传佛教后期派别中最重要的一支。

⑪宁玛派：全称为“旧译密咒派”，是“古、旧”之义，是藏传佛教中最为古老的一个教派。宁玛派重视传承和弘扬西藏早期佛教的旧密咒，直承早先吐蕃时期佛教法统，在渊源上早于后弘期形成的其他诸派别，是最早传入西藏的密教。同时，它也吸收了西藏原始苯教的部分内容，主张寻找挖掘朗达玛灭佛时期藏匿失落的佛学经典，以红色僧帽为标志，故又称红教。

⑫仲麦巴·桑结嘉措：仲麦巴·桑结嘉措（1653～1705），政治家、第五世第巴，也是一位具有极高学术造诣的学者。他在佛学、天文、历算、医学、医药、法律等方面都有著述，比较有名的有《医学广论药师佛意庄严四续光明蓝琉璃》、《黄教史》、《法典明鉴》等，还整理校订了《四部医典》。他还在拉萨药王山建立了医学利众寺，开设课程，注重实践和交流，有不少后来著名的藏医学者都在此地学习过。

⑬青稞酒：以青稞制成的酒。藏语中称“羌”。是藏族人最爱喝的酒。节日喜庆及婚嫁生子、迎送亲友等都要饮此酒。

⑭格萨尔王：格萨尔王（1038～1119），藏族著名英雄首领。自幼家贫，16岁赛马选为岭国国王，一生戎马，扬善抑恶，南征北战，统一150多个大小部落。格萨尔去世后，都城森周达泽宗被岭葱家族改为家庙，1790岭葱土司翁青曲加主持修建了“格萨尔王庙”。传说中，格萨尔王是连花生大师化身，一生除暴安良，弘扬佛法，成为藏族人民世代缅怀敬仰的一位旷世英雄。《格萨尔王传》即是赞颂他的英雄史诗。

⑮活佛：即藏传佛教转世喇嘛，本义指化身。在藏传佛教中，那些修行很高，能据己意转世者被称为朱毕古、珠古、仁波切、阿拉、喇嘛等，即“化身”或“转世者”。活佛是汉族地区对藏传佛教转世喇嘛的称法。事实上，在藏传佛教中并无此词，活佛的称法也并不能真正表示转世喇嘛。活佛是藏传佛教在发展过程中的一种独特的雪域高原宗教文化产物。直到今天，各宗派活佛仍然在藏传佛教中占据重要地位，是最高神职人员，在僧、众心中拥有崇尚的宗教地位。

目录

传记

诗歌赏析

如果今生未曾相见，我们就不会心生爱恋。
如果今生未曾相知，我们就不会彼此相思。
如果今生未曾相伴，我们就不会彼此相欠。
如果今生未曾相爱，我们就不会彼此抛弃。
如果今生未曾相对，我们就不会就此相逢。
如果今生未曾相误，我们就不会彼此相负。
如果今生未曾相许，我们就不会继续此缘。
如果今生未曾相依，我们就不会彼此眷恋。
如果今生未曾相遇，我们就不会再次相聚。
可是我们偏偏相见相识，造就了今世的情缘。
怎样才能斩断这缠绵的缘分，才不至于受这生死爱恋的苦缠。

传记

第一回 前身托重任，涅槃秘不宣

人们说，他是佛。

在藏族的传说中，格鲁派的上师[①]、格鲁派佛法权威的象征班禅与达赖，都是神佛转世。班禅是阿弥陀佛[②]的转世，达赖是阿弥陀佛的弟子——观世音菩萨[③]的转世。

有一天，观世音对佛陀说，虽然我超脱了生死的轮回，但是众生还在人世业火中挣扎，我要重回人世，拯救众生的灵魂。佛陀准许了观世音的请求。于是，他穿越西方极乐世界的七重栏楯，七重罗网，七重行树，七宝池，四色莲华，七宝楼阁；穿越四天王天，三十三天，夜摩天，睹史多天，乐变化天，他化自在天；穿越青藏高原上翠蓝的天空，微曛的阳光，流逸的云团，徜徉的鸟群，澄澈的清风，最后降落到斯巴[④]宰杀小牛时铺下牛皮的平坦大地上，为这块土地上的人们消灾祈福，消减尘世业火的煎熬。人们称他为达赖佛，将身体匍匐于沙石冰雪之上，向他致以最高的敬意。

这个故事，他童年时就曾听人讲述过。

在被罗桑·却古坚赞[⑤]上师迎入哲蚌寺[⑥]供奉前，有多少个无所事事的阴天，他坐在绣垫上，抱着一块调了上等酥油的粑块或是一大块奶渣认真地啃，听奶娘娓娓讲述在青藏高原上流传了千百年的传说故事。这个故事他尤其喜爱，这次听了，下次还会语调严肃地要求奶娘再讲一遍。奶娘谦卑地应声，随即再次从遍地黄金无上清凉的西方极乐世界讲起。伴随着奶娘悠远淡然的语调，他的思绪飘出碉房，向着窗外黯淡悠远的天空飘去，仿佛那些密密层层的云朵之后，有某种命运的光亮在黑暗中闪烁。他看不清晰，冥冥中却又迫不及待地去探索、去抚摸，试图拾拣起什么失落的东西。

多少年后，他才明白那种带有追忆色彩的追索意味着什么。

那是属于他的故事。

人们说，他是佛。

他的家乡，在斯巴砍下牛头放置的地方，有高高的山峰，茂密的草场，碧翠的林地，杜鹃鸟与绿翅紫胸的鹦鹉在草木间跳跃歌唱，羊群、牛群与天上的云峰共同流淌。那是前藏[7]山南名叫琼结的地方，那里大片美丽富饶的土地归琼结巴家族所有。

他的父亲叫杜绕登，是山商地区的贵族。他娶了浪卡子家族的漂亮小姐贡噶拉则。贡噶拉则拥有吉祥的体貌，美德俱全，琼结的人们都夸赞说贡噶拉则像翠柏般秀丽挺拔，像大自在天的公主般亲切善良，是“猫眼宝石中的九眼珠”。他们的联姻使家族势力更为强盛。琼结巴家族世袭日喀则宗宗本职务，世代安享帕竹地方政权给予的权力。这对夫妇享受着政治优势带来的优渥收益，却尽力不使自己陷入政治的泥潭。但是他们不知道，命运会把他们推入西藏最大的事件。

一切，源起于一个孩子。藏历[8]火蛇年，美丽的女主人贡噶拉则有了身孕。即将做父亲的杜绕登欣喜地请一位高僧为即将出世的孩子占卜打卦。

经历过艰辛修行的高僧须发皆白，法相威严。他庄重地取出一只木碗[9]，注满清水，开始打卦。清水随着诵经的声音微微颤动，泛起细密晶莹的涟漪，随即沉寂。高僧望着水中出现的影子，预备说出神圣的预言——然而，在看清了水中的映像后，他激动得说不出话来，惊喜、激动、敬仰的神情交杂出现在他原本沉静的脸上。

年老的喇嘛用赞叹的语调预言道：“我从木碗的清水中看到了这个即将出世的孩子不平凡的未来，他不是老虎，也不是狮子，但是他能使老虎与狮子俯首帖耳。他头戴黄帽，掌管着宏大的教派，受天人与俗人的敬仰；他手执金印，统御着广袤的土地，受尘世万民的膜拜。尊贵的施主啊，这孩子带着莫大的福分，他必将一世奔忙，也必将一世辉煌。”

几个月后，贡噶拉则生下了一个聪明、漂亮的男孩，孩子有一双大得出奇的亮眼睛，像最古老、最有灵性的天珠[10]。他在一个不平凡的早晨来到人世，红日伴着贡噶拉则的阵痛缓缓升上地平线，孩子出生的瞬间，吉祥的五彩云朵堆满了山南的天空，祥瑞的甘霖淋遍了琼结的草木，随即云收雨歇，一片如玉片般晶莹剔透的薄月出现在天空中与太阳交相辉映。琼结的百姓们都传说，这是吉祥殊胜的天象，一定有极其尊贵的人踏上了琼结的土地。

孩子出生后，各地的贵族纷纷表达祝福，连第巴[11]也专门派人来表示祝贺。家族的宗教指导者、奉觉囊寺活佛多罗那它来看望这位尊贵的少爷，为他做法事护佑，并为他起名为贡噶米居多嘉旺格杰波。

这个受着天与人祝福的孩子 6 岁时，高僧的预言成为现实。大雪纷飞的严冬，第巴索南若登的使者假扮去印度朝拜的僧人经过琼结，见到琼结巴家族少爷吉祥的体貌、优雅的气度大为赞叹，为少爷摸顶祝福。冬日的积雪还没有化完，画眉欢叫着在林间草丛觅食的时候，由高级僧侣、大贵族和蒙古头人组成的华贵队伍，浩浩荡荡来到了琼结。他们是为寻访转世灵童而来。

平和淡定的小小的人儿出现在众人面前。他不是平凡顽劣的儿童，不是骄傲无知的贵族小少爷，他有着与生俱来的优雅与沉稳。他双脚所触之土地，有乃色娃护法神暗施神通精心供奉；他双眼所触及之碧空，会有空行母[12]显现法相翩然起舞。他是金刚勇士的化身啊，他是降临人世的佛子。他的一举一动，都有着正法的威严；他的所言所诉，都逸散着佛法的芬芳。

寻访灵童的高僧贵胄们郑重地向这神圣的人儿表达了敬意，开始一板一眼地进行转世灵童的认定。四世达赖曾用过的器皿混杂在一堆器物中，他伸手就会取得，而不取旁物。四世达赖喜爱的法器摆放在不起眼的角落，他一眼就能注意到，说“那是我的东西”。四世达赖的近侍激动地流着泪俯下颤抖的身躯向他行礼。

1622 年 2 月，6 岁的五世达赖被迎进哲蚌寺供养。纯朴的藏族同胞们在他前往哲蚌寺的道路两旁匍匐，蜿蜒的路途被人们衣衫的色彩渲染成了一条色彩缤纷的河流，这条河流寂静充满力量，他的座驾就在这汇聚着宏大信仰力量的河流中缓缓向哲蚌寺行去。虔诚地叩拜祈福的百姓们无法知道，这神圣的、得到至高无上祝福的一刻来得多么不容易。尊贵的达赖佛差一点就从这片土地上消失，从信徒们的视野中失却踪迹。在哲蚌寺的大殿上默默地捻着六道木念珠迎候五世达赖的四世班禅罗桑·却吉坚赞，为此付出了艰辛的努力。

1616 年深冬，阿勒坦汗[13]的曾孙、尊贵的四世达赖喇嘛云丹嘉措不明不白地在哲蚌寺去世，这一年他年仅 27 岁。之后，藏巴汗彭措南杰禁止寻找转世灵童。

四世达赖的去世，历史上一直众说纷纭。较为普遍的说法是藏巴汗派人刺死了四世达赖，因为四世达赖对其进行诅咒使其患病。当时藏巴汗掌控着后藏[14]地区，格鲁教派在后藏的庞大势力影响了藏巴汗势力的扩张，除去了格鲁教派的领袖达赖，藏巴汗就是除去了心头之患。在四世班禅的一再请求下，藏巴汗才勉强同意寻找达赖的转世灵童。

五世达赖从出生，就注定要与藏巴汗敌对。他要清除藏巴汗的势力，才能保证格鲁教派的发展，才能完全彻底地掌握西藏广阔土地上的尘世之权。

这个过程必然漫长而艰辛，没有谁确定他能做到，即使是四世班禅罗桑·却吉坚赞也不能确定。可他确确实实做到了，一步一个脚印，不但坐稳了禅床，也坐稳了宝座。

1625 年，他拜四世班禅为师，受格楚戒，贡噶米居多嘉旺格杰波成为阿旺罗桑嘉措。12 年后，四世班禅为他受格隆戒。之后不久，他成为哲蚌寺的第十五任赤巴[15]，兼色拉寺[16]第十七任赤巴。他在沿着高僧预言的人生之路前行，他不是老虎，不是狮子，却在震慑着青藏高原上壮硕的虎与狮，向他们展示谁才是雪域之城真正的主人。

他是额巴钦波[17]，伟大的五世。

他是一位杰出的政治家，有着过人的头脑和敏感的思维。他利用藏巴汗与蒙古人的矛盾，引固始汗入藏推翻了噶玛地方政权，并建立了以自己为中心的噶丹颇章政权。他在明朝衰微之时觉察到了明王朝的溃败和满洲人的勃兴，在清政权初兴时就向清太宗示好，与清王朝结成了同盟。在他的主持下，西藏的封建乌拉制度空前巩固。

他是额巴钦波，伟大的五世。可如今，他也不可避免地要走入生命的衰亡。《增一阿含经》记载，即使是生活在三界二十八天的天众也要经历“天人五衰”的劫难。欲界、色界、无色界的天人，在寿命将尽时会表现出种种异象。光洁常鲜铢衣妙服会光泽暗淡，自生垢秽；头上彩色鲜明的宝冠珠翠会失去光泽，蓬勃艳丽的鲜花也会枯黄凋萎；轻清洁净的微妙圣体会于腋下流出汗液；香洁自然的殊异妙身会生出秽臭的气息；他们亦会厌恶自己身下广为世人钦羡最胜最乐的宝座，对自有的洁净曼妙的生活厌恶不堪。

他望着纤尘不染的铜镜，镜中的自己头顶光秃，法令伸延，双眼如神佛宝髻上的明珠蒙尘，两腮如佛像前遮蔽的布幔垂挂。这张脸，有岁月磨砺出的庄严，也有成熟过分的衰残。生命是有限的，不可避免地，肉体要化为腐肉，成为尘埃。天人如此，活佛也是，逃不掉，也避不掉。可是，他对自己身下的法座、对自己苦乐间杂的生活厌倦了吗？没有，没有，远没有呢。固始汗帮他取得了至尊的地位，却是个请得来送不走的客，硬生生插在西藏，像一枚钉子，更像一柄钢刀，明火执仗地掠取他来之不易的权力。他用半生的时间与之周旋，试图从这头蒙古之虎的爪下博取自己更多的利益。

这是一场强者的游戏，某种程度上近似一种危险的赌博，他们彼此顾忌，互相试探，却谁都不敢贸然下手发动致命的攻击——谁都不知道先倒下的会是谁，是上万蒙古士兵的骁勇头领，还是百万藏族民众的神圣领袖？他们之间有无言的默契，保持着微妙的平衡，可现在，这种平衡要被打破了。不是因为某方实力的消减，而是命运的选择，生命的必然。

他没有足够的时间把这场对峙继续下去。这夜，他做了一个梦。梦中的种种意象都指向一个结局——死亡。

他并不短暂的一生中做过无数或悲或喜的梦，得过或吉或凶无数的梦兆，唯有这次，他从梦境中读出了"死亡"二字。

我是观世音的化身啊，如今，要离开这纷乱的人间。

再伟大的君主也会在时间的磨砺下失去生命的光辉，而我不会。我抛却腐朽的躯体任灵魂在高原澄澈的天宇中漂游，会选取另一具肉体延续被时间暂停的生命。

我是观世音的化身啊，我离去，必会回来。

"桑结在吗？"垂危的五世说话了。一旁守护的侍从惊喜地走上前来，恭敬地小声回答："在，一直在门外候着。"

"叫他进来。"

他的左膀右臂、青藏高原的摄政者，年轻的桑结嘉措弯着腰走了进来。五世望着自己的爱徒走近自己，眼光中充满慈爱。他非常欣赏这位青年，他给予了桑结嘉措最好的教育，授予了桑结嘉措最大的权力。如今，桑结嘉措是成功的青年领袖。五世深为自己的眼光骄傲。

桑结嘉措神情肃穆，他极力压抑自己的悲哀。一个百万大众的领袖是不能让过多的情绪流露到脸上的。他知道，老师最后的时刻即将来临。他将从老师那双宽厚尊贵的手掌中，获取更多的权力，也即将接受更多的责任。

他曾经有两次离西藏土地上一人之下、万人之上的位置很近。

桑结嘉措 23 岁那年，第斯洛桑图道辞去了摄政之职，罗桑嘉措指定年轻的桑结嘉措接任。消息一出，在西藏政教上层社会掀起了轩然大波——一个年轻人，怎么能承担起如此重要的责任？一时间，种种猜忌、狐疑纷至沓来，种种或可信或荒诞的流言在贵族与平民间传得沸沸扬扬。

有一则传言流传得最广，据说 1652 年，五世去北京觐见清朝皇帝，曾在仲麦巴家族的府邸停留休息。根据相关传记的记载，“这位观世音菩萨的化身在那座府邸里遗落了一颗珍珠”。这种委婉的诗意写法暗示了后人当时发生过什么事情。在仲麦巴家，五世受到了最高规格的接待，那一夜，根据当时的习俗，由仲麦巴家的主妇布赤佳姆侍寝。能伺候佛爷是当地女子最大的荣耀。第二年，布赤佳姆诞下了桑结嘉措。

正如同没人能在羊群中找到滩头小羊的父亲一样，没人知道这则传闻的真伪。且不说仲麦巴家族自身就具备深厚的政治根基，即使桑结嘉措真是五世的儿子，他会把一个乳臭未干的娃娃推到前台吗？政治经验丰富的五世达赖选择桑结嘉措，有着充足的理由。或者说，这个 23 岁的青年，给了他足够的信心。

1653 年，桑结嘉措出生于拉萨市北郊之娘热。他投生的地方，可不是一个普通的藏族家庭，而是大贵族仲麦巴家。这个家族政治地位极高，叔叔仲麦巴·陈列嘉措是五世达赖喇嘛的第二任第巴。因为这个原因，幼年时代的桑结受到了比一般贵族少年更为高级的教育，8岁时就被送入布达拉宫学习。

罗桑嘉措非常喜欢这个眼神机灵、头形扁扁的孩子，对其关爱有加。深宫里十几年的严格学习，让桑结嘉措年纪轻轻就成为了饱学之士，亦让罗桑嘉措有足够的时间观察他、了解他。经过多年考察，罗桑嘉措认定这个孩子稳重踏实、进退有度，扁扁的头颅里装的不仅有超出常人的知识，更有超越常人的胆识。布达拉宫是什么地方？西藏的政治中心，权力与欲望的终极舞台，每天都有关于得到、失去、权力、阴谋的戏码上演。年轻的桑结嘉措在这些即将或已经记入历史的风风雨雨中稳步经过，眼神坚定。作为尊贵的仲麦巴家族的接班人，他有足够的眼光看清自己身处的环境，有足够的智慧理清自己的思路，有足够的学识看清一个时代的未来。他比那些热衷于亲吻权势双脚的贵族权臣有更高远的眼光，有更杰出强劲的控制力。

年龄与睿智与否无关。罗桑嘉措认为，这位23岁的青年扁头比被青稞酒膏润得肥硕的头颅更适合管理这片青空之下的广袤土地。而且，在这堂皇的理由下包含着活佛的一个想法，一个每一个统治者、每一个贵族，甚至每一个俗人都能理解的想法：他要找一个年轻的、能被自己塑造成任何形状的第巴，延续自己的统治思路。

桑结嘉措虽然杰出，但要在广阔的高原上找到一个头脑不输于桑结嘉措的德高望重的贵族并非难事。年老的狮子不如年幼的狮崽子容易驯服，他一旦离世，西藏未必能够继续按照他苦心设计的勃兴之路走下去。他是活佛，他深信，按照宗教的说法自己离去必将归来。他希望自己再次归来的时候可以延续自己的事业，而不是去处心积虑地重建一个损毁的梦想。

罗桑嘉措的选择，意味着西藏上层即将发生一次地震。

每一次权力的交接都会引起统治阶层的动荡。这次，几乎是一次悬崖跳水似的更替，新新老老权欲者嗅着权势的气味儿而来，表面波澜不惊，各自私下做各种动作，希望看到一个青年政治家折损于拥抱权力的道路之上。

桑结深知，“少年当佣人时，没有迈三步的权”。他生于拉萨尊贵荣耀的贵族之家，成长于威严庄重的布达拉宫，政治氛围是从小到大熏染他的藏香[18]，熏透了他的骨髓。他审时度势，认为此时放手接受五世给予的权力，不但不会使他高飞上人人垂涎的宝座，还会被隐藏在暗处的黑枪射落。此时的他，羽翼未满，空有权势的虚名，一旦跌落尘埃，不会再得翻身。

他还年轻，有的是时间等待，等待自己羽翼丰满。

摩拳擦掌的老家伙们失望了，达赖佛选中的小伙子放弃了耀目的权力。“我还年轻，没有足够的经验承担这样的重任。”他这样委婉地拒绝了活佛的任命。洛桑金巴成为了五世达赖的新第巴。

桑结失去了一次机会，他预备着漫长的等待。没想到，仅3年之后，机会再次向他敞开了怀抱，洛桑金巴像他的前任一样辞去了职务，第巴一职再次空缺。

世间事，宛若轮回或倒退，3年前的那一幕重演，五世达赖再次任命桑结嘉措为第巴。在他的眼中，年轻的桑结是一颗稀有的宝珠，他必定要让桑结的光芒辉映高原。而且，他给这出色的青年赋予权力，这位青年会保证提供给他一个漫长的、稳妥的未来。他的时间不多了，他不容许桑结拒绝，亦不给桑结拒绝的机会。很快，布达拉宫的正门张贴出了一份文告，宣布桑结嘉措为新一任第巴。文告的一角，是五世按下的手印。他用这种方式向西藏各界表明了自己坚决的态度，让各股力量对这双手掌保护下的年轻人产生了更多的顾忌。至尊的宝座距离那些实权派没有太过遥远的距离，但是他们深深感觉到，这个宝座热得烫手。

谁再敢与这位出类拔萃、家世显贵，并受到达赖佛保护的青年争抢呢？3年，可以使荒地茂密，弱木成林，亦可使一头小狼成长为草原上最迅疾犀利的掠食者。1679年，桑结嘉措正式成为五世第巴。

又是一个3年，已经是一个称职第巴的桑结嘉措站在老师的床边，聆听尊贵的老师、伟大的五世最后的教诲。几个侍从谦恭地弯着腰静静退出去。

“你来了。”

“是的，活佛啦。”

长长的沉默。罗桑嘉措在酝酿词句，为了这一刻，他付出了6年的心血。如今，这个他选中的青年终于按照他设想的那样，在他弥留之际站在他身旁，倾听他安排后事。这是一个辛苦努力后得到的结果，但让他产生了未卜先知的快感——他不是运用神佛的力量，而是用聪颖的头脑预知了未来。

罗桑嘉措躺在华丽的床上，在柔软的黄龙靠垫中舒服地欠欠身，一如童年时在碉房中听奶娘讲述故事那样。生命即将走到尽头，一些事情想不起、忆不清，但身体的记忆逐渐回来，一些小小的举动，都有记忆的气味萦绕飘散。这些记忆曾经快乐或悲哀，如今感受起来，只是一片晨雾般的淡然。“我要走了。”他说。

“活佛……”第巴跪了下来，轻轻捧起五世垂下的双手。这双父亲般宽厚的手，让保持着冷静面貌的桑结心中升起深深的悲哀。

五世伸手抚摸桑结扁扁的头颅，为爱徒做最后的祝福。“我还会回来呀。”

“看着我，孩子。我，阿旺罗桑嘉措，皇帝亲封的‘西天大善自在佛所领天下释教普通瓦赤拉呾喇达赖喇嘛'，持有金册金印。我与同样受封为'遵行文义敏慧固始汗'的图鲁拜琥和他的后人多年来分庭抗礼，如同天平的两端，总使西藏保持着一定平衡。但是现在，我要离开，虽然离开的时间不久，但足以使蒙古人乘虚而入。必须保持住这种平衡。正是民众忠实的信仰使我们强大，我离开，你必然倒下。我必须离开，我却又不能离开。"

桑结迷惑地望着老师，在眼神与眼神的交汇中，他突然明白了什么。他对活佛深深叩头，额头一次一次碰触到地毯上"寿山福海"的图案。这个聪慧的青年意识到，他即将主导雪域高原最惊心动魄的一幕。

这一晚之后的布达拉宫，依旧神秘庄严而寂静。之后若干年，固始汗的耳目打听来的消息都是"达赖佛在修行"，极少有人再见过达赖佛的真容。

只有则省穷噶⑲的几个极其受信任的侍从知晓，那一夜，五世达赖喇嘛溘然长逝。睿智的桑结嘉措命令将五世的遗体用盐水抹擦、风干，用香料和药物处理后封入灵骨塔⑳，秘不发丧。

这一年是1681年，藏历铁鸡年，清圣祖康熙二十年。这3个时间轴，在3个不同文化背景的角度标志着一出大戏的开幕。序幕缓缓拉开，谁也不知这出故事最终将怎样落幕。

额巴钦波，尊敬的老师最后一缕轻微的呼吸散去，桑结的耳侧，世俗藏戏㉑一鼓一钹缓缓敲响，长号低沉雄浑的声音暗暗涌动，两种声音纠缠不去。他是布达拉宫、西藏的"阿若娃"㉒。他既要禅定㉓，又要起舞。

桑结走出老师的房间。幽暗的布达拉宫长廊曲折，无穷无尽。他脚上的喇嘛靴包着生牛皮的鞋底踏在平滑如镜的地面上发出沉稳、寂静的声音。风雨欲来，浓黑的云团在玛布日山㉔上空翻涌。

他屏退侍从，一个人穿越长廊。

注释

①上师：藏传佛教对具备较高修行者的尊称。

②阿弥陀佛：原是无限量光之义，代表着无限的空间，而无量寿佛则是阿弥陀佛的又一种形象，代表无限时间，寓意无限量的寿命。阿弥陀佛在五部中统御莲花部，位于西方，象征着五智之中的察妙观智，依靠此种智慧将可以克制贪欲。其主要特征为：肤色为红色，表示克服贪毒；持禅定印，象征禅悟；显为阿弥陀佛时持瓶口钵，显为无量寿佛时持宝瓶；以孔雀为坐骑。身旁随侍四位菩萨，分别是观世音菩萨、文殊菩萨、持琴菩萨、持灯菩萨。

③观世音菩萨：又称光世音菩萨、观自在菩萨等，俗称大慈大悲观世音菩萨，四大菩萨之一。表示听闻世间众生愿望声音的意思，因菩萨眼耳鼻舌身意六根归一，因可名“观世音”。观世音菩萨具有无量智慧神通，以大慈大悲之心普救众生，其相貌慈祥端庄，形象一般是手持杨柳净瓶，凡所有众生遇一切难之时，念其名号，菩萨便会加以救度。阿弥陀佛、观世音菩萨、大势至菩萨（阿弥陀佛之胁侍菩萨），三者被并称为“西方三圣”。

④斯巴：藏族创世神话中的人物。

⑤罗桑·却吉坚赞：四世班禅罗桑·却吉坚赞，明末清初藏传佛教格鲁派领袖之一。

⑥哲蚌寺：藏传佛教格鲁派的六大寺庙之一。在拉萨市西郊根培乌山上，海拔3800米，始建于1416年，原名“白登哲蚌寺”，简称“哲蚌寺”。藏语“白登”是庄严祥瑞之义，“哲蚌”代表堆积大米。寺院规模宏大，有七大札仓，今合并为洛色林、德扬、果莽、阿巴四大札仓，历史上众多高僧大德都曾在此修习佛经。主体建筑为措钦大殿、洛色林札仓、甲央拉康和葛丹颇章，多为明清两代陆续建造。大经堂雄伟宏壮，还有立柱与精美织绣挂幢、佛像、经幢、壁画及唐卡等，可一次容纳8000人同时诵经，灵位寺内还有大量藏文经籍和古文献。

⑦前藏：包括拉萨、山南等地区，以拉萨为中心。

⑧藏历：中国藏族的传统历法。它是在原始历法基础上，融合了汉历与印度历法而形成的一种历法。元代时形成了以天干地支与五行为一体的独特历法。到19世纪时，藏族就已经有了比较完善的历书。

⑨木碗：西藏日常生活使用器具。其选材和制作都有特殊讲究，分为大碗、小碗、套碗、盖碗和木钵等多种。木碗分男用和女用两种。区别在于，男用木碗碗口敞大，底部与碗口间距较小，给人稳重之感；女用木碗则通体光滑、碗形修长，有纤柔细润之美。另外，木碗有普通与名贵两种。普通型以杂本根或杜鹃树根制成，无装饰。名贵型则系以寄生植物制作而成，其中以寄生于篙枝的根部的一种瘤尤为珍贵，其木质黝黑透亮，纹路细腻，饰以银制饰物更是精美异常，是西藏木碗之极品。另外，此碗还有试毒之功用，因而更加名贵。

⑩天珠：一种玛瑙矿石，产于喜马拉雅山脉4000米海拔以上地带。天珠有着特殊的含义，如万字天珠寓意佛光普照；三眼天珠象征财富；龟纹寿珠则代表长寿，十分神圣；

另外，天珠还有着天然磁疗作用，因而成为具有极高价值的收藏与馈赠珍品。

⑪ 第巴：旧时西藏地方政府管理卫藏行政事务最高官员名称的藏语音译。

⑫ 空行母：是指护持密乘行人及教法的女性护法，也是对一切修密乘的女性的尊称；从广义上说，女性之佛陀皆为空行母，如尊胜佛母。至密宗则完全不同于显教重男轻女之观念，相反十分尊重女性，在若干方面甚至更胜过男性。但在藏密经典中空行母实在是密乘教法和修持的最主要之主体之一。

⑬ 阿勒坦汗：即俺答汗，孛儿只斤氏，成吉思汗黄金家族后裔，16世纪后期蒙古土默特部首领。

⑭ 后藏：即日喀则地区。

⑮ 赤巴：又称法台、总法台。是掌管一寺全部事务及宗教活动的负责人，通常由佛学知识渊博并且德高望重的高僧来担任。不少寺院则有由寺主活佛兼任赤巴的传统。其宝座设在各大寺院大经堂之内，任期随寺院不同而各有差异。

⑯ 色拉寺：藏传佛教格鲁派的六大寺庙之一，全称为“色拉大乘寺”。在拉萨北郊色拉乌孜山麓。始建于1419年，创建人为宗喀巴弟子绛钦却杰，1434年建成。寺内有麦巴、结巴、阿巴三札仓。与甘丹寺、哲蚌寺并称拉萨三大寺。

⑰ 额巴钦波：意为伟大的五世。

⑱ 藏香：雪域高原上的一种神奇香熏，用药材和香料制成。藏族同胞认为藏香能够避鬼驱邪，因而成为不可缺少的日用品。藏香的生产至今已经有1000多年历史，一方面，它是人们用来朝圣拜佛、避鬼驱邪的特殊物品；另一方面，人们燃点藏香，能空清洁气，令人心情，舒畅。

⑲ 则省穷噶：达赖侍从室。

⑳ 灵骨塔：安放活佛高僧骨灰、舍利骨或法身遗体的灵塔。

㉑ 藏戏：泛指藏族戏剧。藏语称“阿吉拉姆”，意即“仙女姐妹”。相传最早系由7位姐妹表演，内容多为佛经神话故事，因此得名。藏戏剧种系统庞大，由于青藏高原各地自然条件、生活习俗、文化传统、方言语音的不同，它拥有众多的艺术品种和流派。约起源于距今600多年以前，有藏族文化“活化石”之誉。藏戏剧种繁多，主流为蓝面具藏戏。其演出分为三部分：顿，开场时祭神歌舞表演；雄，正戏演出表演；扎西，祝福祈祥。最著名的有八大藏戏，即《文成公主》、《诺桑王子》、《朗萨姑娘》、《卓娃桑姆》、《智美更登》、《白玛文巴》、《苏格尼玛》和《顿月顿珠》。藏戏演员演出整个过程不化妆，不换装，戴面具表演是其主要特色。面具又有白面、蓝面之分。其中蓝面具戏因流传过程中的地域不同，从而形成四大派系，即香巴藏戏、江嘎尔藏戏、觉木隆藏戏和迥巴藏戏。

㉒ 阿若娃：藏戏中戴面具的舞者。

㉓ 禅定：禅，即自心不受外界干扰，定即内心保持宁静安详不复散乱。生前禅定修行可以帮助人最终证得菩提，但是短暂的禅定并不是永恒的解脱，人之本性原本清净空明，只是迷惑于现象世界才导致散乱迷失，而只有当不论外界怎样纷繁扰乱而心都不为之所动时才是禅定的最高境界。禅定非苦苦求索而能得，而是一种自然融入的境界。密教认为禅定是发见心性和觉悟生死的最佳法门。

㉔ 玛布日山：又名布达拉山，位于拉萨市西北地区的山峦。相传，松赞干布建立吐蕃王朝之后，迎娶唐文成公主，后“乃为公主筑一城以夸后世”，遂在在此山上修建了一座山顶红楼和999间宫室，共1000间，连成一片，十分壮观雄伟。被后来的佛教信徒誉为“普陀第二”，因为“普陀罗”音译就是“布达拉”，所以玛布日山也叫布达拉山。

第二回 瑞兆妙示天，六世降凡间

傲慢激生兵乱之灾，
心生厌恶离叛救世之法。
莲花生大师[1]重临人世，
尊者乌金岭巴，
会生于水界癸亥年。

这不是一首普通的诗歌，是一个神奇的预言。它出自一部从地下发掘出的伏藏[2]作品《鬼神遗教》。癸亥年即康熙二十二年，1683 年；尊者乌金岭巴，指仓央嘉措。

《鬼神遗教》的作者是宁玛派高僧，被人们认为是莲花生大师的化身。我们按照时间的数轴往回倒推，五世达赖于 1682 年圆寂，这位作者出生于 12 世纪，这中间相差了 400 年。

预言的主角仓央嘉措诞生于 1683 年 3 月 1 日，那一年，确实是癸亥年。

卓越的预言家跨越了 400 年时间的鸿沟为一位活佛的降生做出了神奇的预言。

活佛降世是极其祥瑞的日子，天空、大地、河流、草木、遥远之城的天人，都会为他的降生表示祝福。仓央嘉措降生时，邬金林出现了奇异的天象：一弯彩虹横贯天宇，天空中无数异香扑鼻的花朵洒落，缤纷如雨。头上装饰着绚丽宝石的神祇在天空中显出华贵的影像，仿佛专程来为一个重大的仪式观礼。随即，身着披风、头戴通人冠[③]的喇嘛们于云层后显出身形，为一个刚降生的孩子沐浴。

邬金林的百姓被天空显现的这一幕惊得目瞪口呆。一时间忙碌的人们忘记了手中忙乎的活计，大家都抬头仰视天空，看着天人们操持的神圣仪式。

扎西丹增没有注意这些，他抱着女儿曲珍在自家破旧的房子里焦急踱步，他的妻子次旺拉姆正在分娩。

突然间，大地震撼了 3 次，天人们隐去了踪迹。随着隆隆雷声，7 个太阳同时映照在广阔的天幕之上，天空降下了花雨。人们惊异地发现，身旁的花草树木在以不可思议的速度绽放叶芽，鼓胀花蕾，仿佛它们也想做些什么以表达对一位伟大人物到来的无尽欣喜。

手摇经筒的老人望着天空喃喃地说："这是有不平凡的人物来到邬金林啊。"人们听到老人的话，仿佛从醉梦中惊醒，齐齐跪倒于地，口诵祈祷经文向着遥远的天空频频叩首。

这神奇的一幕，多年后被文笔绝佳的扁头第巴桑结嘉措记载在了《金穗》一书中。

就在大地震撼的时候，扎西丹增的第二个孩子降生了。

这是一个男孩。虽然已不是初次目睹这生命的奇迹，扎西丹增依然激动不已。他放下女儿，欣喜地把新生的孩子抱在怀里，抱孩子的手哆哆嗦嗦，放在哪里都觉得不对劲。刚出生的小孩并不好看，红扑扑的，还有点儿皱皱的样子，像一个红透了的软软的果子。可是，就是这样一个小家伙让父母亲心中涌起了暖暖的爱意。扎西丹增抱着孩子凑近妻子，说："看，眼角边还有段没打开的印痕呢，一定是个虎头虎脑的大眼睛小子！"

次旺拉姆爱怜地亲亲儿子宽宽的额头："是啊，他身上还有股暖暖的香味儿呢。"这位母亲疲惫的脸上露出甜蜜的微笑，这笑容，使她看起来更像一尊菩萨。

次旺拉姆有高贵的血统，她是赞普的后裔，是被逐至洛扎地方的法王赤热巴巾的弟兄王子藏玛的后代。据记载，她是"品德高尚，信仰虔诚，施舍大方，文雅蕴藉，杜绝了五恶，具备八德的善良贤惠之人"。她有优美的体形，尊贵的仪态，具备佛母的32种功德。

这个温柔美丽的姑娘在河流边嬉戏、在草原上歌唱的时候从未想过，她会是佛母，会成为仓央嘉措的母亲。

每年藏历正月初三，是西藏成年的姑娘举行戴敦礼的日子。3年前的一天，年满15岁的夏日错姑娘次旺拉姆穿上了漂亮的新袍子，扎起了紧腰彩带。次旺拉姆的母亲为女儿解开头上的童式发辫，为她梳了60多条细细的小辫子。这做法，近似汉家姑娘的"上头礼"。之后，妈妈拿出了准备已久的"引敦"——一条缀有许多银盘的饰带——披挂到女儿背上。妈妈慈爱地望着珊瑚般明艳的女儿，从今天起，女儿就是大人了，这朵会走路的花儿会尽情地绽放，她的青春、活力与美会引得英俊小伙儿的倾慕河流般汇聚而来，勇敢的青年会如仰望初月般爱慕她俊美的容颜。

次旺拉姆和伙伴们盛装在篝火旁歌唱嬉戏，这朵花丛里最吸引人的"花"用月光般萦回澄澈的声音唱起了歌谣：

对面有座松耳石山，
山脚有位唱歌的青年。
青年的歌声动听又顺耳，
请带着宝石戒指来看我。

青年们都卖力地为她唱和：

青年的歌声动听又顺耳，
请带着宝石戒指来看我。

次旺拉姆兴奋而羞涩地红了脸，不敢正视那些对她投来爱恋目光的男孩。啊，她在人群里看到了谁？博学而腼腆的持咒喇嘛扎西丹增。扎西丹增很早就喜欢上了仪态端庄、心地善良的姑娘次旺拉姆，次旺拉姆也对这位擅长道词的温柔青年芳心暗许。望着扎西丹增被篝火和爱情映红的脸，姑娘一下子大胆起来，她勇敢地对着扎西丹增唱道：

谁说无桥难过河？
解下腰带做桥梁。
两根腰带相连接，
就是我们的过河桥。

小伙子们觉得奇怪，姑娘火辣辣的目光是投给谁的呢？左看看，右看看，是扎西丹增啊！大伙儿一下子哄笑起来，把扎西丹增从人堆儿里拉起来。扎西丹增羞涩地扶了扶帽子，放开喉咙唱出热辣辣的句子：

我在清澈的泉水边洗手，
摘下了手上的珊瑚戒指。
我爱的姑娘来背水，
偷拿了戒指戴手上。

在愈来愈炽烈的歌声里，这对门隅青年相爱了。

是的，这里是山南地区的门隅，门巴人时代居住的地方。

门隅处于喜马拉雅山脉南麓，被高原上生活的人们视为神秘的福地，他们称其为“白隅吉莫郡”——隐藏的乐园。这里是真真切切的乐园，春暖时节，荒芜的草场仿佛一夜间被软黄金般的黄花铺满，芳香四溢，连牛羊挤出的乳汁都格外醇美芬芳，有花草的香气。姑娘小伙在日落后燃起篝火，围着火堆纵情跳起“锅庄”[④]。秋凉的日子，杨树金叶飘零，针叶树翠叶苍冷，小灌木红叶凄艳，层层色彩交错成一幅华贵灿烂的泥金唐卡[⑤]，让每个举目张望的人深深陶醉其中。

门隅的首府叫门达旺，是“达登旺波”的简称。在门巴族[⑥]的传说中，太阳名叫“达登旺波”，即七匹马拉的车。这与古希腊神话中太阳神的故事相似，阿波罗也是乘着车轮燃烧的战车驶过天空，于是人间有了太阳的升落。

在遥远异族的神话中，驾驶着太阳战车的神与凄美的爱情有关。在七马之车驶过的土地上，亦有爱情的故事流传。阿波罗曾经被爱神丘比特的箭射中，爱上了河神的女儿达芙妮，苦苦追求，终不得其所爱。而门巴族传说的男子在爱情面前似乎比战神更为勇武。他自波光粼粼的清澈湖水中走出，遇到了湖畔流连的美丽门巴姑娘。姑娘的美如莲花的宝光照亮了青年的双眼，他胸中燃起无法遏制的爱情烈焰。当一个男人爱上一个女子时，这女子纵使想要天上的月亮，男子也会想方设法为她摘取。爱情，使人勇武非常。

这位青年遂以月亮为弓弦、流星为箭镞，把定情的靴带射向心爱的姑娘，赢取了姑娘的芳心。

另一个关于门巴的传说，则有点儿悲凄。

天女化身为穷人家的女儿卓瓦桑姆来到人间，她拥有月亮般皎洁的容颜，心地如牛乳一般纯洁。这样美好的姑娘走在草原上，飞鸟为她浑身散发的美丽光辉而驻留，羚与鹿为她动人的容貌而踟蹰，格桑花与暇脊兰沿着她足迹踏过的地方大片大片地盛开，使草原的四季都保有原本初夏才会有的色彩与香气。美丽的卓瓦桑姆使嘎拉王一见倾心，与其结成连理，一同回到了宫殿。

女人的美是使男人迷醉的醇酒，却也是同为女人者妒忌的毒汁。王后哈江堆姆妒忌卓瓦桑姆的美貌，更妒忌嘎拉王对卓瓦桑姆的疼爱。卓瓦桑姆有孕即将分娩，邪恶的王后施展妖法，使嘎拉王误会卓瓦桑姆是魔鬼。卓瓦桑姆被贬为奴隶，眼含幽怨的泪水在崖洞中生下了女儿和儿子。

王后的报复没有停止，她甚至想用毒酒毒死嘎拉王。蒙神佛的庇佑，嘎拉王躲过了劫难。他认清了妖后的真面目后，处死了妖后，想去迎回妻女。但哪里有那常开不谢的爱情的花啊，嘎拉王的昏聩使他失去了天女的心，美丽的卓瓦桑姆化为一朵纯净圣洁的莲花飞向了澄澈的天宇。

无论这些故事的结局是喜是悲，都可以让后人在逝去的朦胧岁月中窥视到几许这块土地上萦绕不断的情缘。

这里可以爱，可以肆无忌惮地爱。

门隅是宁玛派的教区。与格鲁派不同，宁玛派信徒可以结为夫妇繁衍后代。

所以，持咒喇嘛扎西丹增娶了门巴姑娘次旺拉姆，诞下了额巴钦波转世的仓央嘉措。

所以，日后成为格鲁派至尊的仓央嘉措胸中会生长出那么多细密缠绵、连法王的剑也斩不断的爱情。

因为门隅，在他的心中播下了情根。

人们会把苦果子放进嘴里，多因苦果子与甜果子一样，大多长得娇艳艳的。所有不快乐的故事，往往有个甜蜜愉悦的开场。扎西丹增与次旺拉姆爱得浓烈，像金雀银雀在草原蹁跹，像树枝与树叶相互依偎。没过多久，他们决定结婚。他们不知道，未来他们面对的将是一段苦难蹉跎的日子。

次旺拉姆的母亲对他们的婚姻给予了真诚的祝福。扎西丹增属于乜氏家族，是乜氏掘藏师⑦白玛林巴的后裔。这个古老的家族涌现过很多著名的人物，精通印藏文字的大译师乜·旺久卡热就出自乜氏。到了近代，乜氏家族没落了，扎西丹增家的日子过得很辛苦。可是，金子放到哪里都是金子，扎西丹增是远近闻名的好小伙儿。他通晓白玛林巴密教的经典，是派嘎村有名的学问人。他还是个孝顺的孩子，母亲与父亲常年卧病在床，是他耐心细致地为两位老人调养病症、养老送终的。女儿能嫁给这么一个知疼知热的人，次旺拉姆的母亲很放心。

婚姻大事，要征求家里人的意见。扎西丹增的父母亲去世了，但他还有一个姑母。不过，这件事他并不想知会姑母。

姑母住在邻村，是个粗鲁凶狠的人。父亲母亲在世时，为治病没少花钱。扎西丹增靠耕种过活，时常手头紧缺，不得已只好去寻求姑母的帮助。借三次，能借出一次钱就算不错了。不过几个铜圆，还要添上一大堆贬损人的啰唆话。父母先后去世，扎西丹增向姑母借了一大笔钱做安葬的费用。姑母隔三岔五便来讨债，扎西丹增不堪其扰。

不知会姑母，是因为他知道，姑母会自动上门。

果然，扎西丹增去次旺拉姆家求婚的第二日，姑母便上门拜访。

姑母虽然看起来干瘪瘦小，嗓门却不小，一进门就嚷嚷："听说你要结婚啦？"扎西丹增回答："是的，阿奈啦。"他向姑母表示了问候，就去煮茶。

扎西丹增默默地把砖茶[8]捣碎了放进铁锅里熬煮。姑母大模大样地坐在卡垫上，开腔道：“吃饭要在垫子上吃，有话要在垫子上说。我是爽利人，不跟你拐弯抹角。你有钱结婚，怎么没钱还我的账？”

扎西丹增农闲的时候，四处去打零工，攒下了一点积蓄。这些钱勉强能办一个简朴的婚礼，可是说到还姑母的账，还差得远呢。

姑母的嘴巴像林谷里的鹦哥说个不停，扎西丹增也不作声。铁锅里的茶水沸了又沸，他起身去找土碱。

姑母环视了下新布置好的婚房，说道：“恶人酒后握刀柄，猪若发情挖猪圈。先人果然说得不差，你这房子如今布置得也蛮像个样子的嘛，能值几个钱。”

“阿奈啦，您这是说的什么话？”听着姑母刻薄的话，扎西丹增终于忍无可忍了。

姑母一下子从卡垫上跳起来：“怎么样？我这么说了能怎么样？你倒硬气起来了，告诉你，不还我钱，别想结婚！”

“贵体亮在阳光下，谈吐请莫太难听。”次旺拉姆推开了门。她来了很久了，在门外把姑母说的那些混话听得清清楚楚，“阿奈啦，扎西德勒！”次旺拉姆客气地向姑母问好。

让心上人看到这个场景，扎西丹增有些窘。次旺拉姆对情人笑了笑，转过脸去向姑母询问：“我和扎西丹增马上就是一家人了。拖着账，过日子也不会踏实的。阿奈啦，我们怎样才能还清您的账？”

扎西丹增走上来握住次旺拉姆的手：“还了账，婚礼……”

姑母赶紧叫道：“还是次旺拉姆明理！我早就估算过了，这间破石板房，加上那条瘦牛，再加上你筹备婚礼的钱，将就着能还我的账！”

扎西丹增急了："阿奈啦，筹备婚礼的钱我能给你。可是，没了牛，春天我怎么去耕地？没了房子，我的次旺拉姆住在哪里？"

次旺拉姆拦住他，对姑母说："钱，我们会还。您请先回去吧，我们来筹措还钱的事。"

姑母酸酸地笑着："落水东西可以捞，失口话儿难收回。既然你们说要还钱，我也不客气了。3天后，我来收房子！还有那牛，你们要好好伺候着，从现在开始，它已经是我的牲口了！"

姑母说完，摔门出去了。

刚布置好的新房里，寂静地站着一对新人。扎西丹增还在握着次旺拉姆的手，这位七尺高的汉子，望着这位自己深爱、也深爱自己的美丽姑娘，心中充满了愧疚。没了耕牛，没了房子，还怎么在这片土地上生活呢？别人娶了心爱的姑娘，能给她吃最美味的酥油糌粑⑨、戴最好看的玛瑙珊瑚。而他的姑娘，连容身之处都成了问题。愧疚感哽住了他的喉咙，他那能唱出几百首情歌的嘴巴，这会儿一句话也说不出口。

端庄稳重、目光坚毅的姑娘笑了，她抽出手轻轻捧住了情人的脸："神创造了那么大的土地，水獭、猞猁都有容身的地方，我们两个年纪轻轻又能劳作，怎么会找不到落脚的地方？"

扎西丹增哽咽着把情人拥到了怀里。次旺拉姆抚着他的背，幽幽地说："派嘎村做工的机会少，咱们可以去别的地方找活儿干。天要冷了，咱们就往南走吧，那边营生容易，听说那边市集也比咱们这边热闹。"她的目光向远方飘去，仿佛看到了之后他们的快乐日子，而非眼前即将失去的破旧石板房。

看着眼前的苦日子还愿意与你双宿双飞，这样的好女人去哪里找？次旺拉姆的容貌如同最鲜艳的红玉髓，心地是最纯洁的白玉髓！扎西丹增紧紧地拥抱着自己未来的妻子，在她的耳畔轻轻说道：“那我们就去邬金林，那里有我最好的兄弟那日。”

茶汁在铁锅里咕噜咕噜翻滚，惊扰了两个年轻人的幽思。次旺拉姆挣开扎西丹增的拥抱：“我们去喝酥油茶[10]吧。打茶筒放在哪里了？”

“啊，土碱还没放呢。”

不多时，“甲罗”[11]上下抽动的声音响起，酥油茶的香气与他们的欢笑声飘出了扎西丹增家的石板房。

相爱的人在一起，无论有多么苦的生活经历，都觉得有蜂蜜的甜味儿。可离家的路，真漫长啊。

扎西丹增与次旺拉姆背着不多的家什，走过草场，走过密林，走过湖泊，走过村庄。他们看到藏羚羊[12]羊群在山脚驰骋，看到优雅的棕头鸥成群地在湖面翱翔，偶尔有落单的牦牛在路旁走动，见到有人经过，警醒地瞪圆了眼睛。遇到磕着长头朝拜的人，扎西丹增与次旺拉姆会慷慨地把干粮与盘缠拿出来，与人分享。他们的吃食本就不多，几日下来，羊皮糌粑袋已经见底了。

扎西丹增向人问路：“前面那座高山是什么山？”

“那是纳拉山。”

扎西丹增高兴地跑回次旺拉姆身边：“我们快到了！邬金林就在纳拉山下！”

次旺拉姆眼尖：“看啊，风马！”顺着次旺拉姆手指的方向，扎西丹增看到了成串的风马旗在碧空下舞动，劲风吹过，白的、黄的、红的、绿的、蓝的旗帜高高飞扬。两人高兴地手挽手唱着歌向纳拉山走去：

黄色的幡代表自现莲，

红色的幡代表风调雨顺，
青色的幡代表子孙多，
红色的幡在草地上如鹿角发出宝光，
红色的幡在屋顶上似火焰般兴旺，
……

在朋友那日的帮助下，扎西丹增与次旺拉姆在邬金林落下了脚，住进了一棵大柏树旁的石板房。一年之后，生下了女娃娃曲珍，又过了两年，有了儿子阿旺诺布。

扎西丹增与次旺拉姆被巨大的喜乐包围着。稳重的次旺拉姆有条不紊地为新生婴儿用酥油沐浴，然后抱到屋外去晒太阳。扎西丹增乐呵呵地去煮糌粑汤。老人们讲，吃了糌粑汤孩子才能有个好胃口，吃得多长得快。

过了3天，朋友邻居们上门庆祝，为孩子举行“旁色”仪式。扎西丹增的好朋友、猎人那日最早登门。他背来了满满一“唐古”[13]礼物，有酒、有茶、有糌粑，还有一大块新鲜的酥油。那日笑呵呵地向次旺拉姆敬酒：“我们邬金林最美丽的一朵花做了母亲啊，次旺拉姆，扎西德勒！”

次旺拉姆羞涩地接过酒杯：“扎西德勒，那日！”

那日又给次旺拉姆敬茶，然后用拇指和食指捏起一点儿糌粑放到襁褓里红扑扑的小人儿额头上。糌粑在藏民眼中，是维持生命的圣物。以糌粑摸额，是无上的祝福。

“多壮实的小伙儿！起名字了吗？”那日问。

扎西丹增回答：“起了，叫阿旺诺布。”扎西丹增为那日递过一碗热腾腾的酥油茶：“旺钦还好吗？”

那日上个月刚做了父亲：“好着呢，壮得像个小牛犊子，一天到晚窝在妈妈怀里吃奶，不停嘴。”说着那日呵呵笑了起来。这位身材壮硕的猎人人如其名，有一张黑黝黝的面孔，笑起来漂亮的牙齿白得耀眼。

亲友们陆续赶来祝贺，酒与茶堆满了屋子，糌粑抹满了婴儿的额头。

上一世的达赖喇嘛出世后受到了尊贵的活佛的祝福，这一世的达赖喇嘛出世后受到了淳朴的百姓的祝福。藏族同胞认为，头是身体最洁净的部位，只有活佛才能触摸。他们一生，以能得到活佛的摸顶祝福为最大的荣耀。这些朴实的、匍匐于尘埃中的藏族同胞怎能想到，自己能有为达赖佛祝福的荣耀？多少年后，猎人那日还会骄傲地回忆起那个不平凡的日子，向小酒馆中微醺的酒客们炫耀右手的拇指和食指：“我，卑贱的猎人那日，不知得到了几世修行的福分，曾触摸过佛爷尊贵的额头啊！”

让我们回到这个遥远漫长故事的初始。额巴钦波——五世达赖佛走过了轮回，重又回到了这块纯洁高贵的土地。那么，他遗志的继承者，背负着沉重的使命，在权力之路上又走得如何呢？

此时，伟大的五世在信仰的深处沉眠，雪域的万千信众这样认为，彪悍的固始汗图鲁拜琥这样认为，甚至远在千里之外紫禁城中的清朝大皇帝也这样认为。

第巴桑结嘉措却不这样认为。

伟大的五世在灵骨塔中沉眠。

最初，他惊恐，他畏惧。他在守护着世上最可怖的秘密。他，一个年轻的领导者，他拥有充满智慧头颅却没有足够坚固的脖子，只要这个可怖的秘密被揭发，他的头颅就会与身体分家——不，要比这个更可怕，他的亲人，他的朋友，他的信徒，他的土地……是被固始汗的铁蹄踏碎，还是被大清皇帝归入另一个权势者的手中？他，他还掌握着老师的宏大的梦想，不，他的头不能这么早就离开躯体，他还要等待老师归来。

他曾抚摸他扁扁的头颅，为他做最后的祝福，说：“我还会回来呀。”

侍从们发现，第巴每日诵经的时间越来越长。

他在压抑心中的恐惧。

他在战斗，与自己的懦弱战斗，与侵扰他宁静心境的鬼神战斗，与觊觎他手中权势的王公贵族战斗，与妄图劫掠他的百姓的蒙古强权战斗。

在布达拉宫漫长的诵经声中，他逐渐成长，日渐老成。他的背后，有五世达赖佛浓重的影子在坐镇，谁都不敢轻举妄动。五世达赖是雪域的神，他曾经向世人宣告，要用宽厚的双手保护这位年轻人。在草原上潜猎多年的老豺们可能不畏惧他，但是畏惧他身后的这双手。

有了这双手的保护，他得以顺利成长，他不再仅以博学著称，他的铁腕以及对权势出神入化的运用，使他成为掠食者们忌惮的人物。而他的威名，也如秋天原野的种子般随着刚猛的风吹向雪域的各个角落。人们知道额巴钦波，也知道他桑结嘉措。

他喜欢微服出行，他深知，这世上最可靠的是人，最不可靠的也是人。他需要了解民生，但不会迷信属下们的说法和耳目的报告。他时常会在市场出现，在酒肆流连，不图热闹，不为散心，他时刻被危机感压榨着，没有那个闲心——他只想要一个真相，关于自己权势程度的真相。这个真相，让他很满意。不过他对自己要求很高，他对自己说：“我要走得更远看一看。”

他打马走到一处偏僻的地域，有河流横于马前。河对岸一片灿灿金黄，这时正是五月底，繁花似锦的日子。他翻身下马把缰绳拢给侍从：“我要自己去走一走。”

他找到船家，摆渡过河，到了对岸才发现，两手空空，钱袋都留在了侍从那里。撑船人生气了："摆渡那么多年也没见过这么无赖的，过河不给钱！"桑结想解释什么，撑船人摆摆手说："算了！看你头扁扁的长得像第巴大师，今天就算了！没有下次！"

撑船人把船撑回了对岸，留下苍青的河面上一片涟漪。

桑结转身向那一片纯净的黄色走去。是野牡丹呀，茶碗大的花朵颤巍巍地在五月温暖的风中绽放，花瓣、花蕊都是纯正的黄色，像四五岁幼女柔柔的脸、翘翘的睫毛。桑结在花丛中漫步，似有所思，他越走越快，步子越迈越大，忽地奔跑起来，柔而薄的黄色花瓣漫天飞舞。

这个偏僻的地方除了他再没有旁人。他，桑结嘉措，高原最遥远的地域都有人知晓的雪域第巴，他在强大，他在强大！总有一天，他不需要老师的扶助，也能勇武地矗立在雪原之上，俯瞰万民！

他奔跑着大笑。此刻，只有此刻，他不受束缚不受任何压力，他是自由的、自我的，他可以随意地显露悲喜让情绪宣泄。

桑结嘉措不是佛堂上的泥金塑像，他也有骄傲悲哀，喜乐辛酸。不过他必须做出坚毅的模样，让人以为他是金塑铁打的，不容侵犯！

只有荒原之上透明的天空以及漫山遍野的野牡丹，窥视到了扁头第巴桑结嘉措的秘密。

注 释

①莲花生大师：莲花生大师原为公元8世纪时期印度乌苌国王子，后成为印度佛教密宗的得道高僧。乌苌国位于今巴基斯坦印度河的上游地区和瓦特河流域地带。传说中的莲花生大师身世奇妙，乌苌国国王因扎菩提一日在皇宫花园中发现了一个男婴，这个婴儿当时就躺在湖边莲花座中。因扎菩提国王遂收养了他并视如珍宝，使其成为乌苌国王子。这个男婴长大后抛弃了王子身份出家修行，因其身世得名莲花生大师。出家后的莲花生大师在当时印度最著名的那烂陀佛学院学习，接受了传统的佛学教育。后来因不习寺院生活，四处游历并跟随高僧大德修行，最终证得菩提，成为印度密教名僧。在藏传佛教中他的名声极大，被尊称为乌苌大德。有佛经将其列位释迦佛后第二位大佛。据说他的法力与神通无边，为金刚手、观世音和文殊三尊合一之化身。据说莲花生大师生前著述颇多，为保护这些珍贵的佛学著作，后人秘密地将它们埋藏起来，等待将来时机成熟之时，自有有缘人来发现。

②伏藏：指在宗教信仰遭受劫难时，信徒将本教经典藏匿起来，待日后时机适宜时重新发掘和传承。以这种形式保存下来的经典或圣物等称伏藏。包括书藏、识藏与圣物藏。书藏指经籍，识藏指保存于人意识中的宗教经典或咒语，圣物藏指法器与高僧大德遗物等。

③通人冠：宗教典礼中的常服，帽顶尖长，左右有飘带。

④锅庄：藏族民间三大舞蹈之一。又叫做“歌庄”、“果卓”或“卓”，是藏语“圆圈歌舞”的意思。舞蹈时，男女各半手拉手成一圆圈，一人领头，男女对唱问答，不用乐器伴奏，手臂不停晃甩，舞步动作有“悠颤跨腿”、“跨腿踏步蹲”、“趋步辗转”等，分两段，先慢后快，按顺时针方向跳动。

⑤唐卡：也称唐嘎、唐喀，多绘于布帛或丝绢上，以彩缎装裱后悬挂供奉，是独具藏族民族特色的一种绘画艺术形式。其题材广阔，包括藏族历史、宗教、政治、文化及民俗等，可谓是反映藏族文化历史生活的百科全书。传世唐卡多为藏传佛教及西藏苯教之作品。幅面大小悬殊，小者盈寸，大者上千平米，因其上下皆有卷轴，便于悬挂和卷折携带，故流布很广，不限于宗教殿堂而进入人们日常生活之中。画面上覆有薄丝绢及双条彩带。涉及宗教内容的唐卡完成后，通常还要请上师念经加持，并在其背面加印喇嘛朱砂或金汁手印。根据材料不同，唐卡有“国唐”和“止唐”之分，前者以绸缎丝绢等材质，经手工绣制、绘拼后再编织、缝合或印制而成，又称国固；后者则是在画布上直接以颜料绘制而成，依据画的底色背景不同可分为金唐、黑唐和赤唐几种。唐卡的绘制十分复杂，用料考究，全部以天然矿、植物原料为颜料，色泽艳丽，历久弥新，具有十分浓郁的雪域特色。

唐卡在艺术上有噶赤、钦赤和勉赤三个主要流派。布达拉宫著名的无量寿佛即为国唐，长55.8米，宽46.8米，是唐卡精品。同时，唐卡又有卷轴唐卡、提花唐卡、刺绣唐卡、宝石唐卡和贴花唐卡（即堆绣）等的分类方式，一般以卷轴唐卡即绘画唐卡为主。

⑥门巴族：我国少数民族之一，主要分布在西藏自治区，历史文化悠久。信仰苯教和喇嘛教，使用门巴语言，通用藏文，其民间文学内容丰富。水稻种植和狩猎、畜牧兼有，擅长木碗与竹藤器制作编织。

⑦掘藏师：被埋藏起来的莲花生大师的诸多秘法遗迹，如今在西藏仍随处可见，它们多在隐秘的山岩石洞之中，据说当初是为防止遭到破坏。按西藏密教大德说法，因随时局不同，受法者根器亦会产生程度差异，故而必须将这些密教经典埋藏起来，待将来世界合宜之世，让后人来发掘并传递。事实也确实如此，在其后的几个世纪里，不断有人发现了这些埋藏的宝典，密教经典精义也因此得以代代传承。而这些发现佛典并阐释经义的人则被世人称作“掘藏师”。在历代掘藏师中，最著名的就是发现了《中阴闻教救度大法》的卡玛林巴。14世纪时，15岁的少年卡玛林巴在一座山上发现了一批珍贵佛学文献，而此经就在其中。几百年来，许多西藏密宗佛典失传，但是却又一再地被发现，从而使得密宗的许多宝贵经典和经义能够保存并传承下来，这些都和历代掘藏师们的功绩是分不开的。

⑧砖茶：又叫做蒸压茶，边销茶。是用茶叶、茶茎或者茶末等经一定工序压制而成的一种块状茶，是较有代表性的一种紧压茶，主要是藏族等少数民族的日常饮品，历史比较悠久。

⑨糌粑：藏语音译，即炒面之义，青稞麦炒熟后磨成的面。糌粑是藏族牧民传统主食之一。吃时以酥油茶或青稞酒拌和，用手捏成小团。

⑩酥油茶：藏族地区的一种饮料。以酥油与浓茶加工制成。一般作为主食和糌粑一起食用。制作时先将酥油放入一种特制的桶中，添加适量食盐，再倒入熬煮的浓茶汁，用木柄捣拌直到茶汁与酥油溶为一体，呈乳状即成。

⑪甲罗：打酥油茶用的棍子。

⑫藏羚羊：主要分布在中国的西藏、青海、新疆地区，在印度也有极少量的分布。是我国重要珍稀动物物种之一，一级保护动物。属羚羊亚科藏羚属，和黄羊比较相似。平均体长在130厘米左右、体高80厘米，尾长15至20厘米，体重在50千克左右。生性胆怯，一般晨昏时候觅食活动，小群。善于奔跑，速度快时可达80千米/小时，主要栖息在海拔4600～6000米的高原草甸等环境中，最长寿命8年左右。母藏羚羊都要在可可西里生育后代。目前，在我国数量仅约10万只，是世界濒临灭绝物种。

⑬唐古：羊皮口袋。

第三回　替身深宫坐，猜疑暗涌翻

说到白宫，人们也许想到的是美国总统官邸。那是一座白色的二层楼房，北接拉斐特广场，南邻爱丽普斯公园，与利剑般耸入云端的华盛顿纪念碑遥遥相望。

在中国遥远的内陆，广阔的雪域高原之上，也有一座白宫①。它位于东经 91° 2'，北纬 29° 7' 的交汇点，那个位置，是中国西藏自治区拉萨市中心的玛布日山。远远地，人们就能看到一座白色的宫殿静静俯视着拉萨。

它叫布达拉。

“布达拉”是舟岛的意思，是梵语音译，还可译做“普陀罗”或“普陀”——这个译文恐怕大家都不陌生。普陀，观世音菩萨居住的地方。依照雪域高原的传说，达赖喇嘛是观世音菩萨的转生。所以，布达拉宫是达赖喇嘛居住的地方。

每一代达赖喇嘛都把这日光之城中的美丽白色宫殿当做冬宫。多少次宏大庄重的宗教仪式在这里开始又结束，多少次波诡云谲的事件在这里掀起波澜又归于沉寂。

今天，来到布达拉宫，午后拉萨的阳光从高高的窗口倾泻而下，只要有足够的耐心，就能在空灵的阳光中捕捉到他们的呼吸声。那种声音深沉而绵长，游蛇般在庄重的充满神性的大殿中穿梭，在雕刻精美的梁柱、色彩艳丽的壁画②间舞蹈。

那种声音，曾经让年轻的仓央嘉措着慌。他一度认为，正是这些声音让他烦躁不安。他会用生牛皮底的喇嘛靴把“阿嘎”夯实的地面跺得啪啪响，让随侍的喇嘛们惊慌得不知所措。他不知道，使他烦躁的不是先代上师的灵魂，而是自己青春躁动的心。

第巴桑结嘉措也曾听到过这种声音。

藏式碉楼墙体宽厚，布达拉宫的窗台足有 2 米厚。少年时代的桑结嘉措时常和伙伴们一起在窗台上铺上卡垫，打坐、念经或是喝茶。天空碧青，云团浓郁，在高原璀璨的阳光里，少年桑结最喜欢玩的一个游戏就是伸出手做捕捉云团的模样，然后缓缓舒展手掌，让手指如莲瓣绽放。这时云就仿佛从手掌中流淌出一般，被风吹向远方。一个漫长的午后，他都会沉醉在这游戏之中，一次又一次地舒展手掌，恍惚间，少年稚拙的手指会呈现出吉祥天女散花般的优美手型。

这个适于冥想的寂静游戏会持续很久，伙伴们渐渐散去了，他依旧陶醉其中，直到乌拉[③]们打阿嘎的歌声响起。

成群的乌拉排成队列，手里持着下端套有沉重圆石的木棍，唱着声调响亮、节奏明快的歌曲一下一下捶打地面。这个工作类似汉族地区人们的打夯，只是他们捶打的不是普通的泥土，而是神秘宝贵的建筑材料“阿嘎”。“阿嘎”是“白色东西”的意思，是将风化的石灰岩或沙黏质岩类制成的粉末，用阿嘎夯实的地面和墙面，干燥后光滑结实，美观耐用。

乌拉的歌声使神圣的布达拉宫瞬间焕发出世俗的欢愉，这群欢乐的人仿佛不是来这里做工，而是参加某次愉快的飨宴。他们有时唱“‘阿嘎’不是石头，‘阿嘎’不是泥，‘阿嘎’来自深山，是莲花大地的精华”，有时唱“江头的水与江尾的水，距离遥远不得聚，如今它们重相逢，相逢在佛前的净水碗”。木棒夯土的声音是节奏，一轮又一轮的合唱震撼得寂静宫殿里的尘埃都颤动起舞。

少年桑结望着阳光下仿若翩然歌舞的人们，心想最迅捷的神鹰也没有他们的歌声飞得高、飞得远吧。桑结的目光随着他们的歌声在拉萨的蓝天白云下游移，布达拉宫的粉白色墙壁如洁白的哈达[④]，如纯洁的奶液在玛布日山上奔流宛转。玛布日山之下，是混杂着糌粑、酥油与藏香气味儿的红尘。

这座宏伟的宫殿位于玛布日山之上，它离红尘很远，所以，他离红尘很远。从 8 岁来到布达拉宫，年幼的桑结听到的除了诵经声、法会的法螺声、法号声，就是乌拉们打阿嘎的歌声。这座宫殿从何时开始建造？神灵将他的身体由小孩子变大为半大少年，白色的宫殿依然没有建完。然而，它也在生长，每日与每日都不一样。他，作为一个男子汉的轮廓逐渐出现在大家面前；它，作为一座宏伟宫殿的轮廓日渐清晰。

桑结听到身后响起细碎严谨的、训练有素的脚步声，他知道，这是五世的侍从们在被酥油浸润的阿嘎地面踩踏出的声响。桑结谦卑地俯下身子，恭敬地向伟大的五世行礼。五世慈爱地示意他起身，来到窗前，和他一起站到那片阳光里。

乌拉们沉浸在劳动歌舞的愉悦里，并不知额巴钦波正在宫殿的某个窗洞后面望着他们。这可是莫大的福分与机缘。对桑结来说，这样的机会也不是总有的。桑结不愿意错过这样的机会，他恭敬地向五世提问："活佛啦，您是从什么时候开始建造这座宫殿的？从我出生之前您就开始建造它了吗？"

五世达赖罗桑嘉措笑了："孩子，它是一座充满了神性的宫殿，它并不是我建造的，我是在对它进行重建。远在你出生之前，甚至在我出生之前，它就已经在玛布日山上俯瞰拉萨了。你随我来。"

他们来到大殿，大殿上四处是工匠们忙碌的身影。布达拉宫是雪域最宏伟的建筑，重建它工程浩大。西藏各地每年都会向拉萨输送大量的乌拉，文献记载每年布达拉宫使用的工匠有 5700 名，实际参与建设的人数能达到 1 万。

在漫长的重建过程中，布达拉宫中聚集了西藏最杰出的工匠、手艺人，他们代表了那个时期西藏顶级的艺术水平。他们中除了藏族人，还有来自内地和尼泊尔的工匠。清朝康熙皇帝为了表示对西藏地区的重视，专门派来了100多名技艺精湛的汉族工匠，支援布达拉宫重建。

技艺超群的艺人、珍贵特殊的建筑材料，出现在幽深的宫殿的各个角落，智慧与工艺相碰撞让宫殿中沉郁了近千年的空气闪烁出珠宝般璀璨的光泽。五世达赖把桑结带到了一幅壁画前，命令侍从们点燃巨大的烛台上粗如儿臂的牛油蜡烛。

“这位姿态曼妙、面目慈悲的女子是白度母[⑤]的化身——文成公主[⑥]；这位身材伟岸、仪态威严的男子是吐蕃[⑦]王朝最强大的君主——松赞干布[⑧]。”五世注视着这些华美的壁画，开始讲述壁画中的故事。

“松赞干布派大相噶尔·东赞域松[⑨]，带着黄金五千两及数百件宝物不远万里去朝见唐朝大皇帝。他希望能迎娶美丽贤惠的文成公主做他的妻子。当时，天竺、大食、仲格萨尔和霍尔也都派去了使者带着丰厚的礼物去求婚，他们都想把能带来吉祥与幸福的公主带回他们的土地。大皇帝说，你们比赛智慧吧，谁的智慧最多，谁就能迎娶公主。”

五世把桑结引到另一幅壁画前，说：“你看，这就是‘五难婚使’的故事。”

这些壁画色泽艳丽，画面繁而不乱，人物生动鲜明栩栩如生。小桑结被深深震撼了，思绪随着五世生动的讲述掉入了久远的故事中：

“第一场比赛，大皇帝拿出了一块湛清碧绿的松耳石，松耳石上有个弯弯曲曲的细孔。谁能把丝绳穿过孔洞，谁就赢得比赛。使臣们试着用锥子、绳子甚至猪鬃来穿，都没有成功。轮到噶尔时，他不要锥子，不要绳子，也不要猪鬃，他向大皇帝要了一只小蚂蚁。他把丝线系在小蚂蚁的腰上，小蚂蚁带着丝线轻轻松松爬过了孔洞。

“第二场比赛，大皇帝给每国使臣一百只羊，谁能在太阳下山前将羊肉吃完、将羊皮揉成皮革，谁就是胜利者。其他四国的使臣急急忙忙宰羊吃肉，太阳下山的时候，羊肉吃完了，羊皮还没有揉。噶尔让侍从们每人杀一只羊，将羊肉煮熟切成小块。大家围成一个大圈，用盐巴蘸肉吃。一边吃肉，一边揉羊皮，每人揉七下，传给后面的人。太阳还没有下山，大家快乐地吃光了肉，羊皮也揉绵了。

“第三场比赛，大皇帝给每国使臣一百只母鸡、一百只小鸡，谁能给小鸡找到各自的母亲，谁就能迎娶公主。使者们都被问题难住了，纷纷表示无能为力。只有噶尔胸有成竹地向大皇帝讨来了酒糟，洒在地上。母鸡与小鸡一对一对地凑在一起啄食酒糟，谁是小鸡的母亲一下子辨得清清楚楚。

“大皇帝不想心爱的女儿被娶走，又出了一个难题。

“他指给使臣们看一堆木头：‘明天谁能告诉我哪里是这些木头的根，哪里是木头的梢，就算谁取胜。’这些木头的根和梢一样粗，使者们又一次犯了难。第二天，聪明的噶尔派人把木头全部扔进了湖里，然后请大皇帝来到湖边，说：‘沉入水中的一端是树根，浮在水面上的一端是树梢。’

“大皇帝对噶尔的智慧非常佩服，但是出于慎重，他提出了最后一项比试：给使者们一百匹母马和一百匹小马，谁能给小马找到母亲，谁就是最后的胜利者。使者们按颜色分，按模样分，都没能找对。噶尔想了个绝妙的主意，他把小马和母马分开，一夜不喂水和草料，第二天再把它们赶到一起。饿了一夜的小马们飞快地跑到母亲的身下去吃奶，谁是小马的母亲一目了然。”

少年桑结的灵魂仿佛随着上师的讲述融入了这些壁画，他随着聪明的噶尔从一场比试跳入另一场比试，时而担忧，时而思索，时而紧张，时而放松。大皇帝的试题那么刁钻，同行的使臣们那么愚蠢，白度母文成公主又是那么端庄漂亮。看桑结听得津津有味，老师额巴钦波慈爱地拍拍他略扁的小脑袋，带他来到第三幅壁画前。这幅壁画记录的是年轻英武的吐蕃王迎娶公主的情景。

壁画上的他们，姿容美如宝莲瓔珞[10]，光彩灿若星辰日月。这对永久地将生命凝聚在布达拉宫壁画上的璧人，当年一个 25 岁，一个 16 岁，正是一个男人和一个女人生命中最美好的年纪。英国诗人西格里夫·萨松曾写下过不朽的诗句：我心里有猛虎在细嗅蔷薇。这句子，总被人以为是佛经中的偈子，也许，诗歌与偈语都源自生命的触动，所以才得有这神与髓的相通？那时的松赞干布，真是雪域的一头猛虎啊，他如刚烈的飓风横扫高原，可在公主这朵汉地皇室精心灌育的娇媚蔷薇前，他听惯了刀刃劈裂煞风的心一下子变得温柔，他愿意为她驻留，细细捕捉她飘逸于青稞[11]、乔松、驼绒藜之间的香气。所谓金风玉露一相逢，便胜却人间无数。

达赖五世描绘出了当时松赞干布的喜悦：“那时的拉萨，还叫逻些。迎亲的队伍跳着欢乐的舞蹈把美丽的公主迎进了逻些城，松赞干布成为了公主的丈夫。他快乐地说：‘我族我父，从未有通婚上国的先例，我今天娶到了大唐的公主为妻，实为有幸，我要为公主修筑一座华丽的宫殿，以夸示后代。’于是，他让臣民们在玛布日山上建造了雪域高原从未有过的宏伟漂亮的宫殿，便是这布达拉宫。”

“活佛啦，松赞干布为什么要用菩萨的住地来给自己的宫殿命名？”

“因为松赞干布把观世音菩萨作为自己的本尊佛，他想祈求佛的庇佑。”

“活佛啦，为什么您会成为宫殿的主人？”年少的桑结想不明白，传说中神勇英俊的王，怎么会失却自己为夸耀后世而建造的宫殿？

上师弯下腰，看着孩子被烛光映照得灼灼发亮的眼睛："因为，有很多人想祈求神佛的庇佑。他们想跳出苦难的轮回，避开人间业火的烤炙。譬如，你看他——"

"巨喇母，巨喇母，巨巨喇母，吞救卡拉，喇庆母，喇母，阿嘉搭嘉，吞救，入路入路，吽救吽。"大殿的一角，一个画工正一边为壁画描金，一边念诵吉祥天母咒。

"活佛啦，他念错了！阿妈啦教过我，不是'巨喇母，巨喇母，巨巨喇母'，是'救喇母，救喇母，救救喇母'。我去告诉他正确的咒语[12]怎样念。"

上师微笑着："不用，他依然会得救。他真诚地念诵咒语，吉祥天母会一直扶助他，救护他。"

"活佛啦，自己修行就能得救，世间为什么还要有活佛？"

"活佛是引导者，不是拯救者。真正拯救人们，给人们以奇迹的，是人自己。"

"真正拯救人们，给人们以奇迹的，是人自己。"

"……给人们以奇迹的，是人自己。"

"……"

望着上师上下翕动的嘴唇，桑结从巨大的时间与记忆搅和而成的旋涡中挣扎而出，耳畔轰隆，半晌，才有星星点点的光亮洒进眼前的黑暗中。

是阳光。

午后，布达拉宫窗口倾泻而下的阳光。

他像少年时代一样坐在窗前冥思，陷入了巨大的寂静，走入了宫殿与他的生命缠搅而成的记忆。宫殿的记忆与他的思虑产生了某种共鸣的频率，如茶和奶溶溶搅和于一处。

惊醒他的是窗外波浪一般的打阿嘎的劳动号子。

盛大的法会就要开始了，成千上万的信徒从高原各地流向拉萨，流向八角街，期待活佛走出布达拉宫赐予他们最吉祥的祝福。

活佛必须出现。

但是，他可以编造一个关于活佛的谎言，却不能变出活佛奇幻的神迹。他是那么孤寂，无依。

“第巴去念经了，不要让人打扰。”侍从们小声地传说。他却一个人在幽寂的大殿中徘徊游荡，莫名地，在少年时代念咒静思的角落里睡着了。

十几年过去了，一切都改变了。他不再是在宫中学经的小喇嘛，他是第巴，掌控着千里高原沃野兴亡盛衰的扁头第巴。十几年过去了，一切都没怎么改变。布达拉宫依旧在建造，打阿嘎的歌声日日会在宫殿的某个角落响起。

权力很可贵，不是么？可在此种情况下，更多的时候，他想回到过去，对，他想溯回时间的上游，向老师讨回一个答案。那漫长、清晰的梦境。他无法在消亡的时间中抓住老师的影子，只好重走一遍记忆之路。

他是幸运的。

他找到了想要的答案。

他匆匆离开，去寻找他最信赖的侍从。窗外的欢乐、铿锵的歌声被灿若花粉的金色阳光淹没。

“你们都记得额巴钦波尊贵庄严的容貌吧？”

“伟大的五世姿容英伟，永世不敢忘记！”

“去寻找与额巴钦波容貌一样的人。”

“……大人，您……”两个侍从面面相觑。

“上师会参加七天后的法会，为信徒灌顶[13]。”

侍从领会了桑结的意思，领命行礼，退了出去。

不久，布达拉宫做杂活的老喇嘛旺堆静悄悄地从僧众中消失了。有人询问，僧官一句“要务在身”，问的人便闭了嘴。其实，旺堆的去向，僧官也不清楚。带走旺堆的人，也只说了一句“要务在身”。

在布达拉宫，总是有许许多多的“要务”。一个“要务”来了，还有下一个“要务”。很快，老喇嘛旺堆就被众人忘记了。

即使记得又怎样，谁能想到旺堆从未离开过布达拉宫，谁又能想到喇嘛旺堆每日在五世佛爷的寝宫日光殿中安寝？

人们已经听惯了高原上奇妙的传奇，是天人降世、善人升天，一个普通喇嘛真的走入了人间天堂，却是大大超乎人们的想象范围。旺堆也是。昨天，他还在端着自己的糌粑碗跟僧侣们一起抢大锅里的粥；今天，他就坐在藏桌前享用银器皿里的肉、酸奶、酥油茶了。

他知道这里是哪里。每天天亮前，他都会匍匐在幽暗的大殿里用力擦拭地面，他熟悉这座宫殿盘桓的古雅馥郁的香味——这是日光殿，达赖佛的寝宫。达赖佛喜爱一种印度香的气味，这种昂贵的香料日日夜夜在日光殿的银质龙柄香炉里寂静地焚烧。

旺堆望着藏桌上精美的菜肴发呆。他想了想，最终伸出两根手指捏了一个包子。牛肉的鲜美汤汁灌满了他的喉咙，他禁不住又拿起一个塞进嘴里。

门静静敞开又关上，一个人静静走进来。旺堆忙着往嘴里塞包子，等他注意到有人，那人已经走到他面前了。

作为一个低级僧侣，旺堆从未靠近过第巴桑结嘉措，不知道他的面目。但是，旺堆看得到他锦缎质地的僧袍、鞋面上高贵的黄缎子，还有他扁扁的头颅。旺堆丢掉包子趴在藏毯[14]上不住地叩头。

桑结望着匆忙行礼的旺堆，望着他身下熟悉的“寿山福海”图案的地毯，淡淡地说："免礼吧。今后见面，我要向你行礼了。"

旺堆叩头叩得更猛了。头颅砸向厚厚的藏毯没有声响，只在清早的阳光里激起了飞扬的尘埃。

桑结蹲下来，抬起旺堆的脸："像，真像。"

这张脸每天面对着布达拉宫的地面，却从没被人注意过。是啊，一个站在高高的九重天上为凡人擦拭泪水，一个趴在肮脏的地上为地面擦拭尘埃，谁会把这两个人联系在一起呢？即使，他们有相似得让人心惊的脸庞。桑结不禁佩服侍从的眼光。

桑结回身坐下："不要叩拜了。今天起，你就是五世达赖佛，你得拿出风度与威严来，不要丢了额巴钦波的脸。"

桑结的目光没有离开旺堆的脸。

"真正拯救人们，给人们以奇迹的，是人自己。"

即使他不能像真正的五世一样给人们神奇的祝福，但有信仰在，人们依然会相信这样的会面能带来福气。

这张脸将帮助他渡过难关。

法会热闹非常。许久没有露面的额巴钦波要给人们摸顶祝福，信众们欢呼雷动。

人太多太多，普通的摸顶照顾不到这么多信众。活佛用一根长木棍挑起一根布条，一边念咒一边在缓缓走过的人群上方拂过。人们望着在宝座上端坐的盛装的活佛，随着他的每一个手势，都感觉有一股神奇的力量灌注全身。

距离太远，没有人发现，活佛庄重的僧帽下淌下了丝丝汗水。

老喇嘛穿着华丽庄重的礼服，极力抑制心中的恐惧。此刻，他本应该和昔日的同伴一起，在大殿的角落里努力擦拭地面，可他却高坐在额巴钦波高贵的法座上，为信众祝福。老喇嘛心中混乱极了，他只能忍耐。扁头第巴桑结嘉措就在距离他不远的地方低眉顺眼地坐着，仿佛伺候在真正的五世身侧。桑结嘉措确实仪容安详。只是他手中那串菩提子念珠转得飞快。

假五世达赖出现在阳光下的每一分每一秒对他来说都是煎熬。他要应付的不仅是信众，还有各地觐见的活佛、驻兵西藏的蒙古头领达赖汗。他们期待着与修行许久的达赖佛会面。见面就会露馅。他们只需要远远地看到达赖佛出现就好了、就够了。

编个什么理由呢？继续闭关？那么，见一面总是可以的吧……那就说身体不适，对，这个理由能把所有好意的、恶意的拜访推出门外。

达赖佛是病了，幸好，不是去世。

灌顶活动结束，达赖佛被侍从簇拥着消失在人们的视线里。第巴桑结客气地向尊贵的客人们宣布，额巴钦波身体欠佳不能会面。听到这个消息，尊贵的客人们议论纷纷。

扁头第巴引领着客人们去享用丰盛的宴席。他们一同走过布达拉宫曲折的台阶，灯火通明的长廊，窃窃私语声一直没有止息。

你们可以猜疑，但只要看不到真相，你们也就自能猜疑。

一个谎言叠加一个谎言，支持起了压在桑结心头的巨石。他不再那么忧惧烦闷，步履轻松起来。

客人们在第巴的招待下享受了丰盛的晚餐。显然，第巴本人是宴会中最愉快的人，他用一杯一杯的香醇的蜜酒和大块的烧牛肉填充多日来空瘪的胃袋。他与各位贵客讨论政治的、经济的话题，并为额巴钦波的健康干杯。

布达拉宫的香灯宝烛下，扁头第巴桑结嘉措心情愉悦，神采飞扬。

注 释

①白宫：为布达拉宫主体建筑。有7层。其中第四层寂圆满大殿面积717平方米，是布达拉宫白宫最大的殿堂。

②壁画：西藏至今仍保留着大量壁画，它们主要是在各个寺院、宫殿、府第、驿站、旅舍及普通藏族同胞家中等的墙壁上。而以寺院最为集中，殿堂、走廊、天花板、殿檐、立柱等无处不在。它们色彩绚丽、内容丰富、形象生动，使寺院简直成为一个壁画艺术的天堂。西藏壁画在艺术上有很高的水平，技法多变，题材十分广泛，有宗教故事、历史人物、神话传说及世俗生活等，笔法纯朴，较多运用俯瞰式透视法进行构图，画面别具一格。因使用传统矿物质颜料，调和牛胆汁和动物胶，所以能保持颜色经久不褪，鲜艳明丽。

③乌拉：在早期西藏，农奴为官府或农奴主所服的劳役。在这里指服劳役的农奴。

④哈达：蒙古族和藏族人民使用的一种礼仪性生丝织品，为长丝巾或纱巾，纺时稀松如网，也有以丝绸为料的优良哈达。长短不一，从三五尺到一二丈皆有，用以表示祝贺、敬意等。藏族有尚白传统，因而哈达多为白色，亦有蓝、黄等颜色。另有五彩哈达，为白、蓝、绿、黄、红五色，象征蓝天、白云、绿水、大地，其中红色代表空间护法神，是专献给菩萨和近亲时做彩箭用。在藏传佛教中，五彩哈达被视为菩萨服饰，因此只有特定情况时使用，是最隆重的礼物。

⑤度母：又称多罗观世音、多罗菩萨，全称叫做“圣救度佛母”，共有21尊度母。

⑥文成公主：本为唐朝宗室之女。公元640年，松赞干布遣大相禄东赞至长安，献金五千两，珍玩数百，向唐朝请婚。唐太宗答应把文成公主嫁给他。据说文成公主聪慧美丽，且自幼受家庭熏陶，知书达理。她入吐蕃后，很受尊敬。

⑦吐蕃：古代青藏高原地区的政权，约公元7至9世纪。松赞干布创建。蕃字念作“波”，藏语作“bod”，是古代藏族的自称。吐蕃一说最早见于唐朝史书。

⑧松赞干布：吐蕃赞普，《新唐书》又称器宗弄赞、弃宗弄赞、弃苏农赞等，吐蕃王朝的缔造者。他在位期间，建立了奴隶制度，创制了一系列法律、政治制度，重视经济文化事业发展，与唐修好，先后迎娶尼泊尔公主和唐文成公主，推广佛教，并创制文字。与墀赤松德赞、墀祖德赞并称为吐蕃三大法王。

⑨噶尔·东赞域松：即禄东赞。

⑩璎珞：古代用珠玉串成的装饰品，多用于装饰颈部。

⑪青稞：一种禾谷类作物，禾本科大麦属。又名元麦、米大麦或裸大麦。有黑青稞、白青稞、好墨绿色青稞等种类。主要产地位于我国西藏、四川、云南及青海等地海拔4200～4500米的高寒地带，是青藏高原的主要粮食作物。药用以及营养价值较高。已有3500年栽培历史。

⑫咒语：在西藏，手里拿着念珠口中念诵咒语的人随处可见，有的人甚至用一生时间以求精进持诵咒语。藏族同胞基本上都认同本尊与本尊咒语无二的正见，这是咒语在藏传佛籍里重要地位的一种体现，也是藏传佛教的一个独特之处。咒语具备着不可思议无边无量的功德与加持力。不仅持诵咒语能得无量功德，就是仅仅听闻这些咒语也是一种福德。咒语一般都只是音译，译师们只是保留其读音，而并不常对其意义加以翻译。这种习惯，也是为了更真、更完整地保持咒语中所蕴含的诸佛菩萨密意法力。而人们在念诵经咒时，也不必过多地去追寻意义，只需虔心持诵，便可得无量功德福惠。

⑬灌顶：有“驱散、注入”之意，或可译作“授权”。原为古印度太子继位之仪式。后为佛教密教所效法，灌是灌持，代表诸佛之慈悲与护念；顶即头顶，表示佛行崇高。凡有弟子入门或者继承阿阇梨位之时，皆须经本师以水或醍醐灌洒其头顶。佛法灌顶向人传授的是佛法大智。灌顶被认为是修获究竟秘密佛法之钥匙，作用极大。

⑭藏毯：西藏毛毯，有3种。一是指用羊毛线与牦牛绒毛线合织而成的，图案较鲜艳复杂，质地轻柔；二是用绵羊细毛线编织而成的，式样较简单素淡，但也有用彩线编织成花样较多的薄毯；三是“卡垫”，即垫子，用牛皮、帆布等塞上獐子毛、干草、青稞秆等，质地结实，是不少人日常生活用具和居装饰品。

第四回　菩提[①]根深种，辨物续前缘

广袤的草原季节分明，可是少年阿旺诺布总是莫名延续着错觉，认为眼前的原野四季碧青翠绿，在琉璃一般澄澈的天空下无休止地散发着草木辛辣、清新、忧伤的气味。

这漂亮的孩子不理解自己的忧伤源自何处，当风从远方吹来，吹过他柔软的微微卷曲的头发，他会把脸转向西北方长久地凝视。

过路的商客告诉他，那是拉萨的方向。

扎西丹增家的漂亮儿子与别人家的孩子不同。刚刚会走路的时候，他就摇摇摆摆地自己跑去抓爸爸的转经筒[②]，径自笨拙地转动着经筒，高兴地张大嘴巴欢叫。再大一些，会说话了，和小姐姐曲珍玩耍着他会突然说："我不是这里的人，我要回去。"曲珍很惊讶："你要去哪儿？"他抬起小手，指向西北方。

西北方，遥远的日光城。第巴桑结嘉措坐在卡垫上诵经完毕。

夏天的青草长得格外茂密。拉萨周围草场的香气，冲破八角街的烟火气，随风飘进了玛布日山上的布达拉宫，这香味儿被酥油香和藏香的气味冲淡，在第巴的鼻腔转瞬即逝。淡淡的，清幽的草香，即使是一瞬，也足以让麻木的神经震撼。

他头脑深处的记忆之海，发出丝丝缕缕幽暗的闪光。

桑结睁开眼睛。约定的日子来临了，他要为布达拉宫寻找真正的主人。

"传曲吉卡热巴·多伦塔坚乃、多巴·索朗查巴。"

六月的清晨，一支马队悄悄从布达拉宫后门出发，走出八角街，走向拉萨的城门。守城的军官拦住了他们的去路："何事出城？"

吉卡在马上回答："去天竺朝圣。"

“朝圣？”看这行人的装扮气质，实在不像朝圣，军官示意他们下马。

吉卡看看多巴，多巴下了马，拿出了布达拉宫的证件和卦象：“实不相瞒，朝圣是幌子，我们是有重要任务在身，要去寻找转世灵童。”

寻找灵童要有高僧给的卦象，这点不错。那份证明上，还有第巴桑结嘉措的印鉴。军官挥手放行。

军官没有想到，他听到的实话，其实还是个谎言。灵童的身份必须严格保密，桑结早就给下属们编造好了谎言让他们去应对突发事件。对于他扁扁的、聪慧的头颅来说，编造这样的谎言并不是难事。谎言保障他避过一次又一次惊涛骇浪，编造谎言他早已驾轻就熟。

出了城门，马队向东南方走去。那是高僧占卜得出的额巴钦波的灵童降生的方向。不过，他们的目标并不是邬金林，而是曲果甲拉姆拉措湖。曲果甲拉姆拉措湖被认为是神湖，具有非凡的灵性。藏传佛教认为，通过虔诚的祈祷、施行相应的仪式，会在湖中呈现灵妙的景象，指示出灵童身处的地方。

格鲁派在寻找灵童时，一般会使用降神或者高僧占卜两种方式。这两种方式都能指出灵童降生的大致信息，譬如灵童在哪个方向降生、是什么属相等等。雪域高原，活佛众多，灵童也多，属性近似的灵童往往不止一个。在这种情况下，较为准确的寻找方法就是观湖。

茫茫雪域，神湖有两个，一个是仁布县的雍杂绿措湖，一个是山南加查县境的曲果甲拉姆拉措湖。拉姆拉措湖是西藏护法女神班丹拉姆居住的地方，“措”是藏语“湖”的意思，“拉”是神的意思，“拉姆拉错”就是“圣母湖”。

拉姆拉措湖被神峻的山峰包围。西藏的花朵色彩斑斓，山峰亦有不同的颜色，红的、黄的、绿的、黑的……围裹拉姆拉措的山是黑色的，使神湖看起来像被黑铁嵌边的宝镜，泛着凛冽灵性的光芒。

每年，都有无数的信仰者踏过草原，翻越高山，穿过河流，走过林地，坚定地向拉姆拉措走来。人们相信，只要虔诚祈祷然后观望湖面，就能从变幻莫测的湖水中看到自己的未来。只有经历着苦难和无奈生活的人才知道，一个未来的许诺，对自己有多么重要。无论这未来好与不好，至少能使心中的一块石头落地——其实更多时候，折磨人的不是生活本身，而是未知，未知是最可怕的魔鬼。

能来拉姆拉措观望自己的未来是无数藏族人的梦想，第巴也不例外。每一位第巴都有观湖的经历，第巴桑结嘉措却不在其中。他害怕看到一个不好的结果。他的一切生命轨迹都是既定的，额巴钦波，他的老师很早就已划定了他的生命道路，他必须按照这个方向走下去。他，第巴桑结，不能失败，没有失败。

他的命运影响着一个伟大人物的伟大梦想。一步一步，他在帮助那位伟大的人物把梦想完成。

这神圣的湖，只要呈现出伟大的五世再次莅临人世的地点即可。

夏天茸茸青草为铁灰的山带来了些许绿意。阳光穿透云层，驱散了笼罩在拉姆拉措湖上的雾气，湖水呈现出了瑰丽的色彩，深蓝、浅蓝、湖蓝、墨蓝、靛蓝、孔雀蓝……曲吉一行人来到湖边，供上各色贡品，向班丹拉姆女神敬献了哈达，开始了祈祷仪式。

仪式庄严神圣，经过漫长的经文念诵后，大家的目光都投向了斑斓的湖水，捕捉湖面映现的每一个微小倒影。

有人看到了高高的山口、飘扬的风马，有人看到了破旧的石板房，还有草场和牛。

“多巴，你看到了什么？”曲吉问。

“猪，黑色的猪的形象。”

“唔，与之前占卜的灵童的属相一致啊。”

“曲吉，你看到了什么？”

“我也看到了石板房，房子旁边有一棵柏树，很高、很大的柏树，一些小孩子在玩耍。”

“……”

寻找灵童的队伍离开了拉姆拉措湖，走向门隅。

这里是门隅。那位在布达拉宫壁画上行走的来自遥远汉地的公主，不仅带来了谷物种子、耕作技术、吐蕃王的爱情，还带来了堪舆之术。经历了一路风霜来到西藏，公主做的第一件事情，就是用“八十种五行算观察法”推算出了西藏的地形地貌。公主发现，西藏的地形如同一个魔女，魔女头东脚西仰卧，拉萨的卧塘湖是她的心脏部位，玛布日山和药王山③是她丰满的乳房。

门隅，就在魔女的左手心。

据典籍记载，门隅是“乌仗那第二佛祖④曾经加持过的宝地，那里遍布秘籍宝藏，与边地坎巴顶⑤相毗邻，年稔谷粮十三种，林木瑞草花果数不清”。

莲花生的传说，使寻访者们踏上门隅的土地时心中自然流淌出敬仰之情。

莲花生，是怎样的少年呵。传说中，他的容颜永远停留在16岁，岁月的痕迹永远不会爬上他玫瑰色的脸颊，他上嘴唇柔柔的绒毛永远不会化为黑而硬的胡须。《大阿阇黎莲花生传》记载，他“肤色白里透红，无名指有莲花图纹，眼睛和嘴唇像盛莲一样”。很久很久以前，他脚踏祥云迎着风来到门隅，柔软的微微卷曲的头发在风中飘荡，就像……就像那在村口放牛的孩子一样……

马队穿过山口，来到了邬金林。远远地，看到村口的高地上放牛的小孩。一个侍从打马向前，俯下脸来问："孩子，你知道村子里谁家的房子挨着柏树吗？"

孩子绽开莲花一样的嘴唇，微笑着："那是我家呀。"

有秘典记载，莲花生大师是过去、现在、未来三时诸佛之总集，观世音菩萨亦是他的化身，身为达赖灵童的仓央嘉措，是他的转世。一点灵魂，因有了那普度众生的愿力，便随从光阴在这红尘中流了又流，转了又转。

为避免引人注意，马队在村外驻扎，曲吉与多巴带着辨认灵童的物品来到扎西丹增家。

两人向扎西丹增与次旺拉姆献上了作为布达拉宫公文标志的吉祥日哈达，然后取出五世达赖的谕旨献给扎西丹增。在一旁玩耍的阿旺诺布看到谕旨，笑着对爸爸妈妈说："这是我的印章，你们得福啦！"无论是来访者，还是扎西丹增夫妇，听到这话都大为吃惊。

寻访者要使用辨认前世用具的方法来确定灵童。

曲珍被送到那日家，大门紧闭。扎西丹增与次旺拉姆虔诚地跪在房子的一角，看曲吉与多巴先按照礼仪举行庄严肃穆的护法神唐坚嘉措恕衍请愿仪式，狭小的石板房香烟袅袅，梵唱声声。

放牛小童阿旺诺布净身后，口含加持物端坐于卡垫之上。浓郁的桑烟与流水般流淌的梵唱并没有让他觉得不安，反而，他露出兴奋的神态，一副安享其中的样子。

测试开始了。喇嘛曲吉卡热巴·多伦塔坚乃是五世贴身侍从，而多巴·索朗查巴不是。但是他俩对阿旺诺布说："我俩是你的仆人，现在你记得谁，请到谁的怀中安坐。”阿旺站起来，毫不迟疑地向曲吉走去，坐到他怀里。

曲吉的激动无法言说。他压抑着强烈的感情，拿出两个卷轴，铺开来看，是两幅唐卡，一幅是宗喀巴大师的肖像，一幅是五世达赖本人的肖像。多巴问：“你认识画像上的人吗？”

阿旺笑了，指着五世达赖的肖像说：“这个我认识。”

“你认识这个吗？”曲吉又取出5支镇邪橛放到藏桌上。这些镇邪橛一支比一支镶嵌得华贵精美，阿旺挑挑拣拣，却没有拿小孩子最喜欢的嵌满多彩宝石的，而拿起了五世用过的较为朴素黯淡的镇邪橛，说“这是我的东西。”不过，他的神态有些迟疑：“我记得，我的镇邪橛没有这么大……”同样一支镇邪橛，对一个缩小的身体来说，当然显大。前世的零碎记忆不足以解释今生的疑惑，阿旺拿着这支镇邪橛摆弄了许久。

第二天，认证的考验继续进行。同昨日一样的仪轨，念诵经咒并净身。这次曲吉和多巴请出了一尊莲花生大师雕像，一尊嘎玛巴银制雕像。莲花生大师是密乘大师，嘎玛巴是噶玛噶举派[⑥]的活佛。阿旺伸出小手，将莲花生大师置于头顶，把嘎玛巴放在胸下的位置。次旺拉姆惊奇地握住了丈夫的手，阿旺从没有见过莲花生大师与嘎玛巴的形象，又怎会知晓如何安放？

次旺拉姆说不出心里的滋味。自小孩子嘴里偶尔蹦出几句超出她理解的话，她只当做顽话。高原上每一个藏族人都熟知活佛转世[⑦]的故事，但，这是自己的儿子，自己身上掉下来的肉，她从未把儿子与神圣的活佛联系在一起思考过。

香烟和经文似乎唤醒了孩子前世的记忆，他记起得越多，她越惶恐。孩子是活佛，是无上的荣光，也意味着，她将失去儿子。活佛，要坐在高高的宝座上。

多巴再次摊开了几轴唐卡，然后取出了圣物——乃琼大神赐给甲亚巴的弯刀和哈达。多巴问：“你知道这是谁的吗？”

“是他的。”阿旺毫不犹豫地从一堆神祇画像里指出了乃琼大神。

第三天，曲吉拿出了五世佛的旧物，一本印刻着华美纹饰的木刻经书。小孩看着曲吉恭敬地把这本经书放在藏桌上，有点儿失望：“这种本子，布达拉宫里有很多呀。”他希望曲吉能像前两天一样拿出更有趣的东西，曲吉做出无可奈何的样子，按照规定，他今天只能拿这样的东西出来。阿旺只好去翻看这本书，在纸上模仿着画那些复杂的花纹，后来甚至把书从头到尾翻了一遍，仿佛里面的每一个字他都看得懂似的。

第四天，曲吉拿出了两顶冠冕。五世达赖在得到固始汗[⑧]的帮助统一西藏后，曾经制作过一顶象征武功的冠冕，名叫崇威高德王冠，是五世的爱物。阿旺拿起崇威高德王冠戴到自己头上。帽子对现在的他来说太大了，一下子遮住了眼睛。他把帽子托起来，在屋子里跑着玩，跑了几步突然停下来对曲吉说：“你把你自己的帽子也戴上吧。”

另一顶冠冕，是班智达的通人冠。“班智达”是大学者的意思，曲吉是精通五明[⑨]的班智达，这顶通人冠确实是他的。

第五天取出的，是两把小刀。一把是被猫眼石与金丝装饰的华贵藏刀[⑩]，一把是五世佛用过的旧刀，下面挂了耳挖勺、牙签等小工具。阿旺看都没看新刀一眼，伸手就取走了旧刀：“这刀是我的！”多巴说：“旧刀给我吧，给你新刀，看，它多漂亮。”阿旺摆弄着挖耳勺，头也没抬：“新刀子的福力怎能与旧刀子相比啊。”

第六天，多巴拿出两只宝贵的法器——装有真言芥子的两个牛角，其中一个是五世曾经使用过的。

阿旺这次迟疑了许久，两只牛角看起来太相似了，但最终，他拿走了属于自己的那支："这个是我的。"

第七天，是最后试验。桌上摆着一溜七个茶碗，有曲吉的，有多巴的，新旧不一，款式多样。其中一个是五世的。阿旺准确辨认出了五世的那只茶碗，抱住了不撒手，一定要用那只碗吃饭："这个茶碗是我的！"

五世的茶碗是宝器，一定要带回布达拉。无奈，曲吉与多巴只好等孩子用茶碗吃完饭再伺机哄下。

扎西丹增家饮食俭朴，只有茶和糌粑。阿旺用餐前，先敬神灵，然后才开始食用糌粑。而且，他抓糌粑时两根手指微微弯曲上翘，那姿势与五世一模一样。

望着正在吃糌粑的孩子，曲吉和多巴感动得无以言说。

他若不是达赖佛，还会是谁呢？他的行止与达赖佛几无二致，他的样貌也符合《方广大庄严经》对观世音转世灵童的描述："这位'一切成'[11]的孩子所具备'大勇'者的三十二吉相是：肉髻突儿，头闪佛光，孔雀颈羽色的长发右旋着下垂，眉宇对称，眉间白毫有如银雪，眼睫毛酷似牛王之睫，眼睛黑白分明，四十颗牙齿平滑、整齐、洁白，声具梵音，味觉最灵，舌头既长且薄，颔轮如狮，肩膊圆满，肩头隆起，皮肤细腻，颜色金黄，手长过膝，上身如狮，体如柽柳匀称，汗毛单生，四肢汗毛旋向上，势峰茂密，大腿浑圆，胫如兽王系泥耶，手指纤长，脚跟圆广，脚背高厚，手掌脚掌平整细软，掌有蹼网，脚下有千辐轮，立足坚稳……具有这种吉相的大王不会是转轮王，而应是大慈大悲的观世音菩萨。"

毋庸置疑，额巴钦波的灵童已经找到。曲吉派侍从迅速回布达拉宫禀报。

在各种势力扭曲交错的布达拉宫，一个绝密的消息能传到第巴的耳朵中，也能传到另一只耳朵中。

活佛缠绵的病痛与长久的闭关早已引起了各方的猜疑，活佛早已圆寂的说法也在暗地里流传了不止一天两天。但是，没有人敢站出来捅破这层窗户纸，一旦有个闪失，扁头第巴会从脑袋里想出的恐怕不止是赞词里优美流畅的句子，还会有让人生死两难的报复。掌握了灵童，就等于拿到了第巴的把柄，亦等同于掌握了这个宗教权力的命脉。

沉寂了许久的各股力量再次蠢蠢欲动。一些第巴的反对者迅速做出反应，派心腹僧侣去劝说佛父佛母带着灵童出走。

他们为了更顺利地达到说服的目的，没有直接去邬金林，而是先去了佛父佛母的故乡请他们的亲友帮忙劝说。次旺拉姆的母亲婉转拒绝了这些僧侣的请求，连同他们携带的黄金一同请出门外。僧人们没有泄气，连夜去拜访扎西丹增的姑母。在这位贪财的姑母面前，一两金子抵得上千言万语。时间紧迫，天还没亮她和僧侣们踏上了去邬金林的路。对于赚钱，她总是有额外的热心和执行力。

扎西丹增与次旺拉姆对姑母的到来大为惊讶，姑母却丝毫不觉得尴尬，扯开惯用的大嗓门问好："扎西德勒！孩子们，听说你们现在发达了？快，让姑母看看那个带来吉祥的尊贵孩子在哪儿？"阿旺诺布已经被曲吉和多巴带着转移了住处，并没有和父亲母亲住在一起。姑母很是失望，但是为了钱，她怎肯轻易罢休。

石板房外，曲吉带来的侍从偷偷注意着屋里的动静。

与此同时，猎人那日家，也来了两位僧人。

灵童的新动向，陆续传往布达拉宫。在这些僧侣之后，还会有什么人来拜访？灵童需要再次消失于人们的视野，不然，只会横生事端。桑结嘉措拿定主意，请高僧占卜适宜藏匿灵童的地点。

不久，曲吉等人接到第巴的密令：将灵童一家迁往夏沃错那。

柏树下的石板房，一夜之间空了。那天清晨，那日在自家门前发现了一大袋细糌粑，装糌粑的，正是阿旺出生时他背去扎西丹增家的那只旧唐古。

安置好灵童一家，曲吉等人预备离开。吃过了最后一餐饭，曲吉拿出一个护身结哄下了孩子手里的糌粑碗。护身结用五色丝线编成，两端各有一粒刻着符咒的檀木珠，精美漂亮。这是曲吉亲自加持的，有平安吉祥、具足顺缘的效用。一套上头，一股神奇的力量涌遍全身，孩子对老喇嘛会心微笑。

曲吉与多巴留下了很多精致糌粑、上好的茶叶和银钱，对佛父佛母客气地行礼："请照顾好佛爷。"

见他们没有带走孩子，次旺拉姆又惊又喜。

"这孩子尊贵吉祥，福德大得远远超过您的想象，但神佛指示，他有劫难未完，需匿迹于僻野。请您务必保守这个秘密。"

被莲花生大师祝福过的门隅，无论哪一块土地皆有鲜花美果，水乳流香。村落陌生，可是眼前的景致并不陌生，依旧是草场碧绿，云山高耸。

马队重又消失在蓝天绿野之间。

祈祷带来的开启前世记忆的力量似乎消失了。这个喜欢凝望碧蓝天空、萋萋绿草的孩子，望着马队远去，似乎并不知道他们为何而来，对他们的离去也漠不关心。他更不会知晓博学的僧侣、被尊称为"日增"的戴达岭巴在书籍中写下的预言：

众生之主承殊业，
降于香拔雪山西南。

他此来为了护佑苍生，
将为神圣宗教的宗主。

乌云覆盖了原野，瞬息间大雨倾盆，仿佛要洗刷掉访客的印迹似的。草场雾蒙蒙一片。阿旺无处躲雨，蜷身到一块凸起的石头下面。

不多时，清风吹过，云歇雨收。阿旺刚想从石头下钻出来，就听到小姐姐曲珍带着哭腔的呼喊。

姐姐在叫自己。

“阿佳！我在这里！”阿旺露出头，向小姐姐挥手。

小姐姐过来就把他按在石头上一顿揍：“阿妈叫我看住你不要乱跑，你不听……叫你不听话！叫你乱跑！”年幼的曲珍不清楚家里发生了什么事，但是从匆忙的搬家、爸妈神情凝重的叮嘱里，她隐隐约约地感觉到了什么，知道必须得看好弟弟。客人刚走，弟弟就不见了。曲珍非常惶恐，不敢跟爸妈说，没头苍蝇似的一顿找。曲珍的藏袍[12]被打得透湿，满头满脸的雨水，样子看起来狼狈极了。望着满脸茫然的弟弟，一种委屈的感觉涌上喉头，她松了手，哇地大哭起来。

长这么大，阿旺还没被姐姐揍过，他一滴眼泪没流，倒是姐姐满脸泪水。

曲珍抽抽搭搭想拉了弟弟回家，弟弟从石头前移开了身体，刚才他挨揍时趴过的那块岩石，清晰地呈现出了一个人形，胸前，还有护身结的痕迹——是弟弟，弟弟的身形印在了石头上！

曲珍被眼前的景象惊没了眼泪。

殴打神佛，是重罪。石头记下了曲珍的罪。

草原上的故事传说，曲珍因为打了佛爷，积累了罪业，入了畜生道。

后来还是得仓央嘉措本人的救助，才得以跳脱苦海。

马队消失的方向，出现了一支队伍，他们抬着什么东西向村落走来。是猎人猎到了狼。狼是草原上惹人愤恨的野兽，它们行踪飘忽不定，今天可能在这个村落偷吃一头羊，明天就跑到另一个村子去偷吃一头牛。狼的食量大，一头成年狼一年能吃十几只羊。猎狼是受到百姓们拥护的活动。打死狼之后，猎人抬着狼尸周游各村表演打狼歌舞，这是对猎狼成功的一种庆祝，也能在活动中得到大家的赞扬和赞助。

这次，猎人猎到的是一头大黄狼，他们把狼皮剥下来，填入干草做成标本，并在狼身上悬挂饰物和哈达。狼的嘴巴经过特殊处理，用一根木叉死死插住，让狼死后也不能去向神灵告状。

领头人“阿波热”手持五彩绸子飘扬的彩箭，走在队伍前面分外显眼。一会儿到了村子里，他要向大伙儿说唱好听的“江雄”呢。

佛爷自己并不觉得自己刚刚受到了怎样的冒犯，高兴地向“阿波热”跑去，留下曲珍自己在原地发呆。

“阿佳，阿佳，你也来啊！”阿旺一边快跑一边招呼着曲珍。他跑得快，有人比他跑得还快。

一个白衣小孩骑着一匹小马，如一道闪电越过阿旺，冲向了抬着狼的队伍。不过，小孩显然对阿旺比对狼更有兴趣，他掉转马头又冲了回来，泥水溅了阿旺一脸。

雨后的草场，阳光刺眼，这孩子微微皱起眉，仿佛一下子看不清阿旺的样子，又仿佛有些轻贱眼前的小孩：“你就是那新搬来的？”

他一定是贵族的孩子，白色的衣服上镶着宽宽的水獭皮，还有金线的刺绣，使原本就刺目的阳光更加灿烂。阿旺诺布看了半天，才勉强看清他的脸。好漂亮的一双眼睛。

“怎么不说话，你是哑巴吗？”

抬狼的队伍走近了村子，村子里的孩子们欢叫着迎上去。

“卓玛，你在跟谁说话？”一个穿红袍的男孩带着几个小朗生[13]跑过来，手里握着马鞭。

“新搬来的，阿爸说的大贵人。”马上的孩子嘟起嘴巴，“阿爸净瞎说，哪有什么大贵人的样子嘛。”

“卓玛，不要瞎说，阿爸说了，这是大秘密，谁要说出去，就让行刑人用弯刀割掉谁的舌头！”

“我，我没说！都是你，非要偷听阿爸和客人谈话，连我也听到了。”白衣的孩子懊恼地伸出手指塞住耳朵，样子娇俏可爱：“他们也听到了啊！要是他们说出去了，可不能怪我！”

穿红袍子的男孩无奈了，扬起手里的马鞭四下乱指：“你，你，你，还有你！”

小朗生们惶恐地跪倒在地。

“你们谁要是听到了我们说什么，割了你们的舌头！”

“没听见，少爷，我们什么也没听见！”小朗生们异口同声地回答。

小少爷对自己的威吓很满意。他怎么可能不满意，对朗生来说，这种威吓，随时随地都可能变成现实。

小少爷摆平了手头的事情，开始关注身边一直默不作声的外乡人。他看人的样子跟骑马的男孩有点儿像，微微皱着眉，不知是嫌阳光过于刺眼，还是他骨子里的骄傲所致：“新来的，你叫啥？”

“……阿旺诺布。”阿旺又看到了一双漂亮的眼睛，而且，他与马上的男孩长着多么相似的一张脸啊。

“我是宗本家的少爷塔坚乃班丹。喂，外乡人，见到本少爷怎么不知道行礼？”

“塔坚乃少爷，扎西德勒！”

“还有我呢！你还没向我行礼！”马上的少年叫着。

阿旺只好再向白衣少年行礼：“小少爷，扎西德勒！”

“哈哈哈哈……”宗本家的两个孩子笑了，马上的那位更是笑得花枝乱颤：“我是宗本家的小姐！真蠢，你见过我这么漂亮的少爷吗？”卓玛骄傲地挺起腰身。

绵羊不长角，谁辨得出公母？小村庄走出来的阿旺诺布从未见过男装的女孩，惊讶极了。

塔坚乃大笑着翻上马背扶住卓玛的腰，去追赶猎人的队伍。小朗生们跟在马屁股后面一溜烟消失了。

卓玛，是女孩子的名字啊。我真蠢呢。想一想，阿旺自己也笑了。

村子里，说唱“江雄”的乐声响起。“阿佳，走啊去听说唱！”阿旺跑回姐姐身边，拉起姐姐的手向村子走去。

注 释

①菩提：意思是觉悟、智慧。菩提是明心见性，大彻大悟，断绝世间烦恼而成就涅槃境界的智慧，有佛、缘觉、声闻三种菩提。以佛之菩提为无上究竟，称阿耨多罗三藐三菩提，即无上正等正觉之义，也译作无上菩提、无上正真道、无上正遍智。据《大智度论》卷五十三所说，佛之菩提有五种：一、发心菩提，谓十信菩萨发心求菩提，其心则为至菩提果之因；二、伏心菩提，谓十住、十行、十回向等阶位之菩萨行诸波罗蜜，制伏烦恼，降伏其心；三、明心菩提，谓登地菩萨了悟诸法实相毕竟清净，即所谓般若波罗蜜相；四、出到菩提，谓第八不动地、第九善慧地、第十法云地等三阶位之菩萨，于般若波罗蜜中得方便力，亦不执著般若波罗菩提形象蜜，灭除系缚之烦恼，出离三界，到萨婆若（一切智），故称出到菩提；五、无上菩提，谓等觉妙觉证成阿耨多罗三藐三菩提，即佛果之觉智。菩提萨埵，指求无上菩提之大乘修行者，简称为菩萨；佛成道之处所，称菩场、菩提道场，其道场树称菩提树；檀那所属之寺院，称菩提所、菩提寺。念佛讲法，广祈众生增进佛道，称菩提讲；求无上菩提之心，称菩提心、无上菩提心或无上道意；顺趣菩提三十七种之行品，称菩提分法；祈祖先等成佛，而修冥福，称增上菩提。在《法华经论》中又有三种菩提的说法：法身菩提，即立法佛菩提；报身菩提，称报佛菩提；应身菩提，称应佛菩提。

②转经筒：也称转经桶、嘛呢转经轮等。藏传佛教信徒人人都会持筒转经。藏传佛教认为，持颂六字真言功德无量，可得脱轮回之苦。所以除了口诵真言外，还制作了“嘛呢”经筒。藏传佛教信徒把“六字大明咒”，以经卷装于经筒内，每转动一次就相当于念诵经文一次，如此反复念诵着成百倍千倍的“六字大明咒”，以表达对佛的虔诚。现在还有了灯转嘛呢筒、水转嘛呢筒等可以代人念诵“六字大明咒”。

③药王山：藏名叫“夹波日”，意为“山角之山”，海拔 3725 米。

④乌仗那第二佛祖：即莲花生大师。

⑤坎巴顶：今不丹一带。

⑥噶玛噶举派：藏传佛教噶举派的一支。12 世纪中叶塔波拉杰弟子都松钦巴是其创始人。有黑帽系与红帽系两大分支，和司徒、贾曹、巴俄等多个活佛转世系统。从元朝开始，噶玛噶举派就在政治上发挥着其影响力；它是首创西藏活佛转世制度的藏传佛教教派。黑帽系高僧噶玛拔希首开先例，被视为松钦巴的转世。噶玛噶举派寺院众多，法嗣传承不断，在尼泊尔和不丹等国都有该派寺院。

⑦活佛转世：藏传佛教活佛转世制度起源于 12 世纪初期。1193 年，藏传佛教噶玛噶举派创始人都松钦巴大师圆寂时留下口嘱，寓言自己将转世，后人遵循遗言寻到并且确认转世灵童，自此开始了藏传佛教的活佛转世传统。后来，活佛转世逐渐成为一种新的宗教制度而被各宗派接受和采纳。同时，在其漫长的发展历程中，逐步确立起寻找、认定和

教育活佛转世灵童的一套系统化、严格化的宗教制度，并且在藏传佛教的各宗派内，又分别形成了各类不同的活佛系统，其称谓又各具因缘与象征含义。

⑧固始汗：又译作顾实汗，是“国师”音译，姓孛儿只斤，名图鲁拜琥。明末清初卫拉特蒙古和硕特部首领，卫拉特汗哈尼诺颜洪果尔第四子。

⑨五明：藏族对一切学问之总称。分大五明与小五明。共有十科。大五明即指工艺学、声律学、正理学、医学与佛学；小五明是指修辞学、律学、词藻学、星象学和戏剧学。

⑩藏刀：藏语称“巴当末”，有腰刀和长剑两种。腰刀，藏名“结刺”，一般长10厘米到40厘米；长剑，多1米左右。藏刀刀鞘，有铜质、铁质、木质及银皮镶包等，上刻虎、狮、龙、凤、花卉等图案，有的图案点缀玛瑙、宝石等。

⑪一切成：对佛的尊称。

⑫藏袍：藏族同胞的日常服装，极具民族特色。基本特点是腰襟宽大，袖子又宽又长，右衽，衣领、袖口、襟边和下摆等部位用细毛皮、色布或氆氇镶饰。束腰带时，男子是将袍子的下摆提到膝盖，女子则只将袍子上提一点，下摆刚好遮住踝关节。藏族服饰，在样式、颜色等方面都有讲究，男女样式亦因地域而不同。牧区以皮毛为主要材料，农区则以氆氇为主。藏袍无口袋，腰间系上腰带，胸前部分就成为一个大口袋，里面装各种物品，如糌粑、酥油、木碗，甚至小婴儿。藏族同胞平时常将一只袖子空着，从后面拉到前面。在外夜宿，还可用宽大的袍子来当被子盖身。

⑬朗生：奴隶。

第五回　苍原识俊友，灵心种情苗

雨季已经结束，漫长的旱季无声来临。

牛吃饱了草，阿旺诺布和小姐姐曲珍赶着它们回家。走到半路上，领头的牛说什么也不迈动蹄子了，曲珍用鞭子去抽打它，它抖抖背上的皮毛，依旧不动。似乎有什么东西让它怕得宁可挨鞭子，也不肯前行。草原寂静，枯黄的草叶如波浪在风中翻涌。阿旺走向前去查看，啊，是一只小狗仔趴在草窝子里，瘦骨嶙峋，皮毛肮脏。

曲珍看了，禁不住伸出手去，想抚摸它黄色的毛皮：“它一定是被妈妈抛弃了，阿旺。”小狗很虚弱，却是气势十足，瞪大琥珀色的眼睛，露出了白白的小牙。曲珍吓得缩回手，说：“还挺凶，这要长大了，能是条看牛放羊的好狗。”

“阿佳，咱们能把它带回家？”

“嗯！阿妈原本说等那日伯伯家的狗下了崽子，要一只来呢。”

阿旺欣喜地去摸小狗崽，曲珍赶紧说：“小心！小狗子野啊咬你！”

阿旺伸手抚摸它的动作在曲珍的眼中显得很快，可是在这动作迅捷的小野兽眼中，那双手慢得就像它头顶缓缓流过的白云。这是一双孩子的柔软而温暖的手，小狗可以轻易地用尖尖的小牙齿把它咬碎，让它淌血，但是，小狗不想那么做。动物总是比人敏感，尤其是野性的动物。它感觉有一种庞大的温柔的力量向它袭来，如雨季到来之前涌入草原的温暖的风，如它生命原始的温暖安然的感觉，有母亲、有自然给予的双方面的生命的承诺——如今，竟然在一个孩子身上找到了相近的温柔亲切的气味儿——不，这孩子让它感受到的力量仿佛更为宽厚，更为坚定，这是一只野兽的头脑无法形容描述的感觉：神圣。

这种力量使它甘愿俯首。

它肚皮朝上在草窠里打滚，乖巧地伸出粉红色的小舌头舔阿旺的手。

出去的时候是5个，回来的时候是6个。曲珍、阿旺、3头牛，还有草丛里捡来的小狗。曲珍解下腰带拴在小狗的脖子上，让阿旺牵着，阿旺开心极了。

雪域高原狗多，而且大多凶悍，不像其他的狗那么温顺。高大的獒犬们对这种小狗崽子瞧不上眼，抬头看看，便继续趴在墙根下休息。狗崽子们则不然，对外来者充满了兴趣。小狗一进村，成群的小狗就钻出来高高扬起尾巴冲新来者吠叫。小黄狗发出低沉的咆哮，嘴唇后翻呲起锐利的小牙，颈后的毛根根直竖。

狗群跟着小黄狗走在村子的大路上，阿旺和曲珍拿起石头吆喝，它们也不退却。一只轻率的半大黑狗终于忍不住了，从斜后方冲了上来，扒住小黄狗就想咬。小黄狗没有回嘴对咬，朝阿旺的身边逃去。黑狗跟了过来，阿旺赶紧丢出手里的石块，匆忙中没有砸中。黑狗躲避石块的时候，小黄狗回头高高蹿起来照着它的脖子就是一口，在它脖子上扯出了一道绯红的伤口。黑狗再不敢嚣张，夹着尾巴落荒而逃。

一狗逃亡，群狗败退。见到这架势，胆小的狗已经偷偷溜了，几只胆大的还虚张声势地叫着，但之前还高扬的尾巴早已夹在了股间。

“好呀！真厉害！”看热闹的小孩们围了上来。

“那条小黄狗可凶了，它竟然能把黑狗咬跑！”

“这是公狗还是母狗？”孩子们七嘴八舌地问。

阿旺挠挠头：“我也不知道……”

泥水匠的儿子格桑说：“我奶奶说，‘母狗不摇尾巴，公狗不会竖耳’。这个狗不摇尾巴，还生着一对小竖耳，一定是母狗！”

孩子们发出赞同的声音。

“小狗叫什么名字？”

阿旺又挠挠头：“还没起名呢。”

拉则、拉姆姐妹俩拍着小手说：“叫嘎嘎！嘎嘎可爱！”

男孩子们不同意：“狗起名字要威猛！叫森格[①]，它这么能打架！”

“不！不可爱！叫嘎嘎，要不叫诺布！”

“其朱，叫其朱[②]！”

“……谁家给狗起名叫‘狗’啊。”

调皮的普布叫着：“叫其加[③]！”大家全笑了。

格桑说：“都别争了，最公正的起名法，今天是什么日子就叫什么。”这个提议得到了大家的认同。这天是三十号，小黄狗被正式命名为朗嘎[④]。

“发生了什么事，这么热闹。”一个骄傲的声音响起。是宗本家的小姐，长着一双漂亮眼睛的达瓦卓玛。她还是一身男装，靛青宁绸黑里子夹袍，一副精神矜持的小少爷模样。

“大小姐，求珠得勒[⑤]！”

孩子们七嘴八舌地行礼问好。

“卓玛小姐，朗嘎刚刚打败了凶恶的大狗！”

“大小姐你看，它是我们的朗嘎斗犬！”

刚才小小的“遭遇战”，被兴奋的孩子们夸张成了以小胜大的了不起的战斗。

卓玛瞪大美丽的眼睛：“这只小黄毛狗这么厉害？”她笑吟吟地问阿旺：“外乡人，这是你的狗？”

卓玛的笑容如灿烂的太阳，晃得阿旺睁不开眼，他低着头说：“唔……”声音低得，他自己都听不清。

“咦，又不会说话了？奇怪的家伙。”

“让道让道！都让道——卓玛，你又跟身份低下的小贱民们一起玩！阿爸知道了又得数落你。”卓玛的小觉拉[⑥]塔坚乃是个称职的兄长，像个影子般，任性的妹妹跑到哪里，塔坚乃就跟到哪里。

“才不会呢，阿爸最疼我了。除非你告密！”

“我才不会告密呢！告密也不是我。快走，射箭比赛结束了，一会儿要开始赛马了。”

“不去，”卓玛嘟起嘴巴，“太没意思了，一天到晚赛马、射箭。这里多好玩，你看他们正斗狗呢。”

一听斗狗，塔坚乃也来了兴趣：“哦？让我看看，贱民的狗能有多厉害！”

见到了“神勇斗犬”的真容，塔坚乃很失望：“就这么个小家伙？我的扎西能一口吞了它。”

听塔坚乃这么说，卓玛不乐意了：“你的扎西是苍猊犬，壮得像小牛，谁打得过它？”苍猊犬，就是今天我们所说的藏獒[⑦]。它们躯干粗壮，脚掌宽大，硕大的头颅让人望而生畏，可以说是家养的狮子。

塔坚乃一脸不耐烦：“那好那好，我就给他找个势均力敌的对手。”

塔坚乃招呼身边的小朗生：“登巴，去把普美带过来。”

小朗生接到命令撒腿就跑，不多时牵来了一只肥壮的黑松狮狗崽。

说是狗崽，个头儿可不小，得比朗嘎高出半个头。这狗皮毛蓬松光亮，吐着紫黑色的舌头，像一只圆滚滚的熊崽。见到塔坚乃，它直起后脚一颠一颠跑过来。

塔坚乃从小朗生手里接过拴胖狗的绳子，对孩子们吆喝：“走走走，出村去比！”他对卓玛解释说：“一会儿阿爸赛马回来了，不能让阿爸看见咱们跟贱民在一块儿玩。”

这是雪域高原金色的秋天。

一群野牦牛无声地出现在村子附近的山坡上。它们身材高大，身披浓密漂亮的黑色皮毛，粗壮的尾巴上垂挂的粗毛纤长卷曲，头上两只巨大的犄角弯出有力的弧度插入水蓝色的天空。

云在流淌，金色的叶子片片掉落。秋高气爽的时节，是高原空气最清新、云天最为清澈高远的时节。

这群无声的访客在蓝天金叶的映衬下，巨大黑色的身影更加威武壮硕。谁能看得出来，它们是一群失败者呢？

是的，它们是失败者。

进入秋天，野牦牛进入了发情期。季节的变换让它们血液中的荷尔蒙含量急剧上升，几乎每天健壮的雄性牦牛都会发生激烈的搏斗，血肉横飞。那些看起来并不漂亮的瘦小母牦牛们对这种血腥的景象毫不惊恐，它会顶着头上短小的牛角如同顶着珍珠“巴珠”[⑧]的贵妇，骄傲矜持地在战场之外的某处等待，等待着胜利者披挂着血和汗织就的新人礼服带它共赴巫山。

胜利者享受情欲的乐趣，失败者俯首败退。败退，退得再远，也湮灭不了血液中沸腾的情欲。

失败者们会聚在一起，缓缓向山下走去。在下山的路途中，这队伍慢慢扩张，等到达了目的地，它们会聚成了一个让人望而生畏的军团。

它们的目的地，是藏族人家的牛群。

在野牦牛的世界中，它们是弱者，但是对于被人类驯化的家养牦牛来说，它们是不折不扣的强者，它们硕大尖锐的犄角可以轻易将家养公牛挑翻在地。

所以，这是劫掠，不是偷袭。

孩子们在村边拉起了圈子，兴高采烈地观看比赛。胖狗普美和瘦弱的弃犬朗嘎开始了漫长的对峙。

野牦牛的视力糟糕，嗅觉却极其灵敏。它们嗅到了夜幕中涌起的烟火味儿，更嗅到了村边牛圈顺风吹来的母牦牛的体味，这味道使他们烦躁，蠢蠢欲动。

“咬啊！咬啊！怎么不咬！”孩子们使劲吆喝，其中塔坚乃吆喝得尤其起劲：“普美！上！咬它脖子！”

普美一反常态，对主人的命令充耳不闻。面对这个比它矮半个头的敌人它丝毫不敢放松警惕，塔坚乃发现，普美的尾巴尖在微微颤抖，它在压抑心中的恐惧。

它的敌人，那只小黄狗，弓着身子发出低沉的吼声，仿佛身体随时都会像一支劲弓射出的利箭高高蹿起。

大地开始震颤，枯黄的草叶与干燥的尘埃轻舞飞扬。孩子们纷纷转移目光：一群黑压压的野牦牛从山上冲下来，向村子冲去。

普布惊呼：“糟了！是骚公牛抢亲！”普布家世代给宗本家养牛，对牦牛非常熟悉：“这是吉雅克⑨争媳妇的时候输了，就到村子里来抢。去年北边头人的牛圈被抢走了上百头母牛，养牛的人挨罚被砍掉了两只手！”

“唔……”孩子们很惊叹。

野牦牛硕大的身躯在草场跑动起来非常震撼，如一股黑旋风般。奇怪的是，这股黑旋风没有直接冲进村子，半路上迟疑了片刻，突然改变方向向孩子们冲来！

“快跑啊！吉雅克来了！”孩子们一窝蜂地全跑掉了，塔坚乃跑出去老远才发现妹妹卓玛不见了："卓玛！卓玛哪儿去了？登巴，次丹！快去把小姐找回来！"这时候小朗生们早已跑没了影，塔坚乃恨恨地说："可恨的奴才！回头扒了你们的皮！"

飞扬的尘烟，杀气腾腾的巨大身形，卓玛从没有见过这样可怖的情景，坐在地上站不起来了。她呆呆地望着席卷而来的黑色风暴，两眼眨也不眨，完全不知所措。

塔坚乃大叫着往回跑："卓玛！快跑啊！"

来不及了，牛群已经冲到了卓玛身前……不，冲到了外乡人阿旺诺布的身前。阿旺不知何时跑了回去救助卓玛。

牛群冲过来时，大家都在逃命，阿旺却挣脱了曲珍的手往回跑。他发现了吓傻了的卓玛。曲珍看着黑色军团冲向弟弟，绝望地用双手盖住了眼睛。

没有听到意料中的惨叫，也没有听到巨大的牛蹄踏碎骨头的恐怖声响。大地的震动也停止了。四五十头野牦牛组成的军团在阿旺面前刹住了脚步。野牦牛在当地被称作"猪声牛"，这会儿它们都低垂着头，甩着尾巴发出有些像猪的低沉叫声。阿旺诺布说了些什么，这些大块头仰天长啸，缓缓地朝着夕阳射来的方向走去。

塔坚乃冲过来，紧紧拥住妹妹的肩："卓玛，卓玛，你没事吧？"

卓玛回过神儿来："我没事……"

塔坚乃想起了这个救妹妹的恩人，向他竖起了大拇指："外乡人，你救了我妹妹，我要奖赏你！"

卓玛用奇特的目光盯着阿旺，问："……你不怕么？"

"不怕，它们没有恶意。"

"……你和它们说了什么？"

“我说，谢谢你们来看我，这不是你们的地方，回去吧。”

“小姐，少爷，我退下了，我要去找阿佳和我的狗。”

塔坚乃忙着看妹妹有没有受伤，没注意听他们的对话。他掸着卓玛身上的土，自顾自地说：“这家伙胆子真大，牛群冲过来也不跑。他救了你，回家告诉阿爸，赏他点儿啥。”

“不行！告诉了阿爸，阿爸就会知道咱们跟贱民玩了。咱们自己谢他。觉拉，不要说‘这家伙’了。父亲说得对，他是个大贵人。”

多年以后，当阿旺诺布成为仓央嘉措，有个故事在高原上流传开来。故事里没有塔坚乃和卓玛，没有顽童和小狗，只有尊贵的仓央嘉措。年幼的仓央嘉措坐在草地上打坐，一群迁徙中的野牦牛排山倒海地奔跑到他面前朝拜，他慈悲地为它们摸顶祝福，消除罪孽。这便是传说。故事宛若一朵花的开落，几人曾窥见它真实的容颜，却总有人将它美的姿容与气息流传，亦幻，亦真，灵秀飘忽，仿若这朵花从未开在人间，初始时便绽放在云端。

当野牦牛的巨蹄雨点般迅疾地落到草原上时，为一场即将开始的激烈比赛欢呼呐喊的孩子们四散逃逸。两位毛茸茸的比赛者也在逃跑的队伍中。胖松狮普美迈着短而快的步子飞一般奔跑，黄毛狗朗嘎静悄悄地跟了上来。它与普美不同，即使在混乱的时刻，依然没有忘记自己的初衷。它脚步匀称，呼吸平稳，仿佛是在参加一次赛跑，而不是在逃命。失去母亲的庇护，它不得不提早成熟，成长为出色的猎手。

朗嘎紧紧盯着自己的目标，想找机会打败这个肥胖的家伙。天性中对野牦牛的畏惧以及孩子们的尖叫制造的惊恐，使普美乱了方寸，它只顾得逃命，忘记了身后的危机，沿着一条直线往前跑。跟了片刻，朗嘎觉得无趣，加快脚步扑了上去。

漂亮的弹跳、撕咬，普美的屁股上被撕下了一块肉。剧烈的疼痛使普美清醒过来，它开始疯狂地反击。朗嘎不喜欢近身战，咬几口就跳开，不会像一般狗打架一样摽在一起打滚。普美的身高与体重的优势在与朗嘎的搏斗中成了累赘，更多的时候它是在愤怒地对空气撕咬，狡猾的敌人在它身上制造伤口后就会逃到一边去转圈，思虑着下一次进攻。

几番交手，普美被咬伤了后腿、鼻子，还被朗嘎扑到后背上咬伤了后脖颈。

普美假装疯魔地对着朗嘎一顿吠叫，然后惊慌逃逸。

朗嘎挺直身体，耳朵直立向前，神情坚定。它没有继续追击，高傲地翘起尾巴，头也不回地去寻找主人阿旺诺布去了。

那天晚上，宗本家的小朗生在村子里找到了浑身是伤、瑟瑟发抖的普美。小朗生里的头头儿登巴和次丹，刚刚因为傍晚的事情一人挨了十鞭子，这会儿正是有气无处撒，索性跑到阿旺诺布家来吵闹："敢咬伤宗本家的狗！你们得赔！"

曲珍气呼呼地冲出门外和他们吵："凭什么说是我家的狗咬的？"

"有人看到了！"

"……那是比赛！凭什么赔！"

"就得赔！就得赔！"

"曲珍，怎么回事？"家里人听到吵闹声都出来了。

朗嘎跟着阿旺，普美被咬怕了，见了朗嘎一下子挣脱了小朗生手里的绳子跑掉了。两个小朗生气急败坏："你们等着！等我们追到狗再回来找你们算账！"

邻居们听到动静围拢过来。几个孩子兴致勃勃地向大人们介绍神勇的"斗犬"朗嘎。朗嘎很不习惯被人围观，一个劲儿往阿旺身后躲，眼睛在黑暗中闪烁着绿莹莹的光。普布的阿爸，老牧民斯郎，利索地把朗嘎从阿旺身后拎了出来，放到灯光亮的地方观看："错那祖祖辈辈还没出过耷拉尾巴的狗呐！"

阿旺心疼地说："斯郎阿爸，把小黄狗放下吧！"

"小黄狗？哈哈哈……"斯郎说，"孩子，你捡回来的不是什么小黄狗，是黄狼！"

阿旺想起了刚搬来时猎人们抬着狼尸庆祝的情景。

半大的狼崽子，过不了几个月就会长成成年狼，到那时，全村的羊群、牛群乃至马匹都有可能遭殃。大人们决定杀了它。

"不要！"

"不能杀！"

"朗嘎是好狼！"

孩子们争先恐后地抗议，大人们怎么会把孩子的呼声当回事，一个小伙子已经准备把刀了。

"阿爸！"阿旺向父亲求援，父亲摇摇头。

宗本家的小朗生们出现了，气势汹汹地嚷嚷："让道让道，少爷小姐来了！"

众人行礼问好。

"这是宗本家的土地，杀不杀也得宗本说了算。"黑暗中，卓玛的声音阳光一样脆亮耀眼。

塔坚乃站在大人们面前，努力学习阿爸发号施令时矜持高贵的神态，不过很可惜，灯光晦暗，大人们只能听到他脆脆的童音："我，宗本的儿子塔坚乃班丹，特许阿旺诺布养这只像狗的狼。"

斯郎恭敬地说："少爷啊，狼总是狼，狼饿了是要吃肉的，它袭击村子的牲口怎么办？”

“斯郎，你管理着宗本家的牲畜，我命令你，每天要用宗本家的羊肉和牛肉把它喂得饱饱的，吃饱了它就不会去咬牲口了。”

“是的，少爷。”斯郎家世世代代为宗本家工作，比这荒诞十倍的命令都听过，因此他如同接受一道郑重其事的命令一样领命退下。

“等等！”

斯郎赶紧回来。

“这事不许对宗本老爷说！还有你们，你们也谁都不许说！”

所有人都大声回答：“是的，少爷！”

达瓦卓玛悄悄把阿旺拉到角落里。

“卓玛小姐，宫珠得勒[10]！”阿旺没忘记向骄傲的宗本家小姐行礼。

卓玛拦住他：“不，从今以后，你不用再向我行礼。”

黑暗中，阿旺看不清卓玛的脸，但是他总觉得女孩子漂亮的眼睛在注视着他，他禁不住脸发烧，低下了头。

阿旺喃喃地说：“卓玛小姐，谢谢你救了朗嘎。”

塔坚乃凑过来，说：“你救了我妹妹，你就是我兄弟，这点儿小事算啥！”

登巴和次丹找到了普美，硬拽着把这个胖墩墩的家伙拽了回来：“少爷！少爷！你看他们家的狗把普美咬成了什么样子！”

“咬就咬了！走，回家！”

两个小朗生莫名其妙，这哪是少爷的脾气，爱犬被咬，就这么算了？

宗本家的少爷小姐带着小朗生们隐没在黑暗中。阿旺快活极了，在陌生的错那，他交上了新朋友。阿旺在台阶上坐下，怀里拥着朗嘎，小声唱起了阿爸刚刚教他的儿歌：

来来来，回答我，藏文字母有几个？
三十个，藏文字母有三十：
做前置字的是谁？你要知道就回答我。
我知道，有五个，gdbmv。

小姐姐曲珍也坐过来，两人一问一答：

做后置字的是谁？你要知道就回答我。
我知道，有十个，gngdnbmvrl。
……

扎西丹增和次旺拉姆在房子里，听着孩了们念诵的歌谣相视而笑。

“我们阿旺真是个聪明的孩子。”

这是一首学习藏文字母的歌谣，扎西丹增要教儿子识字了。翌日，曲珍一个人去放牛，父亲教给阿旺一首米拉日巴[11]尊者的道歌：

无上智慧的佛祖，
为我双亲做了福田。
我今日离舍亲友，
只为斩断轮回的因缘。

阿旺坐在卡垫上，开始的时候还能认真听父亲念诗，不多时就恢复了顽童的本性。他把朗嘎拥进怀里，拽胡子、拉耳朵。朗嘎则假装疯魔地呲起小白牙，做出凶狠的样子轻轻咬阿旺的手。这是一种撒娇的咬法，只在孩子的手上留下一点儿白的牙印儿，不多时就消失了。

父亲抬头看看他俩，阿旺赶紧挺直腰板做出什么事都没发生的样子，朗嘎也有样学样，耳朵向前、目光炯炯地蹲好。

父亲禁不住笑了。父亲敛起笑容，语重心长地对阿旺诺布说：“阿旺，听讲要认真，不然什么也学不到。”

“阿爸啦，我已经会念了。”阿旺念了一遍，果然一字不差。

扎西丹增有些吃惊，不过小孩子记性好也没什么好稀奇的。他想，索性教一首难的，让孩子多学些东西，也防止他生骄慢之心。

天气温暖适耕种，
藏地人人去下田。
佛子我也耕土地，
耕种坚硬烦恼心。
我将信心作为肥，
撒上甘露增效力。
农家种田欲望多，
我播无欲无挂种。
不用耕牛拖犁行，
只用智慧来耕地。
发下誓愿为牵引，
全神贯注是犁铧，
精进研究是步铧。
坚泥硬土细细翻，
菩提心苗得生长。
机缘到了得好果，
俗世农人且来看，
我等佛门耕种者，
五谷收纳谁更多，
福德善报谁更多。

依旧是米拉日巴道歌，浓郁的生活气息中蕴藏着深奥的佛意，并有浪漫的比喻与诗歌的情致。扎西丹增念了一遍，再念第二遍的时候，不知何时，阿旺跟着背诵起来：“……发下誓愿为牵引，全神贯注是犁铧，精进研究是步铧……”阿旺漫不经心地说“阿爸啦，这个我早就会念了。”

扎西丹增注视着儿子，心绪翻涌。

这个早，指何时、何地？

陌生的访客、离家迁居，他已知晓儿子不是平凡人。从这学文识字开始，他更觉察儿子法缘之殊胜，福德之广裕远远超出他的想象。那样庄重严密的寻访过程，儿子必是某位活佛转世。但，既是活佛，为何不请走坐床？这孩子，如天赐灵宝引众人爱护，却又仿佛潜藏着某种不可碰触的大秘密被人精心藏匿。儿子，自己亲手从母血中抱起的孱弱的小生命，自己亲眼看着从一个软软的小人儿成长起来的壮小伙子，他熟悉儿子的一颦一笑，熟悉儿子的所爱所憎，熟悉儿子吃饭的习惯、睡觉的样子，记得儿子从小到大做的每件顽皮事……他曾经洞悉他生命中大大小小的秘密，如今，他却疑惑了。这孩子从他的精髓中来，骨血中来，却潜藏着一个他完全陌生的灵魂，灵魂的影像在孩子身上时隐时现，飘忽不定，像谜一般。

这神圣的灵魂让扎西丹增的心中充满了敬仰，也充溢着好奇。他本是持咒喇嘛，遍览经典，人世间的尔虞我诈、权势倾轧虽未亲身经历，却并非陌生毫无经验。他知道，要想揭开这种迷雾重重的事情的真容，最有力的手便是时间。保守得再严的秘密都经不住光阴的磨砺，随着时间巨轮的前行，一切真相都会水落石出。

时间，他只需要时间。

他从来没有想到过，他生命中最缺少的竟然就是时间。

清早，次旺拉姆烧好了一壶奶茶，准备了糌粑，招呼大家吃饭。扎西丹增接过妻子递过来的木碗，满满一木碗牦牛奶茶，在他的手中颤抖，他看着棕色的奶珠儿疾疾震动着滚出碗外，滴落到衬衣上，洇湿了一圈。他想制止住颤抖，双手用力，用力，用力……他眼中最后的影像，是一碗奶茶翻倒在地。

生命之风从中脉[12]溃散，他的意识渐渐脱离躯壳。他听到次旺拉姆的撕心裂肺的尖叫和孩子们茫然恐惧的哭泣。

藏药[13]和佛前的圣水都没能挽救扎西丹增的生命。

就在那个清晨，温柔美丽的次旺拉姆失去了深爱她的丈夫，年幼的曲珍和阿旺失去了深爱他们的父亲。

直到往生，扎西丹增也不知晓，他是茫茫雪域的至尊的父亲。

注 释

①森格：狮子。

②其朱：小狗。

③其加：狗屎。

④朗嘎：三十日。

⑤求珠得勒：下午好。

⑥觉拉：哥哥。

⑦藏獒：古称苍猊犬，也叫西藏獒、獒犬、蕃狗、藏狗、羌狗等。主要分布在青藏高原及其周边地区，是一种高大、凶猛、短毛垂耳的畜牧犬及护卫犬。其身长约130厘米左右，性格刚毅，野性尚存，皮毛长且厚重，耐高寒，能在冰雪中安然入睡。历来古书上都有关于藏獒的很多文字记载。它们攻击性强，对陌生人有强烈敌意，但对主人则极为顺从亲热。素有“九犬成一獒”、“一獒抵三狼”的说法，被藏族同胞看做护卫犬或保护神。故又有“东方神狗”的美誉。

⑧巴珠：一种藏族头饰。

⑨吉雅克：野牦牛。

⑩宫珠得勒：晚上好。

⑪米拉日巴：藏传佛教噶举派第二代宗师，密宗著名修行大师。法名协巴多吉。原习苯教，后改信佛教。向宁玛派荣敦拉迦大师及玛尔巴译师学习佛法。后隐居吉隆、聂拉木，潜修那若巴密宗教义以及瑜伽秘密真言，最后证得“正果”，成为噶举派高僧。米拉日巴注重实际的修持，以苦修著称，为弘扬佛学遍游西藏传法，徒弟众多。有道歌集传世。

⑫中脉：又名“命脉”、“大道脉”，被密宗认为是一切众生之命根。

⑬藏药：藏药是青藏高原地区特有的一种药品，它在融汇中医、印度等医药学的基础上，在长期实践中逐渐形成的藏族传统医药体系，在我国民族医药学上具有较大影响。至今已有上千年历史。从全国来看，藏药在3000种左右。而西藏是藏医药发源地，青藏高原又有着丰富的藏药资源2000多种，包括植物类药物（据统计有约2100种）和动物类药物200多种、矿物类50余种。其中常用藏药大体有360多种。

第六回 巴桑寺学经，相思几多情

高原的风一季又一季吹起，使牦牛的骨骼健壮，使松柏的枝干矫健苍翠。少年阿旺嘉措被这高地之风吹得面色黑红，身体结实得像个小牛犊子。他已经8岁了，父亲去世已有3年。在这3年里，母亲因为对父亲的思念日渐憔悴，他俨然成了小男子汉，全心全意照顾母亲和姐姐。生活并不是问题，每年，曲吉卡热巴·多伦塔坚乃都会秘密拜访阿旺家的小屋，放下充足的银钱和各种精细的吃食。此外，阿旺家还受到宗本的照顾——不过事实上，宗本家的少爷小姐给予阿旺家的“秘密照顾”比他们的父亲要多。

夏日熏风徐徐，在草场上玩耍已微微有了汗意，几个孩子从草里扒拉出“酸溜溜”嚼来消暑。

塔坚乃眼疾手快，找到了一枝在锦缎袖口上抹抹土就塞进嘴里，酸得闭眼歪嘴。“这东西还是蘸糖才好吃。阿旺，我家来了个老喇嘛，”塔坚乃一边吧嗒嘴一边念叨，“听说是巴桑寺来的，要遵照佛的旨意在错那招人学经。”

塔坚乃一脸忧伤：“我在邬金林待不了多久了。我阿爸说，我得去寺院①里学经、长见识，将来才能像他一样做宗本。”

卓玛十分不屑：“做宗本还用学经？一根鞭子就够了。”

“犟脾气的吉雅克也强不过阿爸。我是走定了，没得跑。唉，我还没玩够呢。”

阿旺一脸同情地望着塔坚乃：“我听我阿爸说过，做喇嘛，逢年过节不能回家，也不能像现在这样自由自在地玩。”

“我不要去啊！”塔坚乃把脸埋在草窠里，屁股朝天，非常哀怨。

卓玛站起来，用绣花靴头轻轻踢着哥哥的屁股：“觉拉，怨也无用。

倒不如抓紧最后的机会好好玩玩乐乐。”

塔坚乃瓮声瓮气地说：“有什么可玩的，方圆几十里，哪还有我塔坚乃少爷没玩过的地方。”

“马上就雪顿节了，我们去拉萨看戏！”卓玛偷偷瞥一眼阿旺，做出漫不经心的样子扒拉着手腕上的海螺镯子：“阿旺，你也和我们一起去吧。藏戏好看着呢！”卓玛天生白皙，没有常见的高原红，可是此刻她的脸蛋红扑扑的，带着番红花②才有的红润。

塔坚乃对这个提议非常有兴趣，一下子跳起来：“对哇，一起去！”他大声招呼在远处待命的小朗生：“登巴！去！准备三份出远门的行李！”

小朗生领命而去。

塔坚乃又大吼：“记住！保密！”

小朗生远远做出知会的样子，身影很快消失在郁郁葱葱的草影里。

在藏语中，“雪”是酸奶子的意思，“顿”表示吃、宴。雪顿节，其实就是吃酸奶的节日。

佛教忌讳多多，尤其忌讳杀生。每年夏天百草生长，万木繁荣，虫虫蚁蚁亦会从泥土中现身，走在大地上，难免会踩杀生命。为防止误伤生灵，格鲁派特别规定藏历四月至六月为“雅勒”，即“夏日安居”的日子，在这期间僧人只能待在寺院中静静修行。六月底开禁，到了这时候僧人们才能走出寺院。信徒们会为僧人准备新酿的酸奶作为犒劳，同时举办盛大的欢庆会，大家郊游、宴饮，还会表演精彩的藏戏。11 世纪中期以后，这些习俗慢慢地演化成了雪顿节。

塔坚乃与卓玛的阿爸每年都受邀前往布达拉宫与达赖佛一同欣赏藏戏。阿爸回来后，他们就缠着跟阿爸同去的仆人讲述雪顿节的热闹，讲那些华丽精彩的装扮与戏文。不过，孩子们不知道，雪顿节的藏戏是不给普通人看的，是只有达赖喇嘛和贵族才能欣赏到的曼妙歌舞。直到八世达赖时期，表演藏戏的地点改在了罗布林卡[3]，普通民众才被允许在节日期间观看藏戏。

错那到拉萨有多么遥远的距离不言而喻。即使他们真的到了拉萨，却也不可能看到梦想中的藏戏表演，也许比起漫长辛苦的旅程，还是这个结果会更让他们伤心吧。还好，孩子们并不知晓这一切，他们一心沉浸在远行的兴奋里。

次旺拉姆牢记着曲吉的嘱托，看着阿旺从不让他乱跑。阿旺是个好孩子，很听阿妈的话，但，这次除外。对塔坚乃和卓玛来说，拉萨有热闹的雪顿节、好看的藏戏，对阿旺来说，意义要远远大于这些。那是个熟悉又陌生的地方，无数次梦里，他在一座白色的宫殿中醒来，他透过那座宫殿的窗子往外眺望，窗外有热闹的街道，熙攘的人群。他看得那么清晰，看得到朝拜者转经筒上雕刻的咒语在阳光下闪闪发亮，看得到梵唱与桑烟在那座繁华的城上空飘荡，有个声音对他说，回来吧，回来吧，回来吧……多少次他独自醒来，望着清冷的石板房，怅然所失。

他知道，那里是拉萨。

他无法解释自己为什么会知晓那座千里之外的城，为什么会对那本应陌生的城有深深的牵记。那似乎是铭刻在灵魂深处的某些东西。随着年龄的增长，这梦境如被阳光照透的晨雾，越来越淡薄。卓玛的提议让他惊觉，似乎自己遗落了一些东西。哦，是他把灵魂深处携带来的某样东西打碎了。这夜，他看到自己蹲在梦境与现实交界之间，捡起了一些薄而透的碎片，似玻璃，似琉璃，似水晶的碎片。他小心翼翼地把它们举过头顶，对着光亮细细审看。这看似是一个打碎的瓶，里面装盛过什么东西？记不起，记不起……

阿旺醒来了。他听到黑暗中阿妈和阿佳匀细深长的呼吸声。

黑暗中，朗嘎机警地张开了眼睛。

阿旺轻手轻脚穿好衣服，走出家门。朗嘎一声不响，学着主人的样子像个小贼般轻悄悄地跟出来。

晨曦映照地平线，远方的天空泛起鱼肚白。

阿旺走出家门老远，朗嘎还跟着。

阿旺觉察到了，说："朗嘎，回家去！"朗嘎现在已经是一头成熟的大黄狼了，比小时候更加驯熟听话，以往这么一说，它会乖乖跑回去。这次，等阿旺再回头的时候，发现朗嘎还在。

阿旺蹲下来，朗嘎也停下步子蹲坐在地上。

阿旺望着朗嘎，朗嘎耳朵竖得笔直，目光炯炯。

"唔，你也要去？"

朗嘎保持着严肃的表情，扑嗒扑嗒地摇摇尾巴表示肯定，扑打得地面扬起一阵小尘土。

狼不像狗一样善于用尾巴表达感情，朗嘎和村子里的狗混多了，也慢慢学着尝试开发尾巴的功能。不过，它的尾巴天生僵硬，摇起来总是那么笨拙可笑。

阿旺笑了，摸摸朗嘎毛茸茸的大脑袋："好吧，我们一起去拉萨。"

阿旺和朗嘎来到约好的地方与塔坚乃兄妹会合。小朗生登巴和次丹牵着马匹，带着远行要用的酥油茶桶和口粮。

一支小小的马队起程了，队伍后面还跟着一只"大黄狗"。

就在这天上午，巴桑寺的喇嘛在宗木管家的陪同下公布了一个名单，说按照佛的旨意要在错那选取一批孩子进寺庙学习。塔坚乃的名字毫无悬念地列在第一位。几十个孩子，有本村的，也有邻村的。阿旺嘉措的名字也混杂其中。

下午，本村选中的孩子都集中在宗本家的院子里。管家点来点去，独独少了自家少爷和阿旺嘉措，管家赶紧派人去叫。

结果可想而知。

天气确实热了，可还没到能把人热到大汗淋漓的日子。听到儿子、女儿以及村里的孩子阿旺嘉措不见的消息，汗水瞬间浸透了宗本的衬衣。

这次招孩子们去学经哪里是佛的旨意，是拉萨方面为了方便这位幼小的“大人物”学习专门安排的，怕引人猜疑所以才一口气招收了几十个孩子。这可怎么好，学经不成，人倒丢了。

“找！速速派人去找！找不到人谁都别活着回来！”

马上是雪顿节，要去拉萨觐见第巴。儿子女儿暂且不提，宗本知道那个孩子阿旺嘉措要是出了什么差错，自己就别想活着回错那了。傍晚时分，百姓们吃惊地看着全副武装的马队浩浩荡荡从宗本家开出，冲到村口分组，然后往各个方向散去。

骑手们都紧张非常，唯有找到那3个孩子，才能保住自己的命。

这个时候，孩子们完全不知道有多少人的生命因为他们一次心血来潮的游乐而悬于丝上，他们正开心地享受旅行的乐趣，谈笑声、歌声不断。疲惫的朗嘎被阿旺抱到马背上，生平第一次骑了马。开始时它还有些惊恐，后来慢慢习惯，新奇地向四周张望不断后退的风景。

卓玛一路上都与阿旺并马而行，她喜欢阿旺稳重踏实的样子，喜欢听他说话，这个俊秀的男孩说起话来安静温柔，他身上自然而来的一种清新的香味让人心醉。开始时塔坚乃不明白，为什么自己凶巴巴的妹妹见到阿旺会那么温柔，不再高扬着头摆出一副骄傲矜持的样子。她时常会笑，还会扬起宽大的袍袖遮起笑红的脸，袖口的缎子边旁露出罂粟般殷红的嘴唇和碎玉般洁白晶莹的牙。妹妹最近也爱妆扮了，不像过去总穿着自己的袍子满处跑，时不时会穿上漂亮的绣花袍子，也会往身上挂些零零碎碎的饰物。

塔坚乃是个粗心的男孩，但他是一个细心的哥哥。当卓玛羞答答地邀请阿旺一起去看藏戏的时候，塔坚乃恍然大悟，妹妹是喜欢阿旺嘉措啊。

门隅是福地呀，是永远的少年莲花生大师加持过的土地。这里的花朵开得比别的地方更艳、更芬芳，青稞结的穗子比别的地方更饱满、更香甜，少年的情爱也比其他地方更早地孕育、萌发，散发出生命的甘美。

连塔坚乃都已经觉察卓玛的爱意，聪慧的阿旺又怎可能一无所知。

那双阿旺无法用言语形容描绘的漂亮眼睛，乌溜溜，水灵灵，总是偷偷围着阿旺转。少年阿旺波澜不惊的外表下年轻的、饱含生命力的心，涟漪频起。

有着月亮般皎洁容颜、太阳般明媚光辉的少女卓玛，在阿旺嘉措的心中偷偷丢下了一颗种子。这颗细小的种子潜藏在阿旺内心深处，在白天某一个欢乐的瞬间，或是夜里某一个寂静的时刻，会悄悄发热、膨胀，最终拱出了一枚小小的芽。芽儿在一个又一个日夜交替间伸长、长大，钻出细密的叶子，最终密密匝匝遮蔽了少年的心房，于是，少年那颗原本天然坦诚的心，有了自己秘密的天地。

那便是，爱情开始。

塔坚乃知趣地纵马前行，到队伍前头去和小朗生们走在一处。

孩子们没有赶路的经验，耽搁了不少工夫，到天黑时没有走到村庄，只好在田野露宿。小朗生们熟练地生火熬煮酥油茶，还拿出了糌粑和肉干供主人们分享。孩子们兴致勃勃地围着篝火享受喷香的晚餐，朗嘎也得到了一大块风干肉。小朗生们还从家里偷拿了满满一酒囊的青稞酒，孩子们大乐。荒郊野地，塔坚乃很大方地让小朗生们一起吃喝，登巴接过酒袋一顿豪饮，晕晕乎乎唱起了酒歌[④]：

畅饮美酒心欢乐，
酒液入髓醉意多。
死后身躯成白骨，
当做酒曲酿新酒。

孩子们轮着饮酒唱歌，甚至很少张口的卓玛也唱了一首关于爱情的曲子：

请不要在众人之前，
对我注目微笑。
如果真的爱我，
就送我你的靴带[⑤]。

孩子们鼓掌打着呼哨："靴带，阿旺阿旺！快解靴带！"

不知是不是青稞酒的作用，平时腼腆的阿旺此时没有退缩，而是真的弓起背解下了自己的靴带，郑重地递到了卓玛的手里。卓玛欢喜极了，抿着嘴低头赶快也解下自己的靴带交给了阿旺。简简单单的靴带，结下了一份纯纯真真的爱情。雪域高原的情感正是这般质朴天真，情生之处宛若格桑花照亮山野，映得千里碧空都泛起淡淡粉红。

夏夜微凉，月色如水倾泻。孩子们吃啊，喝啊，唱啊，跳啊，全然不想明天的旅途怎样。他们本是为了去拉萨寻找快乐，拉萨城远着呢，快乐就已经来到身边了。

不过，快乐来得快，走得也快。明亮的月光下，一支三五个人组成的马队伴着清越的马铃声自孩子们来时的路旋风般地驰来。朗嘎觉察到动静，从火堆边一跃而起。

孩子们满口浓郁的青稞酒香，还在酣睡着，马蹄踏地的声音、马铃声都没能惊醒他们。小朗生们饮酒最多，沉溺在梦乡中完全忽视了现世，塔坚乃咕噜着说着梦话翻了个身，又继续睡着了。朗嘎守在主人身旁盯着几个陌生人，四只爪子紧紧抠住地面，脊背上的毛根根直立。

这几个彪悍的人汉没有恶意，他们下马就着火光察看孩子们的脸。

“……对吗？”

“不错，是少爷和小姐。”

“人数也对……”

几个汉子长舒一口气，他们彼此看看，哈哈大笑起来。

其中一个领头的拍拍塔坚乃：“少爷，醒醒，跟小的回家吧！”

“臭小子醒醒！”另一个汉子伸出粗糙的手掌一把拎起了熟睡的登巴，“惹这么大祸，老爷不抽死你我也抽死你！”这汉子是登巴的阿爸。

听到阿爸的声音，登巴比喝了醒酒药醒得还快。

大家被登巴哭喊的声音吵醒了，明白了什么情况，塔坚乃和卓玛立刻表示拒绝回去。塔坚乃很气派地威胁他们，要是胆敢把他们带回去就用鞭子抽他们；卓玛则很有心计地补充说，要是他们当没看见，会赏赐给他们银子。

骑手们二话不说强行把他们抱上马背：“少爷小姐啊，你们要是不回去，我们有银子也没命花。"

不能去拉萨看藏戏了，卓玛很伤心，这种浅薄的伤心很快就被更深切的伤心所取代：阿旺也要去巴桑寺。家里的兄妹不少，可是最疼爱卓玛的还是同母哥哥塔坚乃。塔坚乃要去学经，卓玛心里本就不好受，好在还有心爱的阿旺在。这下塔坚乃、阿旺都要走，卓玛急得直跺脚。卓玛跑去找阿爸："哥哥去学经，将来要做宗本；阿旺嘉措一个平民学经干吗？"

宗本对女儿的质问无可奈何："这是佛的旨意。"

"佛的旨意……佛的旨意也不行！我不管，学什么经，阿旺嘉措不许去！我是阿爸你的女儿，我说他不能去，他就不能去！"

"女儿啊，他不是朗生，他是自由人。"

卓玛的眼泪像断线的水晶珠子滚下来，宗本心疼了，赶紧哄："别哭啊宝贝女儿。管家，去把我那一对拉孜刀拿来！卓玛，阿爸送你一对刀，是阿爸在日喀则花了大价钱买回来的，非常漂亮，你一定喜欢。"

第二日，塔坚乃与阿旺踏上了去巴桑寺的路。阿旺的袍子下，藏着一把漂亮的藏刀。

巴桑寺离村子并不是很远，在北方的波拉[6]山口。走入波拉山口，仿佛走入了仙境，雾气缭绕，彩云飘摇。山腰上一片绿色中闪耀着缤纷的色彩，走近了才能看清，是娇艳欲滴的杜鹃花树，紫的、白的、黄的、大红、浅红、粉红……仿佛给冷峻的雪上系上了绣工精美的"邦垫"[7]。巴桑寺就隐匿在灿若云霞的花海间。

进入巴桑寺，孩子们都穿上了紫红色的小僧袍。褪去俗人的衣服着僧装，孩子们觉得既神圣又新奇。僧装袒露右肩，覆盖左肩，这本是古印度表示尊敬的礼法，《金刚经》中须菩提向佛陀提问即"偏袒右肩"。

塔坚乃穿着新袍子兴奋极了，开玩笑恭恭敬敬对阿旺行了个礼，稽首间，阿旺有些茫然，觉得这场景似曾相识。

远处房檐下站着六位老喇嘛，他们在向孩子们这边张望。他们是桑结第巴专门派来教授灵童的高僧大德，都曾是五世达赖的忠实侍从。塔坚乃眼尖，他不知道那几位看起来地位很高的老喇嘛为什么要向这边行礼，他看看周围，除了几个正在打闹的小喇嘛就是正在发呆的阿旺。他拉着阿旺向房檐下望去的时候，老喇嘛们已经消失了。

阿旺诺布是乳名，堪布[8]为阿旺起了个更适合学佛人的新名字：阿旺嘉措。穿上了僧人的红袍子，名字由阿旺诺布变成了阿旺嘉措，但他并不会一下子就大彻大悟、洞明佛理，孩子毕竟还是孩子。阿旺和塔坚乃对新环境充满了好奇，庙里庙外跑来跑去。好在有的是时间供他们玩耍，小喇嘛的功课很少，一天学写几个字就被放出去玩。藏人对孩子的教育很宽容，他们认为牦牛不到两岁就驮重物长不大，孩子也是一样。喇嘛到了20岁左右功课才会骤然增多，繁重得让人喘不过气来。

阿旺与塔坚乃把寺庙的每个角落都转了个遍。寺中有丰富多彩的佛像、壁画，佛的形象或慈悲，或威猛，或柔美，或庄严，看得两个孩子眼花缭乱，痴迷不已。小喇嘛有一样每日必做的工作是检查佛像，阿旺与塔坚乃都非常喜欢这个工作，每次都检查得十分用心，看到强巴佛的雕像时，阿旺更是久久不愿离去。

强巴佛就是汉地所言弥勒佛。不过，雪域的弥勒佛与汉人熟知的弥勒佛不同，不是袒露硕大肚腹、笑口常开的中年人形象，更像是一位雍容华贵、俊美非常的王子。传说当释迦牟尼[9]的法统世纪结束后，他会正式成为娑婆世界的教主。强巴佛现菩萨形，他跏趺[10]坐于束腰须弥座上，身披华彩天衣，手结转法轮印[11]，胸前垂挂着晶莹剔透的珠宝璎珞，头戴镶嵌着精石美玉的五叶冠。强巴佛满含和善笑意的脸，总有些什么地方让阿旺感觉熟悉，是饱满红艳的嘴唇，还是纤巧挺直的鼻梁？抑或是那一双秀美而不乏英气的眉毛？

阿旺对着那鎏金的华美脸庞看了又看，塔坚乃不耐烦了，拉着他要走。阿旺望望塔坚乃，又望望强巴佛，恍然大悟：是眼睛啊！宗本家的人都长着一双纤长的眼睛，眼尾长长的，略微上翘，还有漂亮的重睑。那样的眼睛看人的时候若是微微垂下，便隐含了天然的笑意，如这佛像一般。佛高高在上，所以温柔地垂下眼睛注视着俯于自己脚下的众生，像极了……像极了卓玛与阿旺说话时的神情……

卓玛，有着月亮般皎洁容颜、太阳般明媚光辉的少女卓玛，在闪亮的篝火前咬着嘴唇递给他靴带的少女卓玛，那个时而蛮横似雌虎、时而温柔似小羊的少女卓玛，她的眼睛在少年阿旺嘉措记忆深处闪光，阿旺一直为不能形容这双眼睛的美而感到遗憾，现在，他找到了赞美拥有这双妙目的美丽少女的句子：卓玛，拥有一双如强巴佛般美丽眼睛的卓玛。

清早，喇嘛们聚于松林间念诵经文，云雾缭绕，梵唱清远如天籁。在高远的天堂之上，佛陀讲法有天人撒花赞叹佛法之精妙。在这寂静的山林之间，神灵隐迹于山泉草木，唯有杜鹃花树抖落满身的清露绽放柔美娇憨的花朵，为法理幽深的经文所带来的不能言说的快乐表达最质朴的赞叹。

念诵经文，学得最快的便是阿旺。他记性极好，柔美悦耳的声音念诵起经句来格外动听。这孩子端坐于卡垫之上诵经，姿态清雅绝伦，令上师们暗暗赞叹。

说到写字，阿旺更是孩子们中的佼佼者，原本父亲就教过他一些，现在又跟着老师学习这些东西，轻车熟路。孩子们用竹子削的三棱笔蘸着酱油在木板上练习写字，很快，阿旺就能写得很漂亮了。塔坚乃看看阿旺的写字板，再看看自己的，悄悄地拿走用清水冲了晾干，重新再写。

塔坚乃不喜欢念书写字，不过为着成为宗本的宏大目标，他也没少下功夫，学得也不差。小喇嘛们的功课学得好坏快慢，也没有谁敦促，全看自己。说得上管教的时候，也就是在诵经、讲经的时候有铁棒喇嘛来回巡视，看你偷偷说话、偷偷玩，就狠狠打一戒尺。

对于阿旺来说，做喇嘛最大的苦恼是想家，他想念温柔的阿妈，想念亲切的姐姐，想念忠实可爱的朗嘎，还会偷偷想念美丽的卓玛。对于宗本少爷塔坚乃来说，做喇嘛最大的痛苦则是不如在家里享福。在家他几乎天天拖着十几二十几个小朗生四处跑，耀武扬威快活极了。家里事事有人伺候，什么活不用干，还有酥甜的卡塞[12]、奶渣包子、人参果糕、辣牛肚、灌肠……好吃的吃也吃不完，寺庙里除了牛肉炖萝卜就是萝卜炖牛肉，人参果饭和糌粑也不如家里的厨子做得好吃。

往往，物质的需求比感情的需求更能激励人做出一些出格的事情。在巴桑寺待了3个月之后，塔坚乃少爷策划逃跑了。

不过，这次逃跑比上次出游时间还要短暂，头天半夜塔坚乃踩着阿旺的肩膀翻墙出去，第二天半夜两人又翻墙回来了。两人谁都不识路，还都没带吃的，绕来绕去，又累又饿，最后只好回到寺里。

巴桑寺灯火通明，所有的铁棒喇嘛都被派出去寻人了。显然，3个月前宗本经历的可怖煎熬正在巴桑寺的师父们身上上演。听说孩子们自己回来了，师父们赶紧把他们叫来问询。房间里气氛清冷肃穆，垂头丧气的孩子们害怕了，塔坚乃开始小声啜泣。

住持问：“孩子，你们去了哪里？”

阿旺不作声，塔坚乃回答说：“我们想回家。”

住持又问：“你们为什么想离开寺庙？”

塔坚乃抹着眼泪，袖口上蹭得都是鼻涕：“回家好，家里有温暖的被窝，还能躺在被窝里吃奶渣。”

师父们哈哈大笑。

那次，无论是塔坚乃还是阿旺，都没有受罚。

回家没回成，家乡的访客却来了。过了几日，卓玛出现在了巴桑寺门口。

卓玛的出现让塔坚乃欣喜若狂，他知道妹妹不会让哥哥的肚子受委屈，果不其然，卓玛让小朗生背来了两大袋家里做的点心。卓玛特别指出，其中一袋是阿旺的，不许全部吃掉。

卓玛不仅带来了美食，还带来了阿旺毛茸茸的朋友朗嘎。朗嘎见到阿旺立刻蹿到阿旺怀里，在阿旺身上一顿乱舔，眼里闪烁着欣喜的光。朗嘎明显瘦了。卓玛告诉阿旺：“自从你走后，朗嘎茶不思饭不想，一到晚上就狼嚎，村子里的牛羊都战战兢兢。拉姆阿妈说：‘带朗嘎去找阿旺吧，不然这可怜的畜生会把自己饿死的。’”

塔坚乃嘴巴里塞满了点心：“好哇，不久前我还听铁棒喇嘛们说要添几条狗护院呢。”

卓玛垂下漂亮的眼睛，撇撇嘴：“朗嘎都能和你们做伴了……做狗都比做女人好，女人连庙门都不能进。”

阿旺笑眯眯地拉起卓玛的手说：“怎么会，你可以时常来看我们呀……”阿旺话是这样讲，心里却很难受。卓玛不可能天天来，而且，他多么希望带卓玛亲眼去看看那尊有和她一样漂亮眼睛的强巴佛像，看看千百盏酥油灯照亮的细腻美丽、栩栩如生的壁画。

他忍不住加上一句："等我们学好了学问，就回去，我们还一起放牛、一起唱歌、一起……"

他这样说，本想让卓玛好受些，卓玛好看的大眼睛里却大滴大滴落下泪来。

注 释

①寺院：寺院在藏传佛教中地位很重要，在早期往往是一个地区的宗教、文化甚至政治、经济中心。规模大小不一，大者多至七八千人，小者只有数人。一般大的寺院是由经堂、神殿、印经院、林苑（为辩经场所）、活佛拉章、执事者办事处、仓库、僧舍、客房以及牲圈等构成。

②番红花：又称藏红花、西红花，是一种鸢尾科番红花属的多年生花卉，也是常见的一种香料。原先主要分布在欧洲、地中海及中亚等地区，明朝时传入中国，是藏药里一味比较常用的药材。有镇静、祛痰、解痉之功效，主要用于胃病、黄疸、调经、发热、肝脾肿大、麻疹等疾病的治疗。现主要种植于西班牙、法国、西西里岛、意大利亚平宁山脉以及伊朗。

③罗布林卡：藏语意为“宝贝公园”，在拉萨西郊，属全国重点文物保护单位。历史上的罗布林卡一带风景秀丽，拉萨河故道从此经过。其建筑主体为格桑颇章、达登明久颇章和金色颇章，房屋近370多间，是西藏地区规模最大、风景最美的园林古迹名胜。

④酒歌：藏语称“羌谐”，节日聚会时敬酒所唱之歌。甘南流传的“格儿”和安多流行的“则柔”，都是酒歌。酒歌演唱形式随地区而不同，或者一边唱歌一边舞蹈，或者只唱歌不跳舞。音乐多宫调式，热情明朗，流传很广。

⑤靴带：西藏风俗，男女交换靴带是定情之意。

⑥波拉：另一种翻译为“棒山”。

⑦邦垫：围裙。

⑧堪布：梵文音译作“邬波驮那”，又称大师、亲教师或师父。主要由寺院或大型寺院札仓权威高僧主持担任。担任堪布一职者一般都是学识渊博、获得格西学位，并且在各寺院及扎仓德高望重的高僧大德。

⑨释迦牟尼：即佛祖，佛教创始人。亦简称释迦佛、释迦。原名乔达摩·悉达多，古印度释迦国的太子。后弃王位，离妻子，出家苦修，最终在菩提树下成就正觉，创立了佛教。公元前468年圆寂，有佛真身舍利（指骨、头盖骨、牙齿和毛发等）传世。后世弟子们将佛祖舍利供奉在塔内，顶礼膜拜。阿育王时，将全部佛身舍利分成84000份，以宝函传往世界各佛塔供奉。中国现藏有几份佛祖真身舍利。

⑩跏趺：佛教坐法之一。具体是互交二足，将右脚盘置于左脚上，左脚则盘放于右腿上。其中交一足为半跏趺坐、半跏坐；交二足为全跏趺坐、莲花坐、大坐。此座法为圆满安坐之相，在佛教诸坐法之中，最为重要，最安稳且不易疲倦。诸佛皆依此而坐，故又称佛坐、如来坐。

⑪ 转法轮印：一种手印。双手食指与拇指相接，其余三指微微弯曲，置于胸前。象征说法，据说是佛陀初次说法的手势。

⑫ 卡塞：一种用面食油渣制成的甜食，古代西藏只有贵族才能享用，后来，普通百姓在过节过年时也能吃到它。

第七回　皇帝平叛乱，第巴受斥责

冬去春来，巴桑寺旁的杜鹃花开了又败，败了又开，小喇嘛们的学问也日渐增长。

在众多学徒中，阿旺嘉措学习最出色，《除垢经》、《释迦百行传》都学得有板有眼。学习五世达赖编写的《土古拉》时，阿旺也学得最快、最好。

那些在别的孩子看来繁复深奥的词句，阿旺念来仿若从胸中流淌而出的澄澈泉水，一副自然天成的样子。

师父开始讲述印度古代文学理论《诗镜》。这属于“五明”中的“声明”课程。“明”就是学问、学科，“五明”是古印度的五门学科。“五明”分为声明、因明、医方明、工巧明、内明，概括了当时所有的知识体系。

《诗镜》是学习声明的基本书籍，作者檀丁在书中讲述的紧密、显豁、同一、甜蜜、柔和、易解、高尚、壮丽、美好和暗喻等等美好的诗德，让阿旺为之陶醉与神往。这位生活在公元7世纪的古印度诗人，跨越千年时间为少年阿旺嘉措开启了诗之语言的灵门。

巴桑寺中供奉着马头明王，未来西藏最受人喜爱的诗人、11岁的阿旺嘉措指着马头明王写下了他的处女作：

马头明王法力大，
诸魔诸鬼皆惧怕。
慈悲护法为世人，
荡平一切邪魔敌。

师父们传阅着阿旺的诗作，欣喜不已：“这孩子得到过妙音佛母的护持啊，写东西没有障碍，一气呵成。”

“对啊，难得还有佛法的威猛庄严！”

月色清朗之夜，阿旺与塔坚乃都没有早早入睡。塔坚乃趴在被窝里啃奶饼，阿旺望着窗外的圆月，絮絮念诵心头涌起的诗篇：

和风吹动我窗，
可是来自故乡？
请去寻找我青梅竹马的恋人，
将她带到我的身旁。

“这诗真好！是檀丁写的吧？”塔坚乃问。

“不是，是我刚刚编的。”

“哈哈哈……咳咳咳……”塔坚乃嘴里嚼着奶饼笑，呛到了。

阿旺赶紧把塔坚乃捂到被窝里：“小声点儿，别把大家都吵醒了！”

塔坚乃笑着从被子里钻出来：“我知道青梅竹马的恋人是我妹妹！”

阿旺害羞地钻到了被子里。

随着年龄的增长，卓玛越发高挑漂亮，俨然成了错那最亮眼的姑娘。她几乎月月都要从家乡赶来看望阿旺和塔坚乃，带来零食美点和家乡的消息。关于拉姆阿妈的消息，越来越不乐观。

父亲去世仿佛带走了母亲的一部分灵魂，母亲不再像父亲在世时那般活泼喜乐。阿旺记得父亲在时，家中时不时会传出母亲的歌声，傍晚工作不忙的时候，母亲还会弹奏口弦，动听的口弦声在橙色的黄昏中会传出去很远很远，阿旺和姐姐赶着牛群归来，不看路循着乐声也能找到家。

那样的日子，那样的母亲，一去不复返。阿旺有了心爱的人，才略微懂了母亲的心。

这年秋天，小姐姐曲珍嫁人了，嫁给了邻村的木匠。母亲一个人守着孤独的房子，没能走过漫长的冬天。

转眼间，阿旺已经在巴桑寺学习了7年，在3位高僧的教导下学问越来越精进。看着这位尊贵的学生学识大增，老师们心中颇感欣慰，也越来越不安。灵童已经15岁了，15岁是个什么年岁呢，女孩子即将举行戴敦礼，表示可以让人尽情追求，男孩子都可以成家立业了。但是对于一位还没有坐床的活佛来说，这个年岁已经太大了。

3位高僧不明白，为什么灵童15岁了还不举行坐床仪式。关于第巴桑结嘉措、五世在世时最为信赖、给予无上荣耀与权力的人，他们向来都抱着认同与尊敬的态度，毕竟，这位青年拥有卓越的才能。他不但把西藏原本分散的权力全部收归拉萨，还编写了大量医学、天文学、文学、数学方面的著作，可说在政治、文化方面都作出了杰出贡献。

随着权力的壮大，他之前被谨小慎微所藏匿的性格缺陷也越来越明显。他是如此傲慢而自负，到了近期，几可说是嚣张：他命令雪域大小官员，无论僧俗都要对他磕头礼拜；他甚至公开娶了美噶蔡和白热康萨的女儿做“主母”，并与其育有子女。

一个权力已经壮大到可以玩弄权力的人，难道没有力量把尊贵的、受人敬仰的达赖佛迎回布达拉宫吗?

他们不能问，也不敢问。

直到远在千里之外的一场战争的发生，才结束了他们漫长焦灼的等待。

今天的蒙古国乌兰巴托南宗英德，300年前还被唤作昭莫多。

“昭莫多”是蒙古语，大树林之意。那里是一个天然的战场，明永乐帝大败鞑靼阿鲁台的地方。昭莫多北有肯特岭险峰千仞壁立，东有丘陵横亘逶迤低回，其间平原数里，穿插有林木河流。

300年前遥远的初夏，昭莫多被盈盈翠色所覆盖。晦暗的天空下，宛若闷雷的巨人声响踏破夏日的寂静，大地轰隆震动，鸟群混乱地扑打着翅膀从林木间飞起，野兽惊惧地钻出草丛瞪大乌黑的眼睛，注视着地平线出现的滚滚烟尘。尘埃落定的一刻，它们看到了浩浩荡荡的铁骑大军。这些威武强悍的兵士，是康熙大帝的六色铁骑。

一时间，原本宁静的昭莫多营垒遍野。

翻开史册，憔悴的纸页上记载的确切时间是清朝康熙三十五年(1696年)二月。

这是一次中国历史上著名的征讨，因为它是清王朝战争史中一次功勋卓越的战役，因为，康熙帝本人也在其中某一个营垒里。

这是清王朝长达两个多世纪的统治中少见的御驾亲征。

康熙帝生活的时代，是17世纪与18世纪交替的时代，是两个年代巨轮彼此咬合、彼此倾轧的时代。在这年代与年代的缝隙里，不知怎地流逸出了那么多的英雄之气：俄国的彼得大帝、英格兰的威廉三世、法国的太阳王……他们如同有某种默契般同时出现在僵硬、板滞的时代层面上，在世界各个肯綮部分引导着社会的进步。万物相生相克，有英雄，必然有枭雄。康熙帝8岁登基，14岁亲政，16岁即智擒鳌拜，将旁落的大权拢回手中。接下来，他平三藩，收台湾，击沙俄……哦，对了，还一手削平了这个漠西枭雄——噶尔丹。

为了他，康熙帝曾两次亲征。

这并非噶尔丹与清廷的第一次交锋，噶尔丹也绝非一个凡庸的敌手。1690年，这个厄鲁特蒙古准噶尔部的珲台吉，带领着彪悍的士兵，用闪亮的马刀与沙俄的枪炮曾一路打到了距北京仅700余里的乌兰布通。

康熙帝急命自己的兄长福全为抚远大将军、弟弟常宁为安北大将军，迅速调兵北上抗击，北京城里都摆满了防御工事。

乌兰布通之战清军取胜，然此战为击溃战而非歼灭战，噶尔丹乘夜遁去。噶尔丹并没有就此偃旗息鼓，不久后他暗自联络蒙古各部，并试图拉拢沙俄势力，率兵自科布多东进至巴彦乌兰。

乌兰布通一役已然重伤了噶尔丹的元气。6 年前，噶尔丹能聚集起数万大军，与其所处的游牧文化氛围是分不开的。他的军队中首领与属下间并不信奉忠孝节义，谁能带领大家从战争中获取更多的战利品，谁就是有号召力的首领。噶尔丹初期接连胜利吸引了越来越多的兵马归于其麾下，随着乌兰布通的战败，由战胜所形成的向心力消失了，噶尔丹的队伍人员流失加剧。

更可怕的是，他的军队中出现了瘟疫。塞外地广人稀，传染性疾病稀少，相应地，人们对疾病的抵抗力也差。康熙帝在远离市区的地域修建避暑山庄接见边疆民族政要，也是出于这方面的考虑。噶尔丹部队的士兵在数次与清军的交锋中，沾染上了某种疾病，这种疾病最终在噶尔丹败逃过程中爆发，进一步削弱了军队的战斗力。

当年呈上康熙帝的奏折有这样的记录："噶尔丹去年败走以来，口以北徙，人畜屡毙，劫掠无所获。近者噶尔丹亲率兵来劫喀尔喀，至阿尔哈赖地方，又无所得，皆徒步而返，困敝已极。"噶尔丹的困窘可见一斑。

通过两次雅克萨之战的交手，他的沙俄盟友对清政府颇为顾忌，亦拒绝噶尔丹联合出兵的请求，所给予的财力、武器方面的支援也非常有限。

所以，这次战役对康熙来说，不过是乌兰布通会战的延续，是时隔6 年的最后一击。

康熙帝是善于等待的人。少年时代他即用完美的等待培养了一批布库少年，一举搬倒了权臣鳌拜。随着年龄的增长，皇帝这种性格上的特质更为明显。乌兰布通之战后，他一直对噶尔丹的肆意妄为抱着隐忍的态度。长久地引而不发便会有泄力之嫌，但是他机警地如潜猎的豹子，等待到了认为时机成熟的时刻，会毫不留情地出手给敌人致命的打击。

他是关外英雄的子孙，做事从来都是果断决绝，绝不会瞻前顾后。他要用让人惊骇的武装打败那些枭雄，让他们知晓，谁才是坐拥中土的王中之王。

1695 年 11 月，康熙帝决定第三次御驾亲征。

1696 年 2 月中旬，西路抚远大将军费扬古率军开拔。

2 月底，康熙帝亲领中路军挥师北上。

4 月初，黑龙江将军萨布素率东路军出发。

5 月初，康熙帝统御的中路军抵达克鲁伦河。

噶尔丹军营与清军近在咫尺。噶尔丹登山远望，目力所及皆是清军营垒，让人胆战心惊。而且，营盘腹地竟然有黄账龙旗！他噶尔丹是在草原驰骋多年的骁勇战将，不是空有一腔热血的莽夫。噶尔丹不战而逃。

平北大将军、内大臣马思喀紧追不舍，西路军前锋统领硕岱顺势将其引至昭莫多。

清军口袋大张，单等那只苟延残喘的猛兽落网。

噶尔丹出现的时候，是正午时分。连日来的奔波使他憔悴，激战后汗水与血水浸透了全身。昭莫多的原野上有风，但是，他不能脱下身上沉重的护甲，享受哪怕片刻的凉爽。此刻，他已经分不清使他内心焦灼的是日益炎热的气候还是日益恶化的战局。

阿努可敦从队伍后方策马上前，奉上水袋："珲台吉，喝点儿水吧。"

满面的风尘遮掩不了阿努清秀的容颜。阿努的妹妹阿海是卫拉特第一美女，虽没有妹妹那般摄人心魄的美艳，阿努眉宇间依旧有超越常人的秀美。早在乌兰布通之战时，留驻伊犁的阿海就已被噶尔丹的侄子策旺阿拉布坦掳走。如今，留在噶尔丹身边的只有阿努了。

阿努是噶尔丹的妻子，更是他的战友。这个美丽的女人骁勇善战，如战争女神般在战场中往来，无数男子伤亡于她的刀下。《清稗类钞》这样描述阿努："颀质，敢战，披铜甲、腰弓矢，骑异兽，临阵精锐悉隶麾下。"这样的描述，写实，又有些神化。文学家们热衷于这样在史册中记载一个美丽的女人，尤其是一个在血肉横飞的死亡之地挥刃拼杀的美丽女人。

噶尔丹仰头喝口水，天心传来一声鹰啸，有苍鹰飞过，巨大羽翼的暗影掠过他的脸。越来越多的鹰在昭莫多上空聚集，它们已然嗅到了风中肃杀的气味儿。白日刺目，它们宁可承受高温的炙烤，盘旋不去。

远方，无数马刀反射出雪亮的光芒。

身后，战鼓声声。

战斗从正午打到黄昏，震天的喊杀、慑人的火器、穿云的号角，使昭莫多的傍晚沾染上了血色的悲凉。噶尔丹与阿努都抛弃了战马，踩踏着尸体拼杀。战场某些寂静的角落，鹰群已经开始撕咬着尸肉。

费扬古命令两路骑兵一路插入阵地为步战助阵，另一路袭击噶尔丹后方辎重，其他各路战将亦相呼应，噶尔丹军大乱，死伤无数。

大炮怒吼。阿努身中数枚弹片，染透她黄铜铠甲的赤红是热血，还是艳美的霞光？噶尔丹望着躺在血泊中的女人，沾满血污的脸，看不出悲喜。在草原上纵横驰骋了几十年的枭雄、让大大小小的部落闻风丧胆的噶尔丹，从没有像此刻这样悲哀绝望。

噶尔丹怜惜地摩挲着妻子的脸："……我本不想出征南下，如果不是达赖的信使说南征大吉，我又怎会落得如此境地？”

阿努已经听不到了，汩汩的鲜血从耳道中涌出。

“逃吧……珲台吉，逃吧……”

生命如疾雨摧打的花朵即将委地，阿努不知自己的灵魂将投向哪里。她与她的珲台吉都是虔诚的格鲁派信徒，她记得佛经中说：

地狱鬼众如星辰万点，饿鬼如白昼明星。
诸多饿鬼如星辰万点，旁生如白昼明星。
诸多旁生如星辰万点，善道众生如白昼明星。

有这刀枪剑戟辉映的人生，必然做不了那颗美丽的白昼明星。

残阳下，战马嘶鸣，一爿白月映现于西天。

噶尔丹率领部众杀出重围。费扬古月下领兵穷追30多里，剿杀2000余人。1697年3月，噶尔丹卒于科布多。噶尔丹的死因众说纷纭。有说其服毒自尽，有说其不思饮食绝粒而死，有说其死于重度梅毒，还有说其性交过度引发猝死，真假莫辨。无论哪一种死法，都够激烈，够传奇，符合这个漠西猎食者狂诞不羁的性情。

另有民间传言，噶尔丹死讯传来时康熙帝正在黄河大堤巡察。听信使言罢，皇帝立刻跪于堤岸上叩谢天地。这头差一点就打到北京城下的凶悍恶狼，终于被老天爷收了回去，皇帝的龙榻之侧从此少了一双贪婪者觊觎的眼睛。

所谓扯出藤儿连着瓜，噶尔丹失势，意外将五世达赖圆寂之事推上台前。

昭莫多战役后，抚远大将军费扬古在给康熙的奏折中这样写道：“据降人言，噶尔丹遁时，部众多出怨言。噶尔丹云：‘我初不欲来克鲁伦地方，为达赖喇嘛煽惑而来，是达赖喇嘛陷我，我又陷尔众人矣。’”

康熙帝大怒。

噶尔丹的一生，与格鲁派有着扯不断的关系。不仅仅由于他决定南征这一毁灭性的决定来自于格鲁派势力的怂恿，连他的生命都与格鲁派有着难以言述的奇妙渊源。

准噶尔汗国是信奉格鲁派的。温萨三世罗卜藏丹津纳木错活佛曾从雪域来到准噶尔传教，广为民众爱戴。

多年后，温萨三世觉察到自己的生命即将走到尽头，决定离开准噶尔返回拉萨。信众非常不舍，远途相送。巴图珲台吉的大妃尤姆哈噶斯只有一个儿子，临别前她拉着活佛的马镫请求：“活佛啊，请您再赐予我一个儿子吧！”

活佛这样回答：“我是僧侣，不能赐予你儿子。”

尤姆哈噶斯悲切地请求说：“您作为僧侣，不能赐予我儿子，但是您年事已高，当您转世后可以做我的儿子吗？”

活佛慈悲，答应了这可怜妇人的请求。

回到拉萨不久，温萨三世果然圆寂了。第二年，尤姆哈噶斯得到了一个儿子，这孩子便是噶尔丹。

西藏教廷认定噶尔丹为四世温萨活佛，将其迎回拉萨，入五世达赖门下学习。

五世达赖长期与固始汗周旋，他必须得到强有力的外部支持才更有希望在这场持久战中取胜。巴图珲台吉的幼子、他的亲传弟子噶尔丹无疑将是未来决胜中一股不可忽视的力量。五世达赖作为教宗，亟待有人帮助他推广佛教，重树格鲁派威仪。所以，这个孩子即使“不甚学梵书，顾时时取短枪摸弄”，仍然得到了五世的宠爱。

噶尔丹与五世所宠爱的另一位弟子桑结嘉措，在朝夕相处的学习过程中结下了深厚的友情。这也就解释了在噶尔丹得势后为什么会偏信桑结嘉措，数次骚扰清廷。

噶尔丹是幼子，能继承汗位，与1670年发生在准噶尔的一次内乱有关。在这次内乱中，噶尔丹的兄长僧格被杀，僧格的三个儿子年纪尚幼，无法撑起大局。远在拉萨的噶尔丹听说这一消息，遂向达赖佛请求回准噶尔平乱。

五世达赖敏锐地觉察到，这是一次机会，一次难得的宝贵机会。噶尔丹虔信格鲁派，如果他此行成功，那么借着他在准噶尔地位的提升，西藏能从准噶尔获取更大的利益。

噶尔丹不负五世所望，潜回噶尔丹后迅速集结势力杀掉了杀害僧格的作乱者。权力如同珍宝，一旦拿到手中把玩就迟迟不愿放下。噶尔丹天性喜好武力与权势，唾手可得的汗位又怎可轻易拱手出让？按照传统，僧格死后将由他的长儿子策旺阿拉布坦继位。但是噶尔丹将权力紧紧握在手中，废除了侄子的继承权，自己登上汗位做了准噶尔部的珲台吉。事实上，他不仅抢了侄子的汗位，还抢了侄子的女人。他的可敦、后被策旺阿拉布坦趁他南征之机掳走的卫拉特第一美女阿海，本就是策旺阿拉布坦未过门的妻子。所以，策旺阿拉布坦才会在南征中轻易被清廷策反，亦会在清廷与噶尔丹的多年战争中与清廷保持着合作关系，这种关系，直到噶尔丹的覆灭才宣告终结。

五世的期望变成了现实，而且这个现实大大超出他当初的期望——西藏教廷现在能直接影响一个强盛部落的汗王。

噶尔丹掌权后，格鲁派势力在准噶尔迅速扩大，无论是贵族阶层还是草根民众都成了达赖佛的信徒。噶尔丹本人有活佛之名，自然更是虔诚。五世对噶尔丹非常满意，1679年噶尔丹正式统一了卫拉特诸部，五世专门派使者赐予他“博硕克图汗”的称号，并赐给印敕。那一年，噶尔丹刚刚34岁。

也就是在那一年，噶尔丹童年时代的伙伴桑结嘉措成为了雪域之上权势仅次于达赖佛的第巴。

两个五世达赖钟爱的弟子，如两只金翅大鹏经历了漫长痛苦的生长期，终于开始了自己激扬的人生旅程。他们向着辽远的天空振翅飞翔，他们知道自己奔向的鲜血般凄艳的太阳会给生命带来怎样焦灼的炙烤，但是，他们更在乎的，是太阳所散射出来的极端华贵壮丽的俗世荣耀之光。

同为五世达赖的弟子，显然，噶尔丹天生勇武，而桑结嘉措长于谋略。桑结嘉措性情阴沉，擅长玩弄权术，他与噶尔丹情同手足，但涉及权力问题的大事，向来匿而不提，譬如五世达赖圆寂的秘密。当年达赖去世，桑结掌权之后的第一件事就是假借达赖之名发号施令，命蒙古喀尔喀格鲁派直接听命于西藏教廷。而1694年初春，那位专程来到达科布多向噶尔丹传达“南征大吉”指令的西藏使者达乐罕鄂木，是他掌门师兄桑结的心腹。

噶尔丹不知道他所敬仰爱戴的达赖佛其实早已离开人世，直到离世，都不知道。

康熙帝不是噶尔丹，8岁就在风云诡谲的政坛打滚，不仅能挽百斤硬弓，也能敏锐地从一系列被谎言包裹得密密匝匝的事件中剥离出一个真相。这次发现的真相让皇帝震怒。通过审讯噶尔丹营中俘虏的藏族人，皇帝得到了五世达赖早已去世的消息。

广阔雪域的至尊去世15年，竟然瞒而不报？一封急件由紫禁城疾奔入藏，内文曰：

朕询之降番，皆言达赖脱缁久矣，尔至今匿不奏闻。且达赖存日，塞外无事者六十余年，尔乃屡唆噶尔丹兴戎乐祸，道法安在？达赖、班禅分主教化，向来相代持世。达赖如果厌世，当告诸护法主，以班禅主宗喀巴之教。尔乃使众不尊班禅而尊己，又阻班禅进京，朕欲和解准噶尔部，尔乃使有亏行之济隆以往。乌兰布通之役，为贼军卜日诵经，张盖山上观战，胜则献哈达，不胜又代为讲款，以误我追师。繄尔袒庇噶尔丹之由，今为殄灭准夷告捷礼，以噶尔丹佩刀一及其妻阿奴之佛像一、佩符一，遣使赍往，可令与达赖相见，令班禅来京，执济隆以畀我。如其不然，朕且檄云南、四川、陕西之师见汝城下。汝其纠合四额鲁特人以待，其毋悔！

桑结的罪状，一一列举：

达赖去世，隐匿不报，借机提升自己政治地位；

塞外六十年无战火，偏挑唆噶尔丹兴兵；

阻碍班禅进京；

在乌兰布通战役中为噶尔丹军作法助阵，噶尔丹失势时又助其逃逸。

哪一条罪状拎出来，都罪大如山，非常人能承担得起的。而且信到最后，简直就是盛怒下的威胁，可以想象皇帝在写信时是怎样的一种精神状态。

接到这封信，桑结汗流不止。他下令厚待来使，然后召集则省穷噶心腹拟定回信。这封回信写得极其高明，措辞婉转，语气谦卑，处处都显示着“不得已”：

为众生不幸，第五世达赖于壬戌年示寂，转生静体，今十五岁矣。前恐唐古特民人生变，故未发丧。今当以丑年十月二十五日出定坐床，求大皇帝勿宣泄。至班禅，因未出痘，不敢至京。济隆，当竭力致之京师。乞全其身命戒体，并封达赖临终尸盐拌像。

桑结给予愤怒的皇帝的回复是：

匿丧不报是为了维持社会稳定，新达赖马上就会坐床；
班禅没有出过天花，所以不敢到京城去觐见皇帝；
济隆将会押赴京师。

桑结俨然一长袖善舞者，腾转挪移间将责任推得干干净净，不落痕迹。当年那个坐上权力之位会被汗水沁透衬衣的青年，如今不仅坐稳了宝座，还滋生了庞大骇人的野心。以康熙帝的聪明，这一切怎能不心知肚明？但，桑结主持的西藏格局当时依然稳固，清廷若贸然发兵进藏，山遥路远，战况不可预知。

这位以机智和隐忍著称的皇帝，再次选择了等待。

桑结尝到了做投机者的甜头，在一场毁灭性危机下幸运地得以全身而退。

噶尔丹的部下丹济拉带着他的女儿和其部族在荒野中流浪，最终决定带着噶尔丹的骨灰投降清政府。

在寂静的巴桑寺中学经的阿旺嘉措，耐心地等待着可爱的姑娘卓玛看他，等着欣赏她戴敦礼上的新衣服和新发式，没有意识到自己等来的将是一个高贵、华丽，却危机四伏的宝座。

第八回 门隅恋情断，浪卡子受戒

我不是这里的人，我要回去。

这条路去往哪里？

这条路去往拉萨啊，孩子。

……

碧草黄泥路，阿旺嘉措走了很远很远，牛儿们哞哞叫着向绿草深处散去，在潮湿的黄泥路上留下清晰的蹄印。他要去哪里？他说不清，仿若心头系着一根绵长的丝线，在牵引着他前行。是那座白色的大房子吗？是那座飘逸着奇异香味的宫殿吗？那里那么明亮，那么明亮，亮得仿若云端之上天人的宫殿，那里有琉璃宝树，七宝莲花，那里的尘埃灿若金屑，那里有珠宝莹润的黄金宝座，座上的人衣饰华贵，看不清脸庞，不知为何，阿旺感觉这个人流露出某种熟悉的气息，而且，在向他微笑，即使看不清这个人的脸，他依然能觉得这笑容恬淡亲切。他禁不住向这高贵温柔的人走去。

走近了，那人却如被阳光穿透的薄雾渐渐消失了。留在少年阿旺嘉措面前的，是镶嵌着珍珠、琥珀、九眼珠的黄金宝座。

空寂的宝座矗立在阿旺嘉措面前，宝座之上，阳光璀璨，金色的尘埃在翩翩起舞。

“……尊者……尊者……请您醒醒，该用餐了。”阿旺嘉措从梦中惊醒，唔，对，这毕恭毕敬的侍从是在对自己讲话。他已被认定是活佛了，尊贵的达赖佛。阿旺揉揉眼睛，走出了代表达赖佛身份与地位的轿子。

已经走到羊卓雍错湖[①]了。

在虔诚的藏族同胞眼中，嵌入群峰间的羊卓雍错湖碧蓝宝石般的湖水蕴满了吉祥幸福。每年，各地的百姓都会到羊卓雍错湖朝拜，他们认为绕湖一周就能得到佛多达一年的祝福。

羊卓雍错湖幽蓝美丽，白云、雪山倒映在平滑如镜的湖面中，美得让人心惊，广阔得让人会以为在高原上有一片深远的海。即使是骑马，绕湖一周也要一个月时间，那些一走一拜的淳朴百姓，多久才能绕完这澄澈美丽的大湖得到那一年份的祝福呢？

绕湖的藏族同胞看到阵势庞大的车驾，知道路遇活佛，男子脱下右侧袍袖反搭肩上，女子垂下双袖俯首捂膝虔诚地表达敬仰。

阿旺躲回了轿子。

他还不适应这一切，半月前，他还是巴桑寺的小喇嘛，怎么就成了高高在上的、连他的老师们都要恭敬行礼的佛了？当第巴的使者出现在面前的时候，他多年来若有所失的、迷惑的心恍然了悟，自己茫茫然一直想找回的，原是生命流转中遗落的东西。他喜欢这种难题得解的感觉，那无数蒙昧的梦都即将找到缘由。但是，他不喜欢由这些让人兴奋的答案所带来的附加的代价：他必须离开巴桑，离开错那，到拉萨去。

拉萨，遥远的城市，他隔着草原与雪山无数次凝视过的城，那里有一次又一次在他梦中出现的白房子，那里有气味优雅绝俗的芳香之宫殿，但，为了亲眼见证一个在黑暗中飘忽的梦境而失去当下的幸福，是阿旺非常抵触却又无法拒绝的事情。他知道，此行一去，无法归来。

心中暗自绽放着情爱之花的少年，在等待他的情人参加完戴敦礼，戴着有精美白银纹饰的引敦、梳着成年姑娘才能梳起的妩媚风情的发辫来看望他，给他一个纯纯的吻，给他一个温柔的拥抱。他抚摸着卓玛送给他的缠绕着金丝、镶嵌着玛瑙的拉孜刀，将其抽出刀鞘，映着轿子灰暗的光线从如水的刀身上看到自己落寞的脸。

卓玛，卓玛，有着月亮般皎洁容颜、太阳般明媚光辉的卓玛，你在哪里？

“尊者，请您下轿用餐。”侍从再一次催促。

望着年轻的佛爷手中紧握着藏刀走出轿子，一侧的老侍从曲吉卡热巴·多伦塔坚乃不禁有些忧心。这显然是一样信物。他记起了起程那天的对话：“您，阿旺嘉措，是伟大的五世达赖喇嘛的转世净体，请您随我们回拉萨，回到您的宫殿、雄伟的布达拉中去，您的信众需要您。”

“……我不去布达拉，我不要离开，我不能离开巴桑寺。”

“众生的拯救者、尊贵的佛爷啊，是什么牵系着您的心，让您甘愿舍弃您的宝座、离弃您的万民呢？在茫茫雪域，还有什么位子比达赖佛的宝座更高贵，还有什么冠冕比崇威高德王冠更适合您那聪慧神圣的头颅？”

“曲吉，我在等待我心爱的姑娘，等待她从戴敦礼欢乐的宴会上归来。今冬，等她成为了真正的女人，她会成为我的妻子。”

“这……无论如何，请您乘上轿子起程，在浪卡子，尊贵智慧的五世班禅罗桑益喜在等待为您剃度；在拉萨，庄重威严第巴桑结嘉措在等待您重回布达拉，让福德无双、威重天下的达赖佛重新吹响胫骨号筒昭示高原主人的回归。婚礼的事，以后再说……”

“曲吉卡热巴，我能理解成您的说法是一种婉转的谎言么？看看您头上的帽子，看看我头上的帽子，您戴着黄色的帽子，您恪守的格鲁派的戒律，格鲁派不能与凡俗世人相恋，不能享受情爱之美。而我头戴红帽，我，我的父亲，我的祖父，我的每一位先祖都信奉宁玛教，我们聆听佛陀的教诲，也顺从自然的召唤，畅享爱的欢愉。”

曲吉跪倒在地，声泪俱下：“活佛啦，您虽然转生于门隅，投生于宁玛派家庭，但无论您高贵的双脚踏上何人、何处之土地，都是观世音的净体，都是我们无上智慧、金刚勇武的达赖佛！我们等待了 15 年，等待您的归来，等待您的荣光再一次普照在我等身上，等待布达拉再次响起您庄重智慧饱蕴法理的声音。”

阿旺无法忍受看着一位耄耋老人跪拜在自己面前声泪俱下地诉说，他痛苦又无措地跌坐到卡垫上。

灵童还是按指定时日出发了。

出发前，阿旺偷偷拉住塔坚乃班丹叮嘱：“告诉卓玛，非我不守信，不得不离开。不管用何方法，我一定要和她在一起！”

每天，都有阿忠②快马在达赖佛的队伍与布达拉宫间往返，灵童一举一动都被详细报告给布达拉宫里的第巴桑结嘉措。

第巴桑结嘉措躺在柔软的床榻上，听着侍从念曲吉的来信。他抚摸着美噶蔡家漂亮女儿光润如绸缎的头发，像是在抚摸小动物柔润光亮的毛皮。

侍从念完，第巴用散漫的声音说道：“退下吧。”

身边美丽的女人发出轻笑：“竟然有这种为了女人不要做达赖佛的人……他真的是额巴钦波——伟大的五世吗？”

第巴用手指轻轻滑过女人洁净细腻的脸，那脸颊在晨光中仿佛一块凝脂玉石：“灵魂的流转中，会得到一些新东西，但总会失去一些旧东西。失落一些细枝末节的记忆没有什么可惜的，失去了一些精髓的品质，譬如坚毅、贪婪、对权力的向往、对欲望的追求，这便危险了……”第斯笑了：“不过，这没什么，他遗落的，我会拾捡而起……”

“达赖佛可以爱女人吗？”女人问这个问题时，美丽的眼睛里流露出一丝忧伤。一个勇猛如虎、高踞权力之巅的男子为情所迷，痴于爱恋，是能轻易勾起任何女人的怜爱之心的。

“第巴可以爱女人吗？”桑结给了女人一个深深的吻。他不希望自己的女人心中为别的男人留下些许感情的空间，即使是出于同情，或是出于女人多愁善感的天性。

他捧起女人的脸，望着她迷醉的眼睛：“第巴不允许爱女人，但是权力可以，有权力的庇护可以想怎么爱就怎么爱。”

在远方寺庙里痴痴等待爱人的小喇嘛，他不可以爱女人，因为他是莲花手[③]的转生，因为他是即将坐床的格鲁派教宗，更因为他空有名头而没有实际权力的庇护，所以，他不能爱。

额巴钦波，伟大的五世，你给了我世间最有力的庇护，给了我权势与尊荣。你知晓岁月将使你的灵魂流离失所，你信任我，任用我，通过我来达成你那不能为时光所阻滞的梦想。我没有辜负你的信任，看啊，阳光下宏伟的布达拉宫多么恢弘壮美，教廷的权力史无前例地高涨。

是的，转生之后，你是你，你会回来，等你回来却会发现，这里俨然已不是你的世界。抱歉，额巴钦波，尊贵的佛爷，权势的气味是多么芬芳，我怎能轻易归还与你？

第巴把脸埋进女人浓郁的发丝中，深呼吸，他为这种妖娆的味道迷醉。

他招来侍从：“最近还在为固始汗的儿子选妃？”

“已经确定了，郎堆家的女儿。”

“……另指派人选。”

错那宗宗本家迎来了布达拉的使者，使者向宗本献上了吉祥日哈达，然后传达了第巴桑结嘉措谕旨：达瓦卓玛姿容曼妙，德行高尚，且出身高贵，特指与蒙古和硕特部联姻，择日出嫁。

这荣耀的讯息并未给宗本家带来丝许喜乐的情绪，卓玛听到使者的言辞当即起身大声说道："我已有夫婿,今冬出嫁,请转告第巴大人收回成命！"

宗本向使者道歉，把卓玛带回房间："女儿，你与尊贵的达赖佛有一段天赐的缘分，是莫大的荣耀，可佛爷是不容许有女人的啊！"

卓玛哭着大叫："为什么不允许！扁头第巴自己还不是有女人，而且还有两个！"

宗本一巴掌打在卓玛脸上："闭嘴吧孩子！"

宗本最宠爱的便是卓玛，自小从未杵过这个野性倔强的姑娘一个手指头，一巴掌打下去，卓玛呆了，宗本自己眼泪掉了下来："孩子，你还不明白吗？为固始汗选妃子的事早就已经定下了是郎堆家的姑娘，第巴下命令让你去做固始汗的妃子，就是要拆散你们啊。"

"我不去！我不会去！我说什么也不会去！阿旺会保护我，阿旺不会让我去的！"

老父亲定定地看着女儿："孩子，谁是布达拉宫里真正的佛爷？不是头顶上戴着五佛冠④的那个，而是手里握着噶丹颇章权力大印的那个！你可以不去，你的阿妈，你的哥哥，你的阿爸我，整个朵喀家族都会被带累。"

卓玛不再哭闹。她抹了抹脸上的泪："阿爸，我累了，您出去吧，让我休息一下。"

宗本离开了女儿的房间，走在碉房幽暗狭长的过道里。当他走到过道尽头的拐弯处，卓玛的房里传出一声撕心裂肺的哭喊，那么尖锐、悲戚与绝望。窗外，扑啦啦啦惊起了满树栖鸟。

本来，灵童的轿子是要直接前往拉萨的。但是，这位灵童是如此与众不同，他在一个胆大包天的谎言里被隐藏了 15 年。幽深的布达拉，他的家，也潜藏着那么多的危险。桑结嘉措再狂妄自大，对于这个能保证他权势长久稳固、让敌手有所顾忌的孩子，他还是给予了足够的谨慎。在布达拉真正的主人到达之前，他要进行一些准备工作，一座庄重恢宏却又喜气洋洋的宫殿自然是不可缺少的，一群忠心耿耿、至少是表面上看起来忠心耿耿，不会对重新坐上宝座的达赖佛造成威胁的王公贵族也是不可缺少的。第一项工作——布置一座庄重恢弘又喜气洋洋的宫殿派几百个朗生一夜之间就能搞定，但是第二项工作，调教一堆忠心耿耿、不会兴风作浪的王公贵族却颇要花费一些时间。藏族人，虎视眈眈的蒙古士兵，还有周边各种势力，都可能给身弱骨嫩的佛爷带来致命的祸害。

于是，灵童的轿子被抬往了浪卡子，五世曾多次在浪卡子丹增持法殿内讲经，而且那里有五世达赖喇嘛舅父的庄园，灵童与此处缘分深厚，是一个可以停留的安全的去处。

灵童必须在浪卡子停留，还有一个重要的原因就是，即将成为西藏教廷主人的阿旺嘉措还没有受戒。

五世班禅罗桑益西与第巴桑结嘉措都赶到了浪卡子，为灵童准备受戒的相关事宜。

这一年，是1697年，当年纤秀年轻的五世班禅罗桑益西已经34岁，是位成熟稳重的壮年僧人了。而五世达赖喇嘛座前年轻有为的青年僧人桑结嘉措已经44岁了，眉眼间已见老态，举手投足间流露出权力豢养出的骄奢以及丛生的欲望浸淫出的混沌眼神。

第巴对灵童表现出了少有的尊重与谦卑。这种谦卑，是众人多年来没有从第巴身上看到的了。

法器鸣响，一个俊美的少年从轿子中走出，走在松软的藏毯上。他有颀长的身材，红润的脸庞，眼睛闪亮若晨星。这孩子天生有恬淡的神情，被他的眼睛注视到，桑结嘉措竟有些无措。

人生，有无数次的相遇，一人与一人之间，却只有唯一的一次初见。在那遥远的时间彼岸，彼时的初见让桑结嘉措记忆犹新。

36年前，他刚刚8岁，他是仲麦巴家的少爷，穿着红袍子和一群贵族少年走在布达拉宫幽长的长廊里，他们的生牛皮靴底踏得宫殿被酥油膏沃得油润的嘎乌地面啪嗒啪嗒响，他们交头接耳，欢声笑语不断。

桑结嘉措曾以为，他家的碉房已经是世上最奢华的地方，但这座古老高大的宫殿宏伟壮阔得让他透不过气来。孩子们先是惊叹，然后赞美，接着理所当然地融入这座恢弘优美的建筑中，接下来的5年，10年，也许更久，他们悠长的岁月都将在这里度过。即使那般年少，桑结依然意识到自己的命运与雪域之上庞大的权力、宫殿割舍不断。他的叔叔仲麦巴·陈列嘉措便是五世达赖喇嘛的第二任第巴。他甚至会过早地向自己提问，作为这个历史悠久、血统高贵的家族的后代，他，仲麦巴·桑结嘉措能在螺旋上升的权力之路上走到何处?

他知道自己不会过早止步，亦未曾预料到，自己会走得那么远、那么高。高到，距离神的位置只有一步之遥；远到，他在没有他的神的注视下，独自走了15年。

当他第一次出现在布达拉宫长廊的尽头，恍惚间，他以为见到了神灵。拉萨清早的日光透过高大的窗户洒入长廊，在他的背后形成了温暖明晰的光亮，他面容恬淡，法相威严，眉眼间却又流泻出若隐若现的慈悲。那片辽远又寂静的阳光多么适合他，仿佛他自那片阳光里生出，亦会在那里永生永世地驻留。

带着孩子们的僧官小声吩咐：这便是佛爷，赶快行礼啊。

孩子们又惊又喜，争先恐后地下拜，嘴里喃喃念诵出幼稚的小脑袋瓜所能想出的所有吉祥赞颂的言辞。五世达赖喇嘛阿旺罗桑嘉措优雅和蔼地让孩子们免去礼数，准许孩子们依次上前给予摸顶祝福。

“你是吞巴家的？嗯，你和你父亲很相像……你一定是朵喀家的，朵喀家的人长着雪域最漂亮的眼睛……孩子，你，过来。”

五世向角落里的桑结招手。

桑结激动得心儿怦怦跳，他身量矮小，站在不起眼的角落里，活佛啦竟然能看到他。

小小的桑结庄重地从角落走出来，孩子们自动避让出一条道路。桑结从未觉得，哪里的晨曦能如布达拉宫一般耀眼，这短短的一小段距离，他仿佛走了很久很久，从花落走到花开，距离那位伟大的人物越近，他跳动的心就越发归于平静，这是怎样的感觉呢？这个人与其他人都不同，走到他的身边，仿佛生命的四季都暂停了，统统归入了某个秋凉的刹那。当他抬眼看你的瞬间，枫红遍地，生命之野弥散着寂静甜蜜的清香，他幼小的心灵从未像那一刻一般宁静，三千世界都不存在了，只有他与他相遇在这一颗芥子大的天地里，时间悠远，岁月绵长。

这便是——信仰。

五世伸出右手，抚摸他的头。

“你是仲麦巴家的小孩，我知道你。仲麦巴家的人都有一颗聪明的头，你的叔叔陈列嘉措就以智慧著称。你那双机灵的眼睛，即使在阴暗的地方，都会闪光呢。”

“您知道我？”

“……您知道我？”

……

传说，观世音菩萨的化身五世达赖罗桑嘉措曾在仲麦巴家府邸里遗落了一颗珍珠。那么，这颗珍珠在哪里呢？

我是否是这颗珍珠？

与五世达赖相伴了多年，这疑问一直在桑结的心头盘桓不去。问题如一株植物，从他听闻这个故事开始便在他心中萌芽，到伸枝展叶，满目葳蕤。曾有几年的时间，这个问题如夏日的繁花在他心中茂密绽放，绽放，炽烈得像火一样，涨满了他年少的心房。每次与这伟大的、和蔼的人儿相见，他都怕这令人畏惧的灼热的秘密会冲破他的喉咙喷薄而出，让世界为之惶恐，让每个人都被喷一头一脸的惊恐。

理智随着年龄增长，慢慢地，他学会了如何将这种探究生命来源的欲望紧紧地、致密地掩盖、扼杀。

取而代之的，是一种深深的爱，浓厚的爱。五世关怀他，爱他，远超于其他孩子。他拼命地研读经典，努力使自己做一个智慧者，一个博学者，他试图回报五世的关爱，回报这个如父亲般关怀他、保护他的人。

他完全没有想到，有一天，他真的能做到，他为自己骄傲。他，一个只会在角落里静静等待命运召唤的孩子，有一天，会给予这个神样人物以有力的保护。当他看着五世的遗体被静静封入红宫那用三百两黄金与宝石装饰的华贵灵骨塔的时候，泪水糊了满脸。他把满是泪水的脸朝向地面，行以最情深义重的庄严大礼。

那是，很遥远的事情了吧。

那时，他还年轻，刚刚 29 岁。

如今，他已经 44 岁。44 岁，正是，他与五世的灵童在布达拉宫的长廊初见的年龄。

曾经，他无比期望着这次重逢。后来，他缓慢地、有意识地把这件事情遗忘了。

15 年，把一块石头扔进吉曲河[5]会怎么样呢？流水的时光，时光的流水会磨去它每一处棱角。石头自己，亦会遗忘掉自己最初的模样吧。

权力是迷药，使人疯狂。

谁与谁的生命中，能有两次初见呢？

他与他，便是了。

见这个姿态优雅、庄严稳重的少年远远看着自己，桑结突然没来由地生出一阵羞愧。他不再是布达拉宫长廊角落里目光灵动的小喇嘛，他的双眼是被光阴磨蚀的珠子，早已神色黯淡，失却了光亮。15 年了，他经历了多少云谲波诡的争斗，变幻莫测的危机，却从未像此刻这般仓皇无措过，他早知会有今日的重逢，但他未曾料想过自己会如此局促不安。

15 年，使他成为圆滑的领导者，他善于掩饰。他俯下早已发福的腰身，行大礼。旁侧的人都纷纷随着他的举动虔诚行礼，却都未想到，他匆忙地将面孔朝向地面，是为了不让那久别重逢的人看到他的眼睛，怕那人看透他内心的秘密。

经历了一番生命的轮回，那人的眼睛澄澈如昔。

在丹增持法殿的金顶之上，法螺[6]声响起，这种来自于壮阔的波涛深处的法器、生活在蓝色海水之下巨大的软体生物遗留在大地上的骨骼发出的声音如此低回，有如千万年前海潮的啸咏。它们暗郁的歌唱萦绕盘旋，如桑烟般袅娜而上，奔上天宇。

浪卡子的天空洁净深邃，海一般的碧蓝。

不知从哪里飘来了一片金黄的草叶，飘落进华美的庭园，沾到了灵童的袍袖上。他抬头望望那透明的天空，风的方向变了，秋凉了。卓玛已经开始准备戴敦礼的袍子了吧，那袍子一定很美，有着玲珑剔透的绣花，并缀着大块的水獭皮。阿旺拂去草叶，迈着庄重的步子向大殿走去。

灵童阿旺嘉措的受戒仪式盛大庄重。

根据礼仪，班禅额尔德尼向灵童赠送了金银与贵重礼品，洁白如云的哈达，精雕细琢的华美金塔、金曼札、金瓶，晶莹润洁的白玉碗，丝堆金绣的法衣、缎垫褥、缎靠背，珍贵稀有的念珠、典籍与佛像……凡间的佛境宝物之精彩，堪比九重天上。第巴为灵童准备了同样贵重的礼物回赠班禅。

班禅亲手为灵童受戒。从此，班禅成为了阿旺的老师，为他起法名为罗桑仁钦仓央嘉措。灵童向端坐于法座之上的班禅叩头行礼表示感谢，班禅亦走下法座，庄重地向这位尊贵的弟子还礼。

垂首间，阿旺嘉措便已是仓央嘉措了。

罗桑仁钦仓央嘉措，即“善慧宝梵音大海”。在邬金林村口遥望碧野的小童阿旺嘉措，在巴桑寺院墙外痴痴等待少女卓玛的小喇嘛阿旺嘉措，逐渐在缭绕的香烟中隐没。仓央嘉措，被第巴推到权势者的族群之前，桑结嘉措用行动正式向众人宣告达赖佛的回归：看吧，看看这个新加入的人，仔细看，认识他，记住他。

他用双手捧出了这位少年，他的手，一如当年五世保护着他一样在保护着五世转世的净体。

众人眼明。这群政治场上的老手不动声色地叩拜法座上稚嫩的少年，眼角却偷偷睥睨着那双手，那双灵活、圆润、被羊油与藏药细细保养的手。这双手的出现有双层意味，意味着保护，也意味着操纵、控制。显然，后者的意味更浓，不然，他们不会时隔 15 年才会再次在法座上看到尊贵神圣的正牌主子。这双手，玩弄权杖时日太长了，着了迷，不愿再放下。这群在布达拉宫贪婪吞噬钱权欲望的老饕又何尝不明白。

大家叩拜得如此虔诚。秋风吹进大经堂[7]，吹动活佛颈上的哈达，吹淡然了大殿中浓郁的藏香味儿。风向变了，凉意激得大家一哆嗦。如今的达赖佛不能掐下你颈子上的头，那双手，却可以。

注 释

①羊卓雍错湖：西藏四大圣湖之一。海拔在4442多米处，面积约640多平方千米，湖内有众多岛屿分布，水滨水草茂盛，历来是西藏有名的牧场之一。湖水碧蓝澄净，终年散发出高原神秘气息，四周雪山围落，形成西藏一处胜景。但由于并无水源，水位一直在下降，据专家预测，未来有干涸的可能。但现在这里仍然是水鸟的天堂，沙鸥、天鹅等都在夏季群栖嬉戏。

②阿忠：信使。

③莲花手：指观世音。

④五佛冠：又称宝冠、五智宝冠、五宝天冠、五智冠、灌顶宝冠。藏密上师修法时所戴，像征五智如来。

⑤吉曲河：拉萨河的藏语称谓。发源于念青唐古拉山的南麓嘉黎里彭措拉孔马沟，是雅鲁藏布江五大支流之一。南部则是雅鲁藏布的干流，西北部是藏北地区内流水系，东接帕隆藏布与尼洋河，北部与东北部挨邻怒江流域。流经拉萨市，为拉萨市母亲河。拉萨河下游地带河谷平阔，是西藏自治区主要的农业耕作区。

⑥法螺：佛教法器，又名金刚螺、螺贝、蠡、蠡贝、宝螺等。本为乐器，亦为藏传佛教常用法器。卷贝末端附笛而成，喇叭状。在密教之中，法螺是行灌顶时必需之法器。具功德无量，为召集众神之鸣示。

⑦大经堂：藏传佛教寺院中最高权力机构。一般遇到重大宗教活动都会在大经堂举行。

第九回　清风关不住，重游到人世

1697年10月21日，灵童仓央嘉措前往拉萨，沿途僧俗顶礼膜拜。单纯的信徒们倾尽全力对雪域最伟大的活佛表达敬意，数不尽的金器、银器，质地细密做工华美的哈达、绸缎，甚至酥油与茶被源源不断地敬献给他。

轿子停了，侍从小心翼翼地禀报："活佛啦，百姓们求您摸顶祝福，您看……"

轻挑起轿帘，前面恭敬地站满了藏族信众，这群纯朴的人在晴朗的天空下，像一群藏羚羊踟蹰地等待着天空降落下甘露滋润他们焦渴的灵魂。见到这景象，少年仓央嘉措的心中生出莫名的悲凉。他缓缓抚摸着手中那柄抚摸了千百次的短刀：我连自己所钟爱的都无法把握，能为你们带来什么呢?

"……继续走吧。"

老侍从曲吉近前："活佛啦，您的信众在等待您，为他们赐福消灾是您的责任，也是您的功德啊。"

长久的沉默。

侍从们不知如何是好，都悄悄向曲吉递眼色。这时轿子里传出仓央嘉措淡淡的声音："那就，开始吧……"

听到达赖佛要下轿摸顶，百姓们爆发出海啸般的欢呼声。

信徒们鱼贯行来，仓央嘉措依次为他们摸顶。少年慈悲地向他的信徒们微笑，望着那些苦难却虔诚的人儿，心中温暖又悲酸。

好在，我还能给你们带来幸福。

即使这幸福仅是一种错觉，也能为冰冷的人世带来稍许暖意。

5天后，司西平措殿内，仓央嘉措的坐床典礼隆重举行，布达拉宫权贵云集，司西平措殿有多年未曾这么热闹了。康熙帝特派代表章嘉呼图克图[①]前往祝贺。为了表示对坐床一事的重视，康熙帝御赐了大量珍宝，其贵重与稀有让见者莫不赞叹。

仓央嘉措独自坐于大殿之上，自问，是梦吗？

是梦吧。

有时候，做着梦的时候以为自己在现实中行走；真处于背离常理的现实中时，却每每自问，以为自己是在梦中。

这个梦，曾有多少迷恋权势者在梦中演绎过——第巴带领着雪域各地的僧俗高级官员带着肃穆的神情庄重行下大礼，无比谦卑恭敬地献上五彩大哈达。

阿旺坐在香烟缭绕的司西平措殿内，觉得自己成为了一尊佛，在受着尘世人的朝拜。

他不紧张、不慌乱，面对着堂下似幻似真的景象，骨髓里流淌着某种从容。14岁的少年手握着让权势者下拜的巨大权势，表情漠然，仿佛多少次在梦里经历过这一切，他的身体比他的意识更能驾轻就熟地接受眼前的现实。然而他清楚地知晓，他那如山坳中生出的云团般茂密的梦境中没有这一出，灵魂，是他的灵魂在恪尽职守地找寻着与前世重叠的影像。

在臣下们俯身的工夫，他禁不住伸出手指轻轻碰触自己的脸颊。他怕他所经历的一切如魔咒般真的把他变作殿堂之上一尊华贵但了无生气的鎏金佛像，手指轻轻一刮，能从脸上刮下来细碎的金屑。

到底是孩子。

这盛大仪式的主角仓央嘉措，时不时会将视线移向大殿一侧，望望窗外那一小方碧蓝的天空。

他觉得，这是自己一生中最孤独的一天。

月底，班禅额尔德尼来到布达拉宫。作为老师，他要向仓央嘉措传法。

传说，佛陀为弟子传法时曾手拈一朵美丽的曼陀罗花，讲到高潮处，漫天曼陀罗花雨徐徐落下，微妙香洁，寂静和美，天地间的众生都被法理的曼妙与灵明洗透了神髓，感受无限法喜。这种喜乐，仓央嘉措也在一种全身心的投入倾听中感受到了。班禅的语调优美，阐述清晰精到，听到愉悦处，年轻的仓央嘉措流露出澄澈的笑容。

这愉悦使他多日来忧愁不快的心情，瞬间被清洗干净。

班禅留意到教主眉宇间淡淡的笑意，会心微笑。

传法后，班禅与新坐床的仓央嘉措聊了很久。从班禅的口中，仓央嘉措第一次如此清晰地知晓那个曾经的自己——五世达赖为众生做了多少功业。

班钦仁布钦[②]特别叮嘱仓央嘉措要向五世学习，尤其要勤修佛法，不枉度世救民之责。班禅是位成熟的老师，深知孩子们的习性，纵然是仓央嘉措这般根性极佳的少年，也受不了日日读经的枯燥日子的磨砺吧。

第巴对佛爷的功课极其上心，求请了学问广博的经师来为他授课，且要求严格，时常过问学习进度。桑结认为，即使是傀儡，也得是一个能服众的漂亮傀儡。

有第巴督促，学者们自然不敢掉以轻心，每日总以教授经书为要务，使活泼好动的仓央嘉措不厌其烦。这样的生活日复一日，佛爷如原本在草原上肆意奔跑的小羚牛被关进了牲口栏，愈发烦躁不安。他甚至会在经师讲法的时候站起来走动，惊得经师江巴扎巴不安地起身，双手合十规劝："您圣明！劳驾！请别这样，请坐下来好好听。"若是佛爷置若罔闻，白发苍苍的老格西[③]还会忧心地说："如果尊者您不听的话，第巴就会责骂我了。"佛爷便会无奈地坐回卡垫之上继续他的功课。经师们知晓，佛爷是心地良善的人，不忍连累大家受斥责。

佛爷的人在卡垫上，思绪却早已飞到别处去了。他不能再回到绿草茵茵的草原，但心可以。他有许多可回忆的事，可思念的人，这些回忆有凄苦，有甜蜜，能陪伴这深宫里孤独的少年打发掉大把的时光。

他的闲暇时间，大半用来写信，写给卓玛。镶金点翠的檀木扁头笔在金东纸上划出漂亮的笔道，划来划去，却写不出完整的句子，他索性将纸张揉掉。还是写诗吧，写一写总在记忆中浮现的卓玛的娇美容颜：

名门望族的女儿姿态翩翩，
只有我最合她的眼缘。
枝头的果子红润美丽，
也比不过她娇艳甜美的容颜。

或者，写一写刻骨的相思：

印章黑色的印记，
不会倾诉衷肠。
但我依然要在信上盖个，
当是把我的相思印在你的心上。

少年人的心中，情人的身影总是最鲜明难以磨灭的。在观想修行中，需要心中想象着要修的神的形象，可是在仓央嘉措的心中，浮现的却是卓玛甜美的笑颜：

心中默想真佛修炼，
怎么也记不起佛陀的容颜。
没有思忆爱人的笑靥，

她微笑的面容却在心底浮现。

写满了情诗的书信一封封从布达拉宫飞出，飞向错那宗，仓央却没有得到一封回信。

少年有些焦虑，赌气写下牢骚话：

姑娘一定不是胎生肉长，
恐怕是桃树枝上长成。
枝上桃花易落已是无情，
即使这样的花朵都比姑娘有情。

信被阿忠带走了，仓央嘉措却不安起来，握着卓玛送的那把藏刀胡思乱想——卓玛不回信，是不是有特别的原因？她看到这首诗，会不会心里难过……不，总不回信，气一气她也好，以卓玛的性子，生起气来一定会不管不顾地写信来数落他，好歹，也是个回信呢。这样一想，仓央放心下来。

可是，卓玛的回信，依旧没有来。

几个月的时间弹指即去，皑皑白雪覆满了玛布日山。佛爷的功课里，加了一门学习金刚舞[4]，这让他觉得多了许多乐趣。老师先在雪地中示范，然后他模仿老师的样子在雪地上踩着老师足迹练习。

仓央嘉措难得找回了些学习的乐趣，日子也觉得没那么难挨。一天，他正兴趣盎然地练习着五楞金刚[5]的步法，侍从通报有人求见。通报的人名很让仓央嘉措意外，是塔坚乃班丹。

当塔坚乃班丹从雪地那端出现时，仓央嘉措兴奋地向这位最要好的朋友奔过去，全然没有了平日的稳重样子。他按往日的习惯对这位好兄弟伸出了双手，塔坚乃却没有回应他。

塔坚乃伏地行了大礼。

单纯的少年仓央嘉措，他还不明白，他与昔日的伙伴，如今有着天与地、苍松与芊草的差距——他们，一个是高高在上、万人敬仰的活佛；另一个，只是门隅一个普通的贵族男孩。即使再次相见，他不会再亲热地拥起他的臂膀，只会匍匐地上拥抱他尊贵的脚下的尘埃。

“活佛啦……”

“少爷，不要这样称呼我，还叫我阿旺。”

塔坚乃哪里肯依：“请您不要如此称，请您不要如此称，折杀小人了！”

望着叩头不止的塔坚乃，仓央嘉措无奈，只得道：“塔坚乃，免礼，起身答话吧。”

塔坚乃垂眼看着地上的积雪，不肯抬眼。仓央嘉措觉察到，这不是旁人见他时那种由尊崇而来的目光的回避，塔坚乃有种不安。

应酬话这几个月里仓央没少学，面对着时常想念的朋友，却不知道说什么了，沉默了半晌，塔坚乃只得先开口：“活佛啦近日可好？”

“……不好。”这个回答让塔坚乃意外，他抬头看看佛爷，两人禁不住都笑了。

仓央嘉措拉着塔坚乃往寝宫里走：“我说的是真的，真的不好。每日都是学习学习，因明学、诗学、历算都得学，门都不得出。”

仓央嘉措问塔坚乃：“塔坚乃，你的功课怎样了？”

塔坚乃有些不好意思：“尊者您离去后，我也还俗回家了。家中为我订下了亲事，春天便成婚。”

“呵呵，能让塔坚乃少爷心动的，必然是漂亮如意抄拉姆[6]仙女的姑娘！”塔坚乃挠着头，憨憨地笑了。

“……卓玛，卓玛如何了？我给她写了很多信，一封也不见回。”

“那些信，她都收到了，她说尊者的诗才极好……尊者的诗才定然是极好的，她看一次，哭一次……”

“为何不回信？”

“小人此次前来，就是为了向佛爷禀报此事。卓玛被指给了蒙古王子做妃子，年后便嫁过去。”

仓央嘉措止住了脚步。

经过了几百年，布达拉宫的长廊总是那么空空荡荡，脚步踏过，在人心中激起寂寞的回响。他不能让这声音击打自己的心，他必须停下脚步。心，被击打得太疼、太疼。

塔坚乃伸出袖子轻轻为他擦脸，他这才觉察，原来，自己流泪了。

塔坚乃离开时，仓央嘉措亲自送他出宫。

“塔坚乃，你愿意来这里和我做伴吗？”

“塔坚乃能伺候人中之宝[7]，是天大的福分！”塔坚乃丢掉马缰，纳头便拜。

“都说了，你我二人亲如弟兄，私下里不要这套啰唆的礼数。”仓央嘉措拍拍马背上的两只“唐古”：“这只里面装的，是你喜欢的点心，你夸好吃的那几种多装了些；这只里面装的，是给卓玛的贺礼。”

“仓央嘉措佛如此关爱，我朵喀家无比荣光！”

“那好，我叫他们为你准备住处了。记得把朗嘎也带来吧。另外，请把这个捎给卓玛。”

仓央嘉措从袍子下解下了一把藏刀，递到塔坚乃手中。这是漂亮的拉孜刀，有金丝缠绕，镶嵌着光润的玛瑙。卓玛送给阿旺嘉措的那一把。

这天夜里，下了大雪。后半夜雪停了，皎洁的月光照亮了德丹吉殿。仓央嘉措披衣来到窗前，看到白雪覆盖下的拉萨城，在月光的映照下洁净得如同人间仙境。

他一夜未眠。

昔日热恋的情人，
成了别人的新娘。
相思折磨我哀愁的心，
让我容颜枯瘦。

尘世的缘分就这样断了吗？也许，天注定我成不了一个让姑娘幸福的情郎，还是做个佛爷更好。

经师们欣喜地发现，佛爷在上课的时候用功了许多，不再神游物外，总是专心听讲。佛爷本就聪慧，一努力学问轻易便高于常人。“佛爷到底是佛爷，收敛了心性，佛性便自然流露了。”老格西江巴扎巴禁不住赞美道，众位格西纷纷称是。

转眼两年了，仓央嘉措无论是学问还是头脑都很出类拔萃了。骑射、剑术也颇有建树，堪称文武全才。他的成长大家有目共睹，处理一些简单的宗教事务也都处理得有条不紊。唯一视若无睹的，大概只有第巴桑结嘉措。

布达拉宫山后有一片水潭，水潭边杂树丛生，春日里生出大片艳艳的格桑花来，仓央嘉措很喜欢，时而在此处念经诵书，温习功课。一日仓央嘉措兴起，问起此潭缘由，有宫中年老的侍从答说：“活佛啦，此潭并非玛布日山原有，乃是五世在世时修建布达拉宫红宫及经房僧舍，从山脚大量取土建房才遗留此大水潭。”

这潭水碧绿可爱，如翡翠嵌于绿树红花间，微风过处，清波徐起，仓央嘉措不禁心旌荡漾："如此美的景致，建成园林岂不好？塔坚乃，传我命令，将此处清理改造。"

仓央嘉措的命令传达到了相关政府部门，自然也传到了第巴耳中。

"哦，尊者要建园林？"桑结嘉措笑了，"鹰雏想要上青天，已经开始伸展翅膀了。"

"那这事情，顺着尊者的意思办吗？"

"办。一个园子，就当送他一个玩具，发泄发泄他多余的精力。"

佛爷要造园子，工匠们不敢怠慢，使出了浑身解数将园林修建得美轮美奂。园中四处植满珍奇花木，翠色满园。潭水间本有一座小岛，工匠们在岛上建了一座三层楼阁，完全按照佛教仪轨中坛城的楼式建造。楼顶六角缀着铜龙头，龙头颈下垂着铜铃，风一吹叮咚作响，铃声顺着水面飘入耳中，别有意趣。

仓央嘉措沿着小桥上岛游赏，笑吟吟地，一看便知他很喜爱这园子。

塔坚乃初次监工即有此成果，分外得意。见仓央嘉措满意，更是骄傲非常。

阁楼内的佛堂还空置着，仓央嘉措问道："塔坚乃，这里适宜请哪位神灵坐镇？"

"臣下愚见，潭中阁楼，当以供奉水神为佳。"

"说得对啊，塔坚乃。"

活佛专门去墨竹工卡宗迎请了以墨竹色青为首的八龙供奉于阁楼内，由此，这园子被命名为"龙王潭"。

迎请龙王之日，热闹非凡，甚少露面的第巴也出席了迎请仪式。

第巴赞美道："风景秀丽，亭台精美，尊者营造的园林堪比额巴钦波营造的布达拉宫美妙精巧。”

“此乃游戏之物，怎堪与额巴钦波、第巴修造布达拉宫的功绩相比呢。”

“尊者您过誉了。您把这眼前的一切以及布达拉宫内大大小小的事情当做游戏，臣下便放心了。”

仓央嘉措有些茫然：“第巴，您督促我学业甚严，为何，还要我把宫中事宜当作游戏呢？”

桑结笑了：“我听说，您要做一位为国为民的好活佛。”

“是啊，生为此身，当尽此身之事。”

“活佛啦您想得很对，但，又不对。”

“……您此言何意？”

“您只要做一位好活佛即可——为国为民的事，臣下就为您做了。”桑结哈哈大笑，离席而去。参与庆祝活动的官员，也都悄悄退出了龙王潭。

佳肴美酒堆在藏桌之上无人取食，仓央嘉措随手取了一只果子握在手中把玩：“你们都听到第巴的话了？谁能告诉我，到底是怎么回事？”

塔坚乃等人面面相觑，老侍从曲吉卡热巴欠身上前答道：“尊者已经17岁了，坐床也已两年。五世在尊者这个年岁，已经能娴熟处理政务了。近日噶丹颇章内部有让第巴还政于尊者之声，想必是……激怒了第巴。”

“那么，这是警告？”

“是的……活佛啦。”

布达拉宫纯洁的身影与蓝天白云映照在碧绿的水中，看起来不若往日那么威严，却有了淡雅的风韵。

“曲吉，还记得当年在巴桑寺时，你是怎样讲的吗？你说我是无上智慧、金刚勇武的活佛，你说这座宫殿、宫殿里的人们等待了我15年。”

“尊者，臣下记得这话。”

“可事实上，我并不受欢迎呢……我，又何尝想回来！”

仓央嘉措将手中的果子猛掷入水中，“扑通”一声打碎了布达拉宫美丽的倒影。

次日江巴扎巴讲经，仓央嘉措一反常态，一副漫不经心的样子。见朗嘎从门前张望，他竟伸手招呼它进来。

朗嘎岁数大了，愈发犯懒，喜欢亲昵人。仓央嘉措把它拥在怀中揉搓，又是拽胡子、又是拉耳朵，这是他们儿时最爱的游戏。

江巴扎巴双手合十：“尊者，请您好好听讲。”

仓央嘉措使劲拽朗嘎的短耳朵想盖住它的眼睛，问经师：“听讲何用？”

“尊者……”老经师不明白这平日勤谨好学的少年为何会问出这种问题。

“您不用想了。我来此处听讲是为了成为为国为民的好活佛，可第巴需要的是一个老老实实的傀儡——”仓央嘉措望着老经师的眼睛，“傀儡念书做什么？”

“这……这……”江巴扎巴张口结舌。

仓央嘉措从卡垫上一跃而起，带着朗嘎闲逛去了。

塔坚乃在龙王潭的楼阁里找到佛爷。佛爷也不要侍从伺候，大咧咧地躺在一棵大青冈树下假寐。朗嘎在他身边趴着，听到脚步声猛抬头，见是塔坚乃，竖起尾巴抖两下，又趴下了。

“塔坚乃，过来坐下。”仓央嘉措闭着眼睛说道。

“尊者怎知是小人？”

“你的脚步声，熟悉得不能再熟悉。”

“……塔坚乃斗胆，进言尊者……”

“你讲。”

“尊者乃莲花手转世，雪域最尊贵的活佛，第巴怎可擅权自重到如此境地。尊者奋发图强从第巴手中夺回权力，方是我万民之幸。”

仓央嘉措坐起来，揉揉眼睛：“这话是曲吉教你说的吧？”

塔坚乃脸红了：“您圣明！不过塔坚乃也确实是这样想的。”

“塔坚乃，迎请龙王那日，你也看到了，第巴退席，到场官员悉数退去。那是示威。偌大一个噶丹颇章政府，谁能帮我、谁敢帮我？”

“可是、可是尊者，您是佛爷啊！”

仓央嘉措握住朋友的双肩：“当布达拉宫的黄轿子来到巴桑寺前，我是达赖佛吗？”这身心疲惫的年轻活佛站起来，拍拍身上的尘土草屑：“走吧，出去逛逛。这少年时代无数次在我梦中出现的布达拉，我无限向往的布达拉，如今，让我腻味透了。”

塔坚乃无措地跟在他身后：“我们今天出去逛，那，今后呢？”

“我也不知道。塔坚乃，不要想这些忧愁的事情，想想我们多久没有吹到过布达拉宫外自由的风了？”

仓央嘉措自己，已经有两年没有在街道上走动过了。他是活佛，神样的人物，神佛的双脚踏于祥云之上，他脚下无云，却也接触不到泥土，走出那座白色的城，他的脚下踏的不是轿子，便是精美的藏毯。

如今，自由自在地走在八廓街⑧上，他觉得新奇又有趣。八廓街热闹非常，人来人往，街的两侧被生意人繁杂的货品装饰得花花绿绿，空气中弥散着尘土、香烟、食物与人和牲畜的体味。拉萨不愧是雪域最繁荣的城市。仓央嘉措自小生活在小村镇，从未见过这样大而繁荣的市集。

塔坚乃是多么爱玩的人，早已将这附近摸得烂熟。他带着仓央嘉措串来串去，逛最有意思的摊子，尝最可口的食物。

仓央嘉措最爱看的是艺人的说唱。街头有艺人戴着格萨尔帽子说唱《格萨尔王传》。

这艺人闭着眼睛说唱得津津有味，听者也听得格外入神。仓央嘉措非常喜爱这些词藻华美的诗句，但听着听着，他便离开了。

诗中赞美的美好的姑娘，让他想起了达瓦卓玛。

市集上什么货物都有，日喀则地毯、拉孜的藏刀、贡嘎氆氇[9]、香料、药材、珠宝……不仅限于贵重的货物，一些不值钱的物什也被摆出来卖。仓央嘉措发现，小时候与孩子们在草丛里扒拉着找来吃的“酸溜溜”竟然有人装在篮子里售卖；甜美多汁的“水尼玛”、深紫色的“葛龙”也已经被年轻姑娘抓在手里品尝，染得嘴唇变成浓郁的紫色。

一见这些水果，便知夏天来了。仓央嘉措记起，多年前，卓玛、塔坚乃和他，就是在一个夏日，嚼着“酸溜溜”定下了了不起的远行计划：去拉萨看藏戏。如今，藏戏对他来说已经并不稀奇。那些戏剧，原本就是向达赖佛的献礼，是为他而演出的。想到这里，他不禁有些忧烦。马上就是雪顿节了，雪顿节要召见各地贵族，免不了与第巴碰面。

卖果子的小姑娘有些奇怪，这位少爷已经在她篮子前看了半天，不知在出神想些什么。细细看他，他容颜俊美、气质典雅，身着贵公子的服饰，却不知为何剃着光头。

小姑娘腼腆地笑着说：“这位少爷，您尝尝水尼玛，很甜、很甜。”

拈起几个红彤彤的果实放入口中，熟悉的味道瞬间满布唇喉：“果然很甜。”仓央嘉措笑了，两日来未曾见的由衷笑容浮现在佛爷英俊的脸上。而且，这尊贵漂亮的人身上有莫名的香气，小姑娘只以为是贵族们使用的某种高贵的香料，谁想，开口讲话这香味愈发清芬，不觉得看呆了。

塔坚乃拿出钱袋来付钱，小姑娘红着脸拒绝：“不要钱的，不过是尝了几个。”

旁边几个小乞丐凑上来，伸出两手的拇指高叫着“咕几咕几”[10]行乞。

塔坚乃见这群脏兮兮的小孩穿着经年不洗的袍子凑到佛爷身边，赶紧拦到中间：“没有！没有！”

“给一些吧，塔坚乃，都是小孩子。”

几个孩子拿了钱退下了，更多的孩子涌过来。

塔坚乃说道：“您看吧，给了几个，引来一堆。全是大锭的银子了，这怎么给？”

十几个孩子挤在一起阻去道路喊着“咕几咕几”，仓央嘉措哪里见过这种阵势，很有些窘迫。

“都退下！让他们走。”纷乱中，一个清亮的声音严厉喝止道。

听到这声命令，小乞丐们立刻停止了吵闹，让出一条道来。他们并不急着散去，看着仓央嘉措和塔坚乃离开。

仓央嘉措和塔坚乃感激地向那个声音的来源望去，两人吃了一惊，说话的竟然是卖果子的小姑娘。原来，她是这帮小乞丐的头儿，刚才讨到钱的几个小孩正往她的篮子里塞钱。

仓央嘉措微笑着向她表示感谢，刚刚还威严发话的小姑娘羞涩地笑了，笑容灿烂得像这夏日的阳光一样。

“尊者，您受惊了。”

“没有，我倒是觉得很有意思。还有没有更有趣的地方？”

“有哇，拉萨好玩的地方多着呢。”

“那么，带我去那更有趣的地方游玩吧。”

久居深宫的灵魂突然得到释放，自在得似脱笼的鸟雀，似冲出混沌的清风，在碧青的天空、静谧的布达拉宫俯瞰的城区中游曳。

注 释

①章嘉呼图克图：藏传佛教格鲁派著名转世活佛。章嘉，系其西藏地名音译，又或译作章佳、张家等，全称意为章嘉地方的圣者。被认为是文殊之化身，为四大呼图克图之一。

②班钦仁布钦：指班禅。

③格西：藏语音译，汉语意即“善知识”。是学位性僧职的一种称谓。在藏传佛教中，格西地位极高，有很大的威望，通常只有极少数僧侣在经历长期苦修，在佛学知识领域拥有了相当专业水准之后才可能获得的学衔，分不同级别，有拉然巴、措然巴、林赛巴、阿然巴、多然巴、噶然巴、曼然巴等。

④金刚舞：藏语名称为杜基嘎尔，即跳神。源于公元8世纪中叶莲花生大师。经过后世改进和规范，成为密宗仪轨，后来又被桑杰嘉措活佛带入木里瓦尔寨大寺，世代相传形成深具木里地方特色的宗教舞蹈，俗称“跳神”。木里大寺每年要举行三次跳神活动，以10月法会最为隆重。届时，所有演员戴上人妖鬼怪面具，手持铃、钵、刀、戟、剑等法器，身着奇异法衣手舞足蹈，再配上海螺、法号、钹等器乐。这是一种严肃的宗教仪式，具有浓郁独特的密宗神秘色彩。

⑤五楞金刚：金刚舞步的一种。

⑥意抄拉姆：传说中美得夺人心魄的仙女。

⑦人中之宝：对活佛的尊称。

⑧八廓街：又称八角街，藏族同胞称其为“圣路”。在拉萨旧城区，是当地著名的转经道，也是商业中心。“八廓”是藏语中“转经道”的意思。在大昭寺周围，有三大转经道，八廓街便是其中的一条中转经道。八廓街由八廓西街、八廓北街、八廓东街与八廓南街组成，有街巷35个，并有很多岔道。较完整地保存拉萨古城的原有面貌，今天已经成为世界上著名的具有独特魅力的历史文化古街区。

⑨氆氇：藏族地区一种手工羊毛织品，是做服装、鞋帽的主要材料。织氆氇用的是老式木棱织机。其生产几乎遍及西藏各农区、半农半牧区，其中以扎朗、江孜、芒康、浪卡子等地产的氆氇最为著名。刚织好的氆氇是白色，宽约24厘米，之后还要染成红、绿、黑等颜色。黑色做衣服、鞋帽，彩色则一般被用来做装饰。

⑩咕几咕几：求求你。

第十回　不作菩提语，唱彻凡人歌

站在噶当基[①]的窗前向外眺望，能将雪城尽收眼底，炊烟与桑烟混杂着盘桓于方正的土坯房顶，闭着眼睛就能想象出城中的热闹与繁华。那里，让他有了须臾的快乐，让他为之流连。今夜，当月亮升起之后，他会再次回到那里，塔坚乃将要带他去更欢乐、更有趣，能让他忘却烦忧的地方。

夕阳红色的光辉映照在宫殿之中，映照在满屋的红木家具之上，柔和的红光没来由地让人生出渴睡的心思。也许是，这一刻宁静得让时间都趋于停滞。他把视线投向八廓街之外，更远的地方，霞光映照，绵延的群山阻隔了视线。年幼时纵情奔跑的山野在何方？即使是这眼光的自由，也是有限的啊。

他叹口气，回身去摆弄藏桌上的一堆衣物。

仓央嘉措与塔坚乃身量差不多，塔坚乃为他拿来了自己日常穿的袍子、靴子，为了看起来更像俗人些，还带来了耳坠和好几个戒指。塔坚乃准备的装备里，最让人叫绝的是一顶长长的假发，黑油油的发卷垂下，配上这身华贵的服饰，俨然就是哪家风流俊秀的贵族少爷。

夜幕垂降，塔坚乃悄悄来了。见到佛爷的俗人装扮，塔坚乃大乐：“尊者英俊潇洒，定能迷倒一片姑娘！”

仓央嘉措顽皮地摆个跳舞的姿势：“塔坚乃，我们出发。”

“且慢，尊者还应起个名字，被人问起名姓，也好有个应对。”

“就叫宕桑旺波。”

塔坚乃哈哈大笑。宕桑旺波是俊美男子的意思，仓央嘉措很有年轻人的俏皮和小骄傲呢。

佛教有“三界说”，认为世界是以须弥山为中心的，围绕着有情的生命层次分别安立了“欲界”、“色界”、“无色界”三界。“欲界”生活的人，欲望特别强烈，对财物、男女性事、名誉、饮食、睡眠都有无尽渴求，欲望与苦难并生，所以此界中人承受着三界中最浓重的苦难。“色界”比欲界层次要高，与欲界人享受物欲快乐不同，色界人享受的是精神的快乐。佛教把物质现象叫做“色”，当做一种质碍，无色就是没有质碍，“无色界”生活的人超越了物质世界的束缚，得到的是自由的生活。

布达拉宫宫城完美地演绎了“三界说”。

整座恢弘的宫城分为3大部分：红宫、白宫和“雪”。红宫是如同须弥山一般的存在，历代达赖喇嘛的灵骨塔与各种佛堂都深藏在红宫，象征了须弥佛土和宇宙中心；白宫将红宫拥围其中，达赖喇嘛的宫殿、大经堂等都在白宫里；玛布日山脚下安置监狱、印经所、作坊、马厩以及平民生活的地方，布达拉宫的卫城，被称为“雪”。

今夜，仓央嘉措要去的地方，就是“雪”，那个充满了欲望、沉迷于享乐的“欲界”。

藏族是个能歌善舞的民族，有酒有歌便觉得生活其乐无比。繁星映现于天幕，八廓街上的小酒馆越发热闹起来，年轻人们结束了一天的劳作纷纷涌入店家，叫上一碗青稞酒解渴。

“雪”有一家小酒馆格外热闹，老板娘梅尕年轻时是这一代有名的漂亮的女子，如今将近40岁了，依然颇有风韵。她酒馆的青稞酒酒质醇香，碗大量足，梅尕又长于待人接物，故生意一直比别家红火。塔坚乃是梅尕家的常客，今次带仓央嘉措来的就是她家。

布达拉宫的戒备一向森严，两人七拐八拐溜出来，一溜烟地往“雪”跑，到了酒馆门口刚要喘口气被突然伸出的几只小手吓了一跳，“咕几咕几”——小乞丐们还在街上串来串去地乞讨呢。

塔坚乃刚要发作，仓央嘉措笑眯眯地说："塔坚乃，给些吧。"塔坚乃只得掏钱袋，嘴里叽叽咕咕，郁闷得很。

"多谢公子慷慨解囊。其实这些钱我们用不得多少，除了吃喝，都是讨来供奉到寺里做功德的。"小乞丐们的头儿、那日卖果子的小姑娘从灯影儿里走出来，一脸笑意。她是认得塔坚乃的，待看看仓央嘉措的脸，吃惊地捂住嘴巴："呀……您不是那天……"

仓央嘉措赶紧竖起中指放到嘴唇前："嘘……"

小姑娘小声说："那天我还奇怪，公子穿着那么漂亮却如僧人般剃了光头，谁想几天工夫，您的头发就长出来了！您是用了什么魔法？"

仓央嘉措笑得很得意，凑到她耳边悄悄地说："不是魔法，是假发！"

小姑娘笑弯了腰，一双眼睛在灯火下水光潋滟："这个物件可倒是好！"

仓央嘉措看看小姑娘的篮子，里面的果子已经不多："这么晚了还不回家去？这些果子我全买了。"

"公子喜欢，全拿去便是，这果子周围山上多得是，是没本的买卖。"小姑娘不过是十一二岁的年纪，说话却十分豪气爽利。

她高高举起篮子递过来，塔坚乃一手接了："那就谢谢你了！回家去吧，可是不早了。"

"我就在这街上生活，这里便是我家。"

仓央嘉措蹲下来，望着这身量未足的孩子："怎么会没家？"

"家是有的，在山南，错那宗。我爹娘没了，在这里等爷爷。"

"咱们是同乡呢，我也是错那来的。"听这漂亮温和的人儿与自己是同乡，小姑娘一脸惊喜。

"孩子，你爷爷做什么去了？"

“我爷爷是山南最好的画工，布达拉宫的壁画就有我爷爷画的。如今爷爷在大昭寺[2]工作，等这次的乌拉完了，我们就回错那去。”

“……走吧，小同乡，我请你喝一碗青稞酒。”

听到这邀请，小姑娘受宠若惊，连连摆手：“我怎么能同您这么尊贵的人同座饮酒呢？您请自便，我还要照顾他们呢。”小姑娘指指周围拉着人要钱的小乞丐。

仓央嘉措笑了，起身欲离开：“对了，孩子，聊了这么久，还不知道你的名姓？”

“次仁尼玛。斗胆请问贵人您尊姓大名？”

“我是宕桑旺波，这位是我的朋友塔坚乃班丹。”

街头流浪的孩子次仁尼玛成了世上第一个被仓央嘉措亲口告之化名的人。若尼玛知自己有如此殊荣，将是怎样的欣喜若狂？

走入酒馆，扑面而来的是青稞酒醉人的酒香和或柔情或豪迈的酒歌。老话说得好，“如果酒没有歌，那就像清水般没有味道”。见到这些热情四射的年轻人纵酒欢歌，年轻的佛爷仿佛进入了天人世界，有喜有乐，无忧无愁。

塔坚乃吆喝着：“梅尕，梅尕在哪儿？把最好的酒端出来，今日我与我的朋友不醉不归！”

梅尕从人堆中挤出来，手里捧着倒空的大铜壶：“塔坚乃少爷，宫珠得勒！请您同您尊贵的朋友稍坐，最好的酒马上就来。”

梅尕最好的酒同布达拉宫的酒比起来也差着不是一星半点，但就是这样下等的酒却让佛爷喝得醺醺然，喝出了宫廷里从未尝到过的快乐，清凉酸甜的酒液顺着喉咙流下，胸中的苦闷瞬息消失不见，隐隐地还生出了由衷的快感：看看这欢乐的人群，听听这幸福的歌声，还有什么愁、什么忧是放不下、想不开的？即使是他日的烦忧，放在青稞酒中一浸，也变得单纯、透彻，心底升起的，不过是几分茫然若失的岁月的味道。

旁侧的桌上的汉子摇摇摆摆站起来，端起一碗青稞酒一饮而尽，放开喉咙唱起了情歌：

我俩真挚相爱，
感情纯洁得像白纸，
纸上写满了真金字，
谁也不能把它撕烂。
我俩真挚相爱，
感情坚韧得像绳子，
绳子是丝一样的马尾编，
谁也不能把它扯断。
我俩真挚相爱，
感情饱满得像种子，
种子发了粗壮的芽，
谁也不能把它送回仓。

他粗犷的喉咙唱起这种火辣辣的情歌别有一番韵味，大家打着拍子唱和，气氛热烈醉人。仓央嘉措被这气氛感染了，望着木碗中混浊的酒液，心中思绪翻涌。大家哼唱着情歌如此投入，想必是心中都曾藏着这样一个绵延着撕不烂、扯不断情缘的爱人吧。

我的爱人在哪里呢？

他将手掌抚上心房。当他是个青涩少年的时候，曾有一位有着月亮般皎洁容颜、太阳般明媚光辉的少女，在他的心中偷偷丢下了一颗种子，这颗种子抽芽生长，生出缠绵的相思遮蔽了他的心房。如今，这里，已然是空了。从美丽的姑娘嫁做他人的妻子的那一刻起，这曾经秘密收藏了多少年少情事的心房就已经空了。

汉子粗糙感人的歌声在他空荡荡的心房中回荡，歌声戛然而止，他蕴满忧伤的思绪却仍旧在酒香中飘荡。他禁不住翕动嘴唇吟唱出心头流淌出的诗句：

如果今生未曾相见，我们就不会心生爱恋。
如果今生未曾相知，我们就不会彼此相思。
如果今生未曾相伴，我们就不会彼此相欠。
如果今生未曾相爱，我们就不会彼此抛弃。
如果今生未曾相对，我们就不会就此相逢。
如果今生未曾相误，我们就不会彼此相负。
如果今生未曾相许，我们就不会继续此缘。
如果今生未曾相依，我们就不会彼此眷恋。
如果今生未曾相遇，我们就不会再次相聚。
可是我们偏偏相见相识，造就了今世的情缘。
怎样才能斩断这缠绵的缘分，才不至于受这生死爱恋的苦缠。

他唱得缓慢而深情，似乎在回忆某些久远的事情。仓央嘉措的声音柔美悦耳，自小念诵经文的声音就使人倾倒。如今，这有着漂亮嗓音的喉咙不习梵唱改为吟唱情歌，听得众凡人瞬间投入了一个空静高远的有情世界，恍然不知身在何处。汉家的诗人讲“今夜闻君琵琶语，如听仙乐耳暂明”，大约形容的就是这种情境吧。

仓央嘉措天生的好酒量，今夜，饮酒不多，却有些醉了。这歌儿他旁若无人地唱了一遍又一遍，没有人打断他，唱到后来大家一齐用脚跟打着拍子，一起哼唱“如果今生未曾相见，我们就不会心生爱恋”。

几乎一夜间，这首优美的情歌传遍了拉萨的大街小巷。

几日之后再光顾梅尕的酒馆，仓央嘉措一进门大家就争先恐后地向他问候，酒馆里的男男女女争相传说“这就是那位唱歌极好听的公子”。

塔坚乃禁不住小声对仓央说：“难怪师父们说佛爷您得到过妙音佛母的护持，看大家多喜欢您，您比檀丁本人都受欢迎！”

梅尕热情地上酒上菜，不时与二人聊上几句：“宕桑少爷今夜再为我们演唱几曲吧，大家都想再次领略您的歌艺。”

仓央嘉措笑笑：“见笑了，其实我不怎么唱歌，那天是随口哼唱的旧日诗作。”

“少爷真有诗才！若少爷不便演唱，我为您引荐一人演唱您的诗作如何？”

仓央嘉措含笑点头。

梅尕从另一个房间招呼来一个人，这人二十上下年岁，生就一副活泼欢快模样，怀里抱着一把扎年琴[③]。

梅尕介绍说：“这是拉萨城最好的说唱艺人江央，嗓子亮得像雪山流下的泉水，林子里的喜鹊鸟也没有他的声音悦耳动听。把您的诗作交给他来唱，一定传遍拉萨城。”

江央笑着向仓央嘉措行个礼。

“刚才快乐弹唱扎年琴的人想必就是你了。”

“正是小人。”

“你是天性快乐的歌者，我这里有忧伤的诗歌，不知你可愿意演唱？”

“说唱艺人不仅得能弹出欢声笑语，也得能唱出失意悲愁，这样我们唱诵的才是大千世界、苦乐人生的本真面目啊，宕桑少爷。”

仓央嘉措对江央的说法非常赞赏，一下子他就喜欢上了这个面相喜乐而且很有头脑的艺人。

这天晚上，江央为大家演唱了宕桑旺波的诗歌：

压根儿没见最好，
也省得情思萦绕。
原来不熟也好，
就不会这般颠倒。

江央清亮的嗓子演唱起缠绵的情歌别有一番韵味，大家饮着清爽的青稞酒，少见地沉静下来欣赏扎年琴伴奏下的美妙歌声。青稞酒不醉人，歌中绵绵的情谊却使人痴痴缠缠，如梦如醉。

英俊的青年宕桑旺波成了梅尕的小酒馆最受欢迎的人。他是天生的诗人，随手拈来便是好诗佳句，他的俊美潇洒更让姑娘们魂牵梦绕。这样一个漂亮又多情的人，怎能不让人倾倒？

梅尕的酒馆有名，不仅仅在于生意经，还在于她的一张巧嘴时常为出入酒馆的男女牵线搭桥。多少姑娘都示意梅尕帮忙牵线，想结识这可爱的人儿。梅尕因见仓央嘉措穿着谈吐不俗，料定此人非富即贵，不敢造次。日渐地熟了，才试着探探他的口风："公子的情歌动人，公子心中定有个多情貌美的姑娘。"

仓央嘉措笑了："并没有呢。"

梅尕一脸惊讶："以公子的才貌，怎会没有心爱的情人？想必您已经婚配？"

仓央嘉措放下手中的酒碗："也没有。"

塔坚乃笑言："宕桑少爷确实没有情人，也没有妻子。"塔坚乃有些醉了，手发晃，几乎端不住木碗。

仓央嘉措神情有些落寞："这世上情爱难得。"说罢示意梅尕添酒。

"这里什么都缺，穷的缺银子，老的缺青春，爱唱的缺一副好歌喉，爱喝的缺一副好酒肠，唯独不缺的，就是情爱。宕桑少爷，你看这熙熙攘攘的酒客、来来往往的人群，哪个不是带着一双空荡荡的眼睛来的？谁又是专为饮酒而来？银子上夹一个角下来，就能从傍晚喝到天明，那样为饮酒而饮酒有什么意思，大家来我的酒馆，图的就是份热闹，找的就是身旁缺的那个知心人。”

“既然相爱，必有苦痛，何必呢。也许连饮酒时的那份舒心都失去了。”

“这里的爱情没有不快乐的，少爷，这里是酒馆，本来就是消遣寻乐的地方啊。”

仓央嘉措有些醉了，伸手拉住梅尕的手腕：“那么，你告诉我，这快乐的爱情在哪里呢？这里？还是那里？”他伸手乱指。

“都不是。您看那里。”梅尕拉住他的手指向门，仓央嘉措看到门侧站着位姑娘，她手持酒碗，心思却并没有在酒上，一直在向这边观看。很纤丽的一个人儿，穿着水红的袍子，一双眼睛媚气十足，格外勾人。见仓央嘉措朝她望去，她并没有闪躲目光，而是给他一个灿烂的笑容。

塔坚乃支着下巴勾着头傻笑：“去吐，我就说么，您能迷倒所有的姑娘……尝到了爱情有多甜，您才能忘记爱情的伤……”话没说完，塔坚乃已趴下睡着了，梦中碰翻了酒碗，酒液浸湿了袍袖。

等塔坚乃酒醒，已是后半夜了。酒馆里依然热闹，却不见了达赖佛的影子。塔坚乃拍拍头，想起之前发生的事，心说把佛爷丢了可怎么好？

塔坚乃忙招呼来梅尕：“宕桑少爷哪里去了？”

梅尕抿嘴一笑：“还用问？必是享受欢乐的爱情去了。塔坚乃少爷你也不是不知道，聊得投缘，两情相悦，这是常有的事情。”

“那是谁家的姑娘？”

“那姑娘名叫拉则，好像住在街的另一头，其他就不知道了。”

塔坚乃急忙忙冲出酒馆，心下盘算，街的另一头……街的另一头那么多房子，谁知道拉则住哪间？这么晚了，能问谁去？

酒馆门旁蜷缩着两个小乞丐，塔坚乃一下子有了主意。他过去推醒他们："次仁尼玛在哪儿？"小乞丐指指街对面的墙角。

塔坚乃算是找对人了，次仁讲："我亲眼看到宕桑少爷和女人一起出门去的。我知道那女人，她专靠与男人睡觉赚钱。"即使是黑暗中，塔坚乃依然能想象到次仁义愤填膺的模样。

次仁把塔坚乃带到拉则住的小土屋前，说："就是这家。"

塔坚乃轻轻敲着临街的窗子："宕桑少爷，宕桑少爷？你在吗？"

仓央嘉措昏昏沉沉的头脑中传来塔坚乃的声音，混沌地应了声。他欲起身穿衣，惊醒了身边的人。这女子双臂紧紧缠住他不撒手："负心的人，这便要走了？"

仓央嘉措热忱地拥抱了她："我从家中溜出来游乐，不及时赶回去被家人发现就麻烦了。"

浓情蜜意的情话之前说了许多，此刻，他只想紧紧拥抱这美丽的女子，心中洋溢的爱不知如何用词句表达。

女子吻吻他的脸："明夜再见？"

"一定！"

女人依旧不撒手，她用柔柔弱弱的嗓音说道："男人的承诺就像十月的叶子，一夜之间就不知飞到哪里去了。你需得给我些物件定情，我才信你不会忘记你我今夜的情谊。"

仓央嘉措伸手摸到靴子，解下了靴带递到女子手中。那女人本以为是何贵重物件，待辨认出只是一条靴带，不由得声音里带了怒气："想不到你竟是这样俗气的人，这里是拉萨，雪域最华贵的城，谁定情还用靴带？难不成你我海誓山盟的情谊，只值区区一条靴带？你得有贵重的礼物，方能显得你的心！”

仓央嘉措暗想，这莫不是一个只认钱财、不认情谊的女人？之前她还在自己怀中娇憨地说笑、情态婉转动人，这样可人的女子，怎会是贪钱不念爱的俗气女子？自己断然下结论，怕会伤了一个好人的心。也许，拉萨这繁荣之地，男女情爱风俗也与别处不同。

想到这里，他脱下手上一只贵重的戒指递到女人掌心里，紧紧握住说：“你我既有情，只要能让这情谊天长地久，莫说是贵重的礼物，便是九天明月我也会想方设法为你摘下。”

女人这才满意，又给了他一个甜蜜的长吻才放他下床。

长夜未央，归来得很晚，仓央嘉措依然翻来覆去睡不着。想想酒馆邂逅的情人，年轻人的心既充满了激越的爱情，又总是被犹疑折磨。他禁不住翻身坐起，燃起灯火提笔写下一首诗：

姑娘香肌如雪让人陶醉，
媚态可人惹人爱怜。
谁能分辨这情意绵绵的姑娘，
不是在编织捞取钱财的罗网？

第二天，佛爷没有去听讲经，练武也是草草了事，单等夜幕降临。诵经时，年轻的佛爷竟然打起了瞌睡。老经师们听说了，十分着急，却也只是无奈。

仓央嘉措与拉则相约在梅尕的酒馆见面。江央已是在酒馆坐了小半天了，见仓央嘉措来了，笑问：“宕桑少爷今夜又作了什么好诗？请让我江央来为您演唱。”

仓央嘉措拈了一块奶渣放入口中慢慢咀嚼，说就唱这一首吧：

能与情人邂逅，
全靠酒家娘撮合，
若因此欠下孽债，
可得劳你养活。
萍水相逢是一种缘分。

江央望望上酒的梅朵，哈哈大笑。昨夜的事情，大家都是看到了的。

坐不多久，拉则来了。今日她穿的是件白色袍子，更映衬得肤色皎白如玉，一双乌溜溜的眼睛娇媚动人。

两人携手而出，来到拉则家。关上门，这对情人的身子如同奶和茶交融在一处。

夜半时分，塔坚乃又来敲窗，待仓央嘉措起身时，拉则又如昨夜般讨要礼物：“公子不给拉则留些什么做纪念吗？”

仓央嘉措有些心凉，这女子前一刻浓情蜜意，下一刻就能翻脸讨要财物，可见不是为情爱与自己相好，她相中的不过是自己的钱财。虽说心下已明白此女是何种人，依旧不忍心说出什么绝情断义的话来，只软语道：“昨夜不是与你留了一枚戒指，做你我感情的见证？”

拉则嘟起嘴巴撒娇卖痴：“昨夜是昨夜，今夜是今夜。今夜我与宕桑少爷的感情更进一步，昨夜那枚戒指，怎么够比量我们今夜的感情呢？”

“拉则，实不相瞒，钱财对于我宕桑旺波并不算什么，瞻巴拉[④]钱财可量数，情谊不可量数。”

听得话头不对，拉则从他怀中挣出，冷冰冰说道：“男人的甜言蜜语我听得多了，天下女子伤心断肠就是为这情谊所累。什么情，什么意，都是炉里的青烟，抓不住拢不来，只有钱财是真的。说你爱我，就用金银说话！”拉则纤白的手掌伸到仓央嘉措鼻尖前。

这只软绵绵的小手刚刚还温柔地抚弄着自己的胸膛，转眼间就气势汹汹地伸过来要钱了。这事情，虽是意料之中，依旧心底难过。

“可怜的姑娘，你的心中没有爱，只有银子，”仓央嘉措脱下另一枚戒指与她，披衣离开，“不要让我再见到你。”

“好说，有金银公子您要怎么样都好。”拉则在灯光下兴致勃勃地摆弄那只硕大的猫眼石戒指。

仓央嘉措推门离开，拉则娇声招呼：“公子哪日若记起拉则的好，可来此处与拉则相会，咱们好好叙叙这两日的‘情谊’。”

仓央嘉措轻轻带上了门，再没有回头。

他没有朝布达拉宫的方向走，又走回了梅尕的酒店。塔坚乃紧跟其后：“尊者今日是怎么了，并不是昨日那副喜悦模样。拉则姑娘与您闹别扭了？”

仓央嘉措没有讲话。塔坚乃自顾自说道：“尊者这样的好脾气，必然是那姑娘性子不好。您别闹心，女人的心是天上的云彩做的，不出一个时辰能变三五变，明日就好了，我妻子也是这样……”

到了梅尕的店里，仓央嘉措大声招呼上酒。甘甜微酸的青稞酒干了一碗又一碗。梅尕觉得不对劲：“这是怎么了？宕桑少爷不是随拉则姑娘约会去了，怎么看起来有些不高兴？”

仓央嘉措随口吟了一首诗歌隐晦回答说：

天鹅恋上澄澈的小湖，
想长长久久地居住。
可惜湖面结满了寒冰，
让天鹅心灰意冷。

梅尕多聪明的人，立刻明白发生了什么事情。她叹口气，坐下来为仓央嘉措斟了一碗酒："您莫自责，没缘分便是。"

"只是，这便是红尘中的爱么？"

这问题，梅尕一时无法回答。半碗酒饮过，她才缓缓说道："这是不是爱，我也说不明晰。我在这里生活了近40年，我本是酒家的女儿，自小饮过的酒、见过的男人，多得像吉曲河里的水、吉曲河里的鱼。那些酒碗中的情谊，大半是假的，却也热闹，这些年过得倒也快活，到最后，自己也说不清那些情爱有几分真意。"

梅尕又为自己斟满了一碗酒浆，小口饮着："……十几年前，我有一个情人，对我是真好，嘘寒问暖，无微不至。他在布达拉宫出乌拉，被滑落的大石砸死了。从此，我再也没有遇到过像他那样爱我的人。"

仓央嘉措望着微醺的梅尕，眼神中充满了悲悯。

群星即将隐没，仓央嘉措才离开酒馆。老板娘梅尕少有地喝得酩酊大醉，靠在墙边睡着了，已不再年轻的脸上隐含着一丝笑意。仓央嘉措回头望了一眼，没来由地一阵悲酸。

"尊者，您怎么了？"

"没什么，我们回去吧。"

天亮了，沉睡的布达拉宫慢慢苏醒，做仆役的僧人开始走动。仓央嘉措却沉沉睡去了。他床头洁白的纸上写着一首诗：

在这短促的今生，
有你的真爱我已无憾无求。
不知在遥远的来世，
你能否记起我今日的面容。

注 释

①噶当基：仓央嘉措的寝宫。

②大昭寺：又称“祖拉康”、“觉康”，藏语中是佛殿之义。拉萨藏传佛教著名寺院。始建于公元647年，距今已有1300多年历史。是松赞干布为纪念尼泊尔墀尊公主入藏而建。后经历代增建修缮，形成庞大建筑群。在藏传佛教中具有至高无上的尊贵地位。2000年，大昭寺被列入《世界遗产名录》，成为世界文化宝贵遗产的一部分，与布达拉宫共同被视为拉萨标志性建筑。

③扎年琴：一种藏区乐器，有六弦琴、八弦琴、十六弦琴、二十弦琴等种类。其中以六弦琴最有名、最普遍，藏语意为“悦耳动听之声”。

④瞻巴拉：藏族传说中的财神。

第十一回 白日达赖佛，入夜浪子客

这是怎样的生活？如同在冰与火中淬炼。

清冽的酒酿和热辣的歌舞让他激情似火，佛法与经文又使其顿入清凉世界，心底涌出的梵音瞬间淹没彼时纵酒狂歌的灵魂。

信仰是溶入每个藏族同胞血髓的精魂，他没有想到，当他任性地想要遗忘信仰时，信仰却比以往更强烈地占有了他的心。初始时那般对欲望纯粹的沉迷，渐渐冷却，在追逐歌舞与情欲之乐的路途上，佛法渐渐跟随上他的脚步，并与之并驾同行，并且，有后来者居上的趋势。他得到的疯狂欢乐的时光越多，内心需求的寂静就越多。

站在这凄苍年华里自语的人究竟是谁，是仓央嘉措，还是宕桑旺波？他坐在高高的黄金法座上伸出右手，为信徒摸顶祝福，那一刻的他，庄重又慈悲，雪域日光之下所有的生灵都愿长久地匍匐在他座下，仿佛他驻锡的地方，遍地都生满了极乐世界的四色莲花。他将长长的头发打挽成结，穿着漂亮的绸缎衣服在酒肆流连歌唱，拉萨人都钦慕他华贵的装束，艳羡他俊美的容颜。他洒脱豪爽，小伙子都爱与他饮酒；他温柔多情，姑娘们都愿与他相爱。

夜晚在陌生姑娘怀抱中睁开双眼，黑暗中汗水与情欲的气味还没有消散，他怀疑，脸颊紧贴的柔软的胸膛中可曾有爱？他自己那曾经开满爱情花朵的心房，爱又遗落到了哪里？这些灿烂的情爱是酒啊，不过是酒——滑落喉咙，炽热胸口，过一会儿，所有的苦乐欢悲便都消退。一同消失的，还有曾在心头瞬间点染的爱意。桑烟腾上天空能给神佛带去讯息，这些以爱情为名的欲望，随夜色而来，随夜风消散，不留一丝痕迹。

最多情的，却是那最无情的。

不知何时，他形成了一个习惯，无论是畅饮欢歌归来，还是刚离开姑娘的臂弯，回到清冷的噶当基他都不急于去睡。他会穿过黑暗走到窗前，在坐垫上望着远天的星星，打坐诵经到天明。

西藏的星星如此明亮，世上还有何地能有圣洁的雪域高原上这样耀眼的星。它们的光芒洁净澄澈，即使是格萨尔王宝冠上最绚美的金刚石，也不能散射出这般让人迷恋的光辉吧。它们灿烂，璀璨，纯净，又温柔。它们脆弱的美，使天空更寂寥。

母亲次旺拉姆曾经给他讲过星星的故事，她往火堆里添了几块牛粪烧茶，用一种辽远的声音讲起：很久以前，藏族地区是由魔鬼统治的。那是怎样黑暗的日子呀，白日的太阳被毒雾遮蔽，到了夜晚，仰望天空，星星像缀满天幕的黑曜石，偶尔才会流露出的点点亮光让人对世界绝望。那脸色娇艳、形容俊美的少年莲花生洞悉到了这块土地的苦难，他踏云而来，手执法剑与恶魔鏖战，终于斩杀了恶魔，还了人们一个清明世界。那少年拂去了天上遮蔽星星的阴霾，才有了今日这灿烂的星空。

每一个孩子都爱抬头仰视星空，母亲讲的故事，让他更爱这被莲花生大师有莲花图纹的手指擦亮的星星。

行路的人有福了，有清亮的星光照亮旅途；孤寂的人有福了，有温柔的星光照亮长夜。可是，有情的莲花生啊，你可知，当漫漫人生路上癫狂跋涉的旅人停下疲惫的步子遥望星空的时候，他们会感到多么孤寂无依。每一个激情散却的夜晚，它们清冷的光辉会映照穿透年轻佛爷的骨髓，使他如同身浸于吉曲河的冰凉雪水中，寂静又悲戚。

佛经是越渡苦海之舟楫，这个寂寞的人把每一页都读透嚼碎，希望能品到拯救沉沦心灵的良药的甘芳。

布达拉宫里德高望重的老经师们发现，活佛虽比之前懒散了许多，学经却越发用心。而且，过去活佛有法务才会去拉萨的几座寺庙，现在隔几天就会去走一走，听讲佛法、参加辩经，所言所思，常有过人之处。

一日，仓央嘉措没坐轿子，穿着普通僧装与侍从步行去大昭寺。走过碧雕玉琢的唐柳，透过一排排光亮柔和的酥油灯，他看到了佛前跪着的次仁尼玛。小姑娘从篮子里倒出零碎银子献给神佛，然后虔诚地行礼叩拜。他想上前说话，看看身上的僧装，还是罢了。

他记得，这孩子说她爷爷在大昭寺画壁画，想必是来布施连看爷爷的。

活佛在堪布的陪伴下随意在寺内游逛，走到千佛廊，被那一幅幅精美的壁画吸引，遂耐心看下去。千佛廊的壁画正在修复，工匠们零零散散地在各个角落描红涂朱。他注意到，次仁尼玛的红袍子从角落里闪出，小姑娘挎着篮子离开了。而她离开的地方，有一团光焰，有天神法相映现在活佛眼中。只见她肤色洁白，发髻高耸，三只妙目流露出和善的光，不是吉祥天母却是谁。

活佛问身侧的人："看到了？"

几位侍从不知活佛云何，不知怎样作答，只有佛法高深的堪布点头微笑："看到了。"

活佛赞叹道："奇妙的法缘。"

仓央嘉措奇怪，这位尊贵的神祇为何会出现在这里，他在护佑谁？

走近了看，一位年老的画工佝偻着身躯在长廊的角落，一边念吉祥天母咒一边给一块脱色的壁画敷彩。想来这就是次仁尼玛的爷爷。活佛思索，这样一个普通人，竟然会得到吉祥天母的护佑，是了，一定是他念诵的咒子。果然众生平等，一位普通老者用心修行都能得到殊胜功德，让人感动赞叹。

老人带些口音，念诵着发音错误的咒文：“巨喇母，巨喇母，巨巨喇母……”

仓央嘉措不禁觉得遗憾，错误的咒子在诚心的作用下尚有此功力，若他会正确的念法……可惜了老人这些年的修行。

想到这里，仓央嘉措走上前去，说道：“老人家，您功德殊胜啊。您的咒语有些谬误，我教您念正确的，您会得到更殊胜的功德。”

仓央嘉措教了老人正确的念法：“救喇母，救喇母，救救喇母。”

老人认真地跟着念诵。

堪布看着年轻的佛爷耐心地教授咒语，微笑不语。

那微笑，几十年前曾浮现于五世的脸上。当时，他带着这种洞悉生命奥秘的微笑阻止年幼的桑结去为画工纠正谬误的咒语。当年正值盛年的画工如今成了耄耋老者，那位微笑着为桑结传授法理的人已经经历了轮回的洗礼，以另一副面貌出现在世人面前。他失去的不仅是昔日的面貌，还有当年所洞察到的人世秘密。

他需要再次经历，再次找回那些失落的真意。

天气愈发热了，清凉的夜晚更适合娱乐。玩的多，白日也就更爱昏睡。仓央嘉措在梅尕的酒馆中跳了一夜舞，很是乏了，睡到午后才醒。

见活佛从黄色丝缎床上坐起来，等候多时的近侍忙不迭地去准备洗脸水。小喇嘛格列在盆里倒入温水，小心地试试水温，然后往水中倒入珍珠粉、藏红花等名贵药材调制，并经高僧加持过的圣水。准备好了，才伺候佛爷洗漱。

喇嘛曲吉禀报说："您安睡的时候第巴有话过来，请您示意今年雪顿节怎么安排。"

"这种事还用请示我，还是那句话，请第巴代为处置即可。"仓央嘉措擦干头上、脸上的水，甩开曲吉去吃早饭。

仓央嘉措喜欢节日的热闹，但一想到过雪顿节要和第巴"和睦"地共同出席活动多日，就丧失了热情。

烦躁。痛饮两碗奶茶也没能解去心头的烦躁。

仓央嘉措对喇嘛曲吉讲："请转告各位师父，今天的功课取消了，我要去大昭寺处理政务。"

其实，他并无甚事，不过偶然想起次仁尼玛的爷爷，前去探看。

仓央嘉措很意外。吉祥天母消失不见，原本明亮的光焰也如风中的火苗微弱暗淡。仓央嘉措忙找老者询问："老人家，您最近可好，可有什么特殊的事情发生？"

老者见是前日教他念诵咒子的喇嘛，答道："很好啊，并不曾发生什么事情。"

莫不是咒子出了问题？仓央嘉措请老者当着自己的面念诵咒子，老人刻意咬清字眼，念起咒子来一字不错。

仓央嘉措百思不得其解，只得问堪布："您看到了？"

"看到了。"

"我不明白，为什么错误的咒子能使吉祥天母护佑，正确的咒子倒失却了功用。"

堪布这样回答："念咒一心投入，咒子错而心中有吉祥天母，故而有效。念咒时只想着咒子的对错，心中的吉祥天母没了，所以咒子失去了效力。"

仓央嘉措恍然大悟。

他很自责："我的愚蠢差点使虔信的人失去了苦心积累的功德，枉我被称作'人中之宝'。莫说救护众生，我恐怕连我自己都救护不了吧。"

"尊者切莫这样讲，世间的一切皆不过一个'缘'字，尊者乃观世音菩萨莅临凡间，又怎会做不出拯救众生的事业呢？前代达赖喇嘛曾寻找救世度母几十年而不得，却从其他地方建树了善业，最后留有历代达赖喇嘛中最大的灵骨塔，塔身上的世间装饰卓绝华丽，昭示了他功德之大。回想当初的失败，只不过缘在他处，求而不得罢了。"

"救世度母？我儿时听父亲讲过，当是传说，没想到是真的。"

"是啊，有女神护佑，救民造世，是历代达赖佛的心愿。"

听闻此言，仓央嘉措心中有所触动。仿若心中有尘封已久的盒子徐徐打开，有什么东西映现在魂灵之中。

这天夜里，他做了一个梦，梦中天空垂下宝盖璎珞，华彩四溢。一朵七宝莲台缓缓垂落人间，莲台上站立的是勇猛丈夫观世音菩萨，菩萨手执折枝莲花对他言说："人世业火，生命苦厄，尊者当于凡间找寻救世度母，助众生之利。"

一梦醒来，东方暨白，噶当基殿堂中清雅的莲香尚未散尽。梦中情境历历在日，梦耶？非耶？似真似幻。

仓央嘉措靠在黄龙绣垫上暗想，为什么不去试试呢？我仓央嘉措，既不能勤政以爱民，为众生求请救世度母女神的护佑，亦是极好的事情。

歌舞繁华，如繁花盛放凋落，瞬间的欢愉如何解得漫长的人生之苦痛。救世度母若能听得俗世人煎熬的呼喊，那么就求她洒出救世的甘露熄灭这红尘孽焰吧。

暑热炎炎，仓央嘉措不在林卡[①]中避暑，却带着侍从离开了布达拉宫，走出了拉萨。

离开拉萨河谷，群山叠嶂，青翠满坡。当年年轻的第巴桑结嘉措，亦是从这里出发，去巡视他治下广阔的土地，去判定他的权杖是否真的伸延到了雪域的每一个地方。

“请问尊者，我们要往哪里去？”塔坚乃班丹问。众侍从奉命伺候佛爷出城寻访救世度母，却谁都不知佛爷要去往哪里。

“世界这么大，我们哪里不可以去？”活佛言毕，打马前行，向着茫茫的绿野深处奔去。没人知道救世度母在哪里，只知道她有月亮般皎洁的美丽容颜。纵使马蹄踏遍高原，他也要把她找到。

佛爷为寻找救世度母弃雪顿节于不顾，第巴听闻大怒，没了主角，戏还怎么唱？急派人去寻。活佛一行人只得在雪顿节前赶了回来。

仓央嘉措去寻找救世度母一月有余，未曾去过酒馆，这次难得露面，愁容满面。几碗酒下肚，与江央就着扎年琴弹唱一曲，疲惫的脸上才可见些笑意。

他的心思，全在救世度母身上。传说救世度母常化身绝美女子现身世间，他此番出行，见过的女子多若秋日树头的果子，有的妖娆，有的妩媚，有的纯情，有的热辣……却都不是她，不是他要寻找的救世度母。

知晓缘起，却不知这缘在哪里，甚是难受。

一曲终了，酒馆中响起了热烈的叫好声，仓央嘉措抬眼向众人微笑，无意间，瞥见外屋一女子挑帘张望。望着少女皎洁若明月的脸庞，仓央嘉措不禁痴了。少女容颜清丽绝俗令人过目难忘，神态高雅和善似壁画中的度母……度母!

塔坚乃前些日子劝他在拉萨城内找寻，说“珍宝兴许就藏在自家后院内而不自知呢”，他不在意，如今看来，正被塔坚乃说中了。

他急忙问梅尕：“刚才帘内探头的姑娘是谁？”

“帘内？哪位姑娘？”

“刚才那白皙美丽、美若明月的姑娘。”

梅尕道：“却没注意。这几日来拉萨的人很多，酒馆内来往的有一半是生客。”

仓央嘉措急忙掀帘子进屋，发现一屋子人饮酒歌唱，男男女女，唯独不见刚才那姑娘。酒馆的大门洞开，想必姑娘已经走了。

仓央嘉措赶忙追到大街上，只看到漫天星斗。

缘起，瞬间又缘灭，仓央嘉措心灰意冷。

天顶明月高悬，皎洁明媚似姑娘的容颜。慈悲的救世度母啊，为何匆匆出现又隐没踪迹？而且，只这一眼，心房为何会有撕裂的痛楚？仿佛失落了什么重要的东西。

洁白的圆月出东山，
缓上天顶多明亮。
我被月光照亮的心房，
映现出玛吉阿米的模样。

与救世度母擦肩而过，仓央嘉措万分自责，饮酒千碗也浇不化胸中垒块。接连几夜，佛爷都来店中买醉，塔坚乃等人劝也无用。

雪顿节开始了。

每年6月30日，扎西雪巴、迥巴、降嘎尔、香巴、觉木隆、塔仲、伦珠岗、郎则娃、宾顿巴、若捏嘎、希荣仲孜、贡布卓巴共12个来自西藏各地的藏戏剧团来到哲蚌寺表演，第二日去布达拉宫专程为达赖喇嘛表演。

藏戏历史悠久，据《西藏王统记》载，藏王松赞干布在颁发《十善法典》时举行的庆祝会上："令戴面具，歌舞跳跃，或饰犛牛，或狮或虎，鼓舞曼舞，依次献技。奏大天鼓，弹奏琵琶，还击饶钹，管弦诸乐……如意美妙，十六少女，装饰巧丽，持诸鲜花，酣歌曼舞，尽情欢娱……驰马竞赛……至上法鼓，竭力密敲……"当年，五世达赖因为喜爱藏戏让官员召集戏班进京进行会演。那时达赖佛还未搬进布达拉宫，住在哲蚌寺的噶丹颇章[②]，藏戏演员们就在噶丹颇章的院子里歌唱舞蹈，五世达赖在院子对面的寝楼大窗台上观看演出，那是一年中他最愉快的日子。

雪顿节看藏戏逐渐成为了噶丹颇章政权的传统，既然成了传统，便要有规矩方显郑重。每年表演的剧目以及戏剧的演出格式都有严格的规定，唱词不许更改，舞姿不准翻新，对仓央嘉措而言，这更像是一场严肃却无甚趣味的汇报演出。

接下来的几日，噶丹颇章地方政府放假，所有官员都要来陪伴仓央嘉措看戏，这更让仓央嘉措觉得难熬。若五世见到今日仓央嘉措之情境，恐怕会感慨此一时、彼一时吧。

本就为找寻救世度母的事情忧心，与第巴及其党羽同场看戏更是郁闷。忍了两日，仓央嘉措便以身体有恙为由缺席了。第巴见仓央嘉措如此，自是不满。仓央嘉措与第巴的隔阂日益深了，双方彼此关注，又都不在乎。第巴自认控制一个无权无势的空头达赖佛不是难事，不足以上心。仓央嘉措则认为，事已至此，争权夺势又有何用，更加我行我素。

夜晚，风流倜傥的宕桑旺波又出现在了梅尕的小酒馆里。

饮酒至深夜，仓央嘉措一次又一次让江央操起扎年琴，唱起“洁白的圆月出东山”。朦胧中，有人为他斟酒，斟满后说道：“喝完这一碗，今夜就不要再喝了。酒是好东西，忘忧解愁，只可惜饮多了伤身。”仓央嘉措以为是梅尕，细想想声音却不是，是年轻的女子。抬眼看去，酒几乎当下就醒了：这不是救世度母、月亮般美丽的姑娘？

这次一定不能再错过！他伸出手紧紧握住姑娘的手，姑娘白皙的脸庞霎时红了。他不管不顾地嘟囔：“这次不要走，这次不要走！”

姑娘使劲抽手抽不回，高呼：“姨母，姨母！”

梅尕闻声过来一看，哈哈笑了：“我当宕桑旺波少爷思念的是谁，原来是我外甥女！宕桑少爷您撒手吧，她是不会走的，如今她就住在我的店铺里。”

仓央嘉措并不松手：“救世度母啊，请答应我，不要离开我身旁。”

姑娘的脸更红得像山里的红杜鹃：“我不是救世度母，只是琼结来的平凡女子仁增旺姆，您醉了，请松开手。”

仓央嘉措又伸出另一只手，将姑娘的手紧紧握住：“您若不想救度世人，请至少救度我宕桑旺波。”

仁增旺姆心想，这汉子虽是莽撞，却真挚情深，想到这里，不禁有些心动。见那双似乎有彩虹闪动的眼睛满含期待地望着自己，姑娘愈发害羞，更对他心生怜惜。

梅尕道：“宕桑旺波少爷是个重情义的人，你就答应了吧。”

仁增旺姆望望那张恳切的脸，重重点点头。

仁增旺姆是随剧团来拉萨演出的，按规矩这几日给达赖佛看的演出不能有女人参演，无事可做，她便到梅尕的店里玩耍。

姑娘不但容颜俏丽，更有一副婉转歌喉。每当仓央嘉措写了新的诗篇，她就在江央扎年琴的伴奏下为大家演唱。那份欢乐幸福，竟是仓央嘉措之前与其他女子交往时所未体会到的，因而对仁增旺姆更加迷恋。

仓央嘉措几乎天天夜里都会到酒馆去。两人常常找个角落坐下，亲亲密密地说些情话。一日，仁增旺姆端详情人的面庞，故作神秘地说："我注意，你脸上有两个秘密。"

"哦？什么秘密。"仓央嘉措怜爱地望着情人，伸手捋起她额前掉落的一缕头发。

"你的眼睛里藏着彩虹，每当你望着我的时候，彩虹就会在你眼睛里闪耀。"

年轻的活佛笑了，笑得如同吹开漫山遍野花朵的五月和风。

"看，这就是你第二个秘密！"旺姆指指仓央嘉措的嘴巴："你从来不张大嘴巴笑。"

活佛微微一笑，张大嘴巴："喏，我是不想让人看到这个。"他齿若编贝，十分洁白漂亮，唯有下边右侧的门齿是断齿，碧绿色的，看起来像一颗尖端折断的松耳宝石："我小时候是听话的孩子，偶尔顽皮起来却也顽皮得紧。一次大愿法会，我与塔坚乃爬上高高的屋顶学师父们跳神，从房顶上摔了下来，磕到石板磕断了这颗牙。"

"疼坏了吧？"

"是啊，当时脸就肿了，疼痛难忍。我奋力向三宝[③]祈祷，结果到天亮时，脸不肿了，伤口也痊愈了。"

"幸亏佛祖眷顾！怎么不知道敷药呢？"

"不敢告诉师父，哈哈哈……"

旺姆没有笑，她心疼地抚摸着恋人的脸，喃喃地说："多疼啊……

多疼啊……答应我，再有这种事情，一定得告诉我……”

不过是一句轻轻的叮咛，就使人置身于繁花似锦的春天，心头暖暖。沉眠已久的爱之花，亦轻轻耸动枝叶，破开了蒙蔽多年的尘埃。看着恋人疼惜自己的样子，仓央嘉措在心底问自己：这，便是真爱了吧？

喝过几大碗青稞酒，艺人江央弹奏起了扎年琴，仓央嘉措唱起了新歌：

姑娘你在此当垆，
我日日沉醉于杯中美酒。
今生没有别的希望，
只愿与你和酒浆长伴醉乡。

原来爱，是这么简单。原来爱，是这么温暖。

半个月之后，各个剧团开始陆续返乡，仁增旺姆没有离开，她选择了留在拉萨，留在姨母的酒馆，留在心爱的宕桑旺波身边。

仓央嘉措让塔坚乃在梅尕的酒馆附近找了舒适的住所，作为与仁增旺姆的爱巢。他不时从宫中溜出来与情人相会。夜晚偷偷走出噶当基，巡夜的喇嘛注意不到活佛轻巧的跫音，只有老黄狗朗嘎会从兽皮褥子爬起来，喉咙里发出咕噜咕噜的声音，它知道是仓央嘉措，早已习惯了仓央嘉措在夜里来去。仓央嘉措总会轻轻拍拍它的头，轻巧地消失在夜色里。他曾俏皮地作诗描述，让人忍俊不禁：

守门的老黄狗请听我言，
不要把我的秘密说与人听。
不要说我趁夜走出宫殿，

也不要说我天明才重又出现。

夜短，情爱却绵长。每次离开，看着旺姆依恋的眼神，仓央嘉措总是颇为不忍，可是思来想去也想不出解决的主意。这对真诚相爱的人，每一段幸福的时光都像是从命运手中偷盗而来的。仁增旺姆知道自己的情人有无法言说的秘密，这段真挚的爱情得来不易，与亲爱的“宕桑旺波”相处起来也特别珍惜，更让仓央嘉措心疼不已。

转眼间新年已至，寒风肆起。活佛沐浴在爱河中，越来越多地靠佛法排遣心中的不安，不时去拉萨城里的各大寺院走动。布达拉宫的老经师们不知道佛爷为什么放着宫里的功课不听，偏要常常去大昭寺或者色拉寺学经。老经师们德高望重，学富五车，只是这年轻的佛爷一看到这些第巴安排给自己的老师，禁不住生出逆反心理，只想逃得远远的，眼不见为净。他会在阳光灿烂的日子推动几百只金色的经筒走过大昭寺的长廊，不为祈福，只贪求信仰为灵魂带来的须臾的宁静。他的爱情如佛前的花朵开得灿烂，他却莫名地担忧，担忧今日之后的某一个凄冷的夜晚，他所深爱的拥有月亮容颜的少女会在黑暗中哭泣。

他是格鲁派的活佛，他作为一个弱势的君主没有足够的力量许给自己心爱的女人一个未来。

爱，或不爱？

他的爱，就在眼前痴痴盛开，无论境遇如何，她的手就在他手里，不舍不弃。

他们住在彼此的心里，默然相爱。

他们寂静，欢喜。

就这样，爱吧。不管明日怎样。

新年前后，大昭寺附近人明显多了。每年藏历正月初三，一年一度的“莫朗青波”[④]法会开始。在法会期间，要举办格鲁派的学经僧人最高学位“格西”的公开考试，还有盛大的祈祷和布施活动，所以寺庙内外人潮汹涌。

法会会一直延续到正月二十四，20天里，有一支特殊的队伍在八廓街曲折蜿蜒的街道间穿梭——一群背水的女奴。

根据习俗，参加传召法会的喇嘛们只会饮用“丁果曲米”神井里的水。这口神井传说是大昭寺的倡建者松赞干布的饮水井，距离大昭寺有1公里的距离。为了保障喇嘛们饮水，城郊贵族庄园会派出二十几名女奴专门背水。法会期间是禁止唱歌的，要想唱歌跳舞需要花很多银子向铁棒喇嘛购买“歌舞许可证”，唯有这群女奴例外，她们背着高大笨重的水桶在神井与寺庙间往来，从日出到日没，一边行路一边歌唱。她们声称自己所唱的歌是白拉姆女神所授，铁棒喇嘛不可能去向大昭寺和拉萨城的护法女神白拉姆去收取费用。

背水女奴们的歌被人们称为“白拉姆歌”，她们每年都会唱出几首新歌，拉萨城里的权势人物都会关注歌词的内容，连历任达赖喇嘛都会派专人收集整理，只因歌中经常会爆出一些与政局有关的内幕，官家的秘密、政治交易都有可能是歌词揭露对象。白拉姆歌让心有诡奸的政客僧侣痛恨不已，却无可奈何，这些唱歌的女奴都不识字，见到贵族高阶只会胆战心惊地避于路旁，又从哪里得知这些秘闻呢？多少年来总有人试图追查白拉姆歌的来源，最后无不是不了了之。有人说，白拉姆女神化身为女奴行走于背水的队伍中间，唱出了那些让贵胄忧心、百姓眼亮的歌曲。

今年的白拉姆歌被“拉萨涅仓”的官员整理好呈到了仓央嘉措的案

前。仓央嘉措挨张翻阅，读到最后一首时，哈哈大笑。他把歌词递到塔坚乃手里："你看看。"

塔坚乃恭敬地接下佛爷手里的册子，只见简单的歌词，四句六言：

别怪高座上人，
多情风流浪荡。
他的所欲所求，
与凡人没两样。

"佛爷，这是在说您呢。"

"是啊是啊，想不到白拉姆女神竟然是我的知音。"仓央嘉措笑着扬起脸对窗而立。

我想要的，与凡人没两样。

滚热的泪水早已溢出了眼眶。

塔坚乃忧心忡忡地望着敬爱的活佛。

塔坚乃对这年轻的佛爷有近乎兄弟的溺爱，与他相处多年，喜爱他，了解他，知晓他的善良与脆弱，知晓他的倔强与坚强。塔坚乃看着他从草原上放牛的孩子平地腾起成为万人敬仰的达赖佛，看着他从自在玩耍的小孩阿旺诺布成为幽处深宫的佛爷仓央嘉措。

塔坚乃仰慕他的才华，从小到大，他的学问智慧，总是如天上的星星灼灼闪光，让尔等凡俗之人无法企及。塔坚乃怜惜他的境遇，自始至终，第巴桑结嘉措的双手就在以保护之名剥夺他的人生，他失去了爱人，失去了自由，失去了权力，失去了梦想。他是坐在坍塌的宝座上一个孤独的年轻人，渴望抓到力所能及的幸福，即使这样的做法幼稚、带着孩子气；即使这幸福，是转瞬即逝的泡影。

佛爷头顶不是青天，不是圣域，是第巴张大的手指禁锢而成的囚室之窗。

白拉姆歌能呈到仓央嘉措案头，也会呈到第巴的案头。第巴需要一个傀儡，一个给信徒观瞻的偶像，这偶像必须洁净完美。他能乐于看到一个无所事事的仓央嘉措，却不会忍受一个玷污了偶像形象的仓央嘉措。

果不其然，第巴派人传话：“请佛爷自重，切莫失了佛爷的身份。”

仓央嘉措置若罔闻。

注 释

①林卡：即园林。旧时西藏寺院、庄园、贵族、官府等都拥有人工建造的林卡。在今天的拉萨仍旧有大大小小的林卡数十处，比较有名的有罗布林卡、次觉林卡、尧西林卡、德吉林卡、贡觉林卡、尼修林卡、仲吉林卡等。

②噶丹颇章：哲蚌寺大殿名，在该寺西南侧，上下7层，由前、中、后3栋楼群组成。噶丹颇章旧时代指西藏地方政府，史称“噶丹颇章政权”。

③三宝：指佛、法、僧。其中佛即觉悟者，法即教义，僧即僧侣，是指延续佛的慧命者。

④莫朗青波：即传大昭法会。

第十二回 世间安得法，佛卿两不负

仓央嘉措拒绝接受第巴的劝诫，第巴并不意外，也并不恼怒。修佛者若想使佛法更为精进，进山修行是不二法门。第巴指示活佛的老师们动员活佛进山修行，一则可以增进学业，二则可以收敛心性。第巴的主意得到了老经师们的支持。老师们都认为仓央嘉措慧缘深厚，学识渊博，只可惜心性浮躁，入山修行是能使修业进益的最佳方法。

仓央嘉措怎会不知第巴的心思。他希望自己佛法进益，可若毅然入山修行，必得抛却爱人。忧心的活佛写道：

为着温柔美丽的情人，
踌躇着是否该进山修行。
人世间可有两全之策，
让我兼顾佛缘与情缘。

在佛陀与情人之间，他最终选择了情人。他不忍看到情人充满依恋的无助的眼神。他多次抵住来自老师和第巴方面的压力，拒绝进山。

桑结嘉措此时没心思为这个大孩子的浪荡事纠缠，他有更重要的事担忧。这是 1701 年，藏历金蛇年，达赖汗去世了，桑结嘉措紧密关注着和硕特部[①]的汗位交替。多少年来，因为达赖汗的不作为，使格鲁派能顺利推行。假若这次的继位者同样庸碌，会延续保持了多年的相对稳定的政局，但若一位与达赖汗行事方式迥然不同的汗王上台，必将在雪域高原掀起血雨腥风，一如半个世纪以前事件的重演。

这是五世达赖喇嘛阿旺罗桑嘉措迫不得已埋下的一颗雷，一尊请得来送不走的佛。

1594 年，那时还是明朝万历皇帝的天下，年仅 13 岁的卫拉特蒙古和硕特部首领孛儿只斤·图鲁拜琥领兵击败4万俄伽浩特士兵，占据了巴里坤、乌鲁木齐一带。之后，他平卫拉特与喀尔喀战事、远征哈萨克，骁勇之名远播，大活佛东科尔呼图克图授其以“大国师”的称号。

这位大国师的血管里流着成吉思汗家族的血，他是成吉思汗二弟哈撒儿的后裔。图鲁拜琥是蒙古语，意为“天赋聪明”，这位汗王人如其名，不仅勇武非常，还很有智谋，善于审时度势。1635年，图鲁拜琥经受着前所未有的大危机，部落内部出现冲突，牧地也逐渐退化，需要寻找水草肥美的草场。正在此时，四世班禅罗桑却吉坚赞代表达赖喇嘛向他提出了邀请：出兵西藏，为格鲁派护法。

众所周知，格鲁派后来风生水起，是西藏最重要的教派，但是在当时，统领西藏宗教系统的却是噶玛噶举派。

噶玛噶举派依附于藏巴汗政权存在。藏巴汗，又被称作第巴藏巴，是明代后期兴起的世俗贵族政权。藏巴汗的权力来自于一次政变。1565年，仁蚌巴政权官员辛厦巴才丹多杰发动兵变，以风卷残云之势吞掉了大片土地。乌思藏[②]地区几乎全部落入了辛厦巴手中。辛厦巴选择三竹节[③]作为府邸，自称“藏巴加波”。“藏”指日喀则地区，“加波”即是国王。1613年，辛厦巴的第四任后继者彭措南杰骁勇善战，控制了阿里[④]地区，使藏巴汗的势力进一步扩大。

彭措南杰信仰历史悠久的噶玛噶举派，而对新生的格鲁派屡次打压。

藏巴汗是个大威胁，1617年，喀尔喀蒙古卫地组成联军攻打藏巴汗，引来了藏巴汗与噶玛噶举派的联合镇压。格鲁派失势，僧侣们向北方逃亡。这一年，彭措南杰正式建立了藏巴汗政权，自称“后藏上部之王”，藏巴汗的说法首次出现在了史书里。

格鲁派为了自身的存亡发展，他们相中了有实力与藏巴汗抗争的固始汗图鲁拜琥。固始汗同意出兵，于1641年发兵攻打彭措南嘉的继任者噶玛丹迥旺波，攻下藏巴汗府邸。

噶玛丹迥旺波兵败丧命，依靠藏巴汗政权的噶玛噶举派彻底失势，从此一蹶不振。

护法任务已完成，五世达赖喇嘛想尽一切办法劝说固始汗离开西藏。聪明的固始汗怎可退出西藏这一大块水草肥美的宝地，他不退反进，布置蒙古士兵全面驻扎西藏各地，命长子达延汗驻守拉萨，自己留驻日喀则。

不是老虎也不是狮子，却能使老虎与狮子俯首帖耳的五世达赖喇嘛阿旺罗桑嘉措，怎能容许他人在自己睡榻之畔安睡。他苦于没有兵权，不能与兵强马壮的固始汗进行直接抗衡，遂引而不发，表现出令蒙古人满意的合作态度，不动声色地一步一步谋划权力的回收。

蒙古部落内部为继承权问题常起纷争。图鲁拜琥去世后，应由他的长子达延继位，无奈兄弟相争，继位之事拖了又拖，时隔6年他才坐上了汗王的宝座。达延争位不利，维护统治倒是把好手，他执政8年，使和硕特部在西藏进一步加强。

这个时期，五世达赖喇嘛并没有以硬碰硬，他按兵不动，依旧保持着优良合作者的形象。他的大部分时间和精力都投在了讲经说法上，静观事态发展。

达延汗病死西藏，长子贡却达赖继承汗位。表面上看来，这是一次波澜不惊的权力更替，却被五世达赖看到了出手的机会。达延汗死后，因选不出继承人，汗位曾空缺3年，这3年中，由青海王达赖洪台吉进藏主理事务。

达延汗去世于1668年，同年达延汗任命的第巴、实质上是达延汗安插在五世达赖喇嘛处的心腹赤列嘉措也去世了。

新的第巴本应由蒙古汗王任命，五世达赖趁汗位空缺，自主任命了罗桑图德布为第巴。

这是一次明目张胆的越权。

这种昭示野心的行为没能引起蒙古人的重视。两年后，他们出现了更大的失误——贡却达赖即位并没有削除罗桑图德布另任命新的第巴，从此，他们失掉了对第巴的任命权，变相地失掉了对五世达赖权力中枢的控制。

1679 年，五世达赖的爱徒、年纪轻轻的桑结嘉措成为第五代第巴。

此时的和硕特部，已无法阻挡达五世赖权力的增长。

五世达赖虽然强大，却并没有足够力量将蒙古人驱逐出西藏。他忌惮蒙古人强大的军事力量，亦需借助蒙古人的力量来抵御外敌侵犯。譬如 1681 年，拉达克部来袭，五世达赖喇嘛束手无策，还是贡却达赖汗的弟弟噶丹车凌率兵抵抗，战争足足打了两年。如若没有蒙古人的帮助，后果不堪设想。

由此格鲁派与和硕部形成了一种互相竞争又互相倚靠的局面。也可以理解五世达赖去世后，为什么要极力维持这种平衡，制造自己仍旧在世的假象——灵童转世、坐床需要十几年的时间，失却偶像这么久格鲁派会非常危险，为了防止给蒙古人以可乘之机，第巴桑结嘉措才敢大着胆子欺瞒清朝皇帝，掩盖活佛去世的讯息。

当然，他将这个讯息隐瞒得过于长久，竟长达 15 年。

从达赖喇嘛阿旺罗桑嘉措到第巴桑结嘉措，格鲁派两代实际领导人都是杰出的政治家，最大化地强调了教派权力，逐步压缩和硕特部贵族的权力。桑结嘉措内有五世达赖打下的良好政治基础，军事力量日渐强大，外有师兄蒙古准噶尔部珲台吉噶尔丹撑腰，他不仅满足于揽权，还开始对蒙古贵族进行驱逐。这造成了双方矛盾迅速恶化。

贡却达赖汗的去世，权势的天平确实是向桑结一方倾斜。如果继任者如贡却达赖汗般庸碌，桑结嘉措自认能在短时期内将蒙古人驱逐出西藏；但是，万一继位的是才华与抱负兼具的政治家，那么桑结也无法预测这出二虎争食的政治大戏究竟何时才能落幕。

漫长的20年的政治拉锯战，使他厌倦。他也急着看到一个最终的答案。

结果使他满意。继位的是贡却达赖汗的长子旺吉乐。从一个敌手的角度讲，他非常喜爱这位继承人，这位继承人善良而软弱，也许他具有作为盛世君王的美德，但在这激流暗涌、阴险诡诈的政治环境中，他的美德唯一的意义就是加速和硕特部的溃败。

旺吉乐继位的消息并没能让第巴心情愉快多久，仓央嘉措，那个时常让他头痛的大男孩，给他、也给自己惹了大麻烦。

那一年的冬天，拉萨寒冷，时常大雪纷飞。

两位喇嘛有要务，夜半出行。打开布达拉宫一道后门，他们意外发现，皑皑白雪上一行脚印。脚印很新，是刚踩上去的，而且朝向宫殿的方向。莫不是有人夜闯布达拉？两人紧张万分，这条路距离仓央嘉措的寝宫噶当基距离最近，若出了什么事情……他们急忙报告了铁棒喇嘛[⑤]。

走廊内有星星点点的雪水，铁棒喇嘛带着几名侍卫沿着雪水一路追踪，果然追到了噶当基！小喇嘛格列起夜，与几人碰个正着，铁棒喇嘛急问："尊者可安好？"

格列莫名其妙："尊者正在睡觉，自然安好。"

"迅速引我等入内查看，有刺客潜入！"

格列闻言惊惧不已，忙引众人至六世的卧房。

床上，仓央嘉措睡得正香。众人不敢惊扰，轻手轻脚地举着灯火于屋内查看，并无刺客到来的痕迹。铁棒喇嘛疑惑不解，明明追踪至此处，怎么就寻不到人影？这时，他的恰当巴[⑥]使眼色示意他注意仓央嘉措的靴子，那双嵌着黄缎子的靴子是湿的，还粘着未抹净的泥水。

铁棒喇嘛大惊。为谨慎，他捡起一只鞋子用手丈量尺寸——不大不小，与雪地上留下的足迹一样。

布达拉宫震动了。

本应于深宫修行的佛爷趁夜化名出游，沉迷酒色，格鲁派上下为之震惊不已。

丑闻。前所未闻的丑闻。

第巴桑结嘉措亲自来到仓央嘉措的寝宫噶当基。这座宫殿他已经有多年没有来过了。他厌恶面对那张年轻的脸，尤其是那双纯净的眼睛，在那双纯净的眼睛里他能看到自己衰老、倾颓、被岁月磨蚀的脸。桑结可以蔑视这个青年的柔弱与无能，可以在远离他的某个地方任意下命令对他搓圆捏扁，却难以与他面对面地说些什么，无论是批评、责难、威胁、辱骂……即使那青年脸上未曾呈现痛苦的神情，桑结的内心深处也会有某些部分在抽搐疼痛，阻挠他，妨碍他对这个青年精神上的折磨。

桑结对自己莫名的反应无可奈何，只能躲避他，躲避这个自己厌恶的、不让人省心的大孩子，这个被自己紧紧捏在手心里的傀儡。

然而今天，桑结必须得面对他。

第巴桑结嘉措出现在了噶当基。仓央嘉措正坐在七层绣垫上，饮茶，仿佛料想到他的来访。

第巴面色铁青，行礼问好。

仓央嘉措道："坐。"一副平淡的样子。

这种过分的镇定让桑结恼怒。他压抑着怒火，说道："活佛啦，从去年开始，拉萨街头流传着一首歌谣，不知您听说过没有？"

别怪高座上人，
多情风流浪荡。
他的所欲所求，
与凡人没两样。

"听说过。第巴您很关心民间的事情，不知您听过说另一首没有？"

身处壮阔的布达拉，
我是雪域威赫的至尊。
游荡在繁华的拉萨，
我是潇洒汉子宕桑。

"活佛啦，您是明理的活佛啦，您知道您闹出了多大的丑闻，不要再闹了！您是谁？您是投身人世的观世音！"

"哦？我是观世音？您确定？可是，这片土地上的人只认识第巴桑结嘉措的官印，不认得我的五叶冠。"

"孩子，我知道你愤怒什么，不错，在遥远的前世，这是属于你的土地，但是现在，这片土地属于我，这片土地上的人们、草木、牛羊都属于我——你，也属于我！"第巴握紧右手，好像手里真的握着整片雪域的河流山地。

"不，您错了。本来我还犹豫，为我作为活佛的责任犹豫。事情变成这个样子，恰恰助我做出了选择。我尘缘未断。我不想要金银财宝，我也不想要雪域之王的宝冠，我只想要一颗心，一颗真诚的、火热的、无遮无拦的心。我要离开这里，过一个普通人的生活，像我的父亲与母亲一样，与一个女人相爱，结婚，每天清早一同睁开眼睛迎接太阳的升起，我们放牧，耕种，煮茶，生很多小孩子，让他们像格桑花一样在草原上自由生长——不要再像他们的父亲我一样。”

“很好的借口。让我告诉你，孩子，演好你的角色，不要妄想从我这里分享到一丝权力，更不要尝试用你愚蠢的头脑和我作对。你来到世间，除了干净的法体什么也没有带来，权势没有，地位没有，财富没有，你如菟丝子攀附在我身上，才能来到这辉煌的宫殿，享受着雪域高原的王者最奢华的生活，你还有什么不满意？不要再去自降身份与贱民为伍，从现在开始到明年受格隆戒之前，你就待在布达拉，不能再踏出宫门一步！”

第巴甩袖出门。

铁棒喇嘛亲自带着仆从日夜看守噶当基，仓央嘉措找不到机会出门。翌日，仓央嘉措对仁增旺姆的想念愈发强烈。清晨，他站在噶当基殿窗前遥望雪城，望着雪城上空冉冉升起的桑烟，写下柔情的诗句：

东方峰峦叠嶂，
山顶缭绕着云烟。
可是情人仁增旺姆，
为我而燃起的神香？

他把诗歌写在信笺上，叫塔坚乃班丹去送去给仁增旺姆。

塔坚乃得信正要出发，小喇嘛格列进来禀报：“有女子名次仁尼玛，天亮即在布达拉宫前求见佛爷，指天赌咒说有要事，多次驱赶不去，塔坚乃大人的侍从认得是佛爷的朋友，请问尊者您见否？”

“快带进来。”

次仁尼玛低头走进噶当基大殿，匍匐地上亲吻仓央嘉措的靴子。

“起来吧，次仁尼玛。我很好奇，你怎知我呢？”

次仁尼玛哪敢起身，伏地答道：“拉萨街头都是关于尊者的传言，我等早已猜到，宕桑旺波少爷身份不一般，因尊者不告知，故不敢妄自言说。且小女在大昭寺见过尊者，尊者不知耳。”

仓央嘉措伸手扶起她，见她满脸污迹血痕，有被殴打的痕迹：“可怜的孩子，守门的人打你了？疼得厉害吗？格列，传医官。”

听得活佛和蔼问询，这个以街头为家、一贯乐观坚强的小姑娘蓦地哭了：“今日小女次仁尼玛不顾礼数贸然惊扰尊者，实在有不可不说之大事。天刚亮次仁尼玛见有武士二人引轿来请仁增旺姆，说宕桑旺波少爷所派，要护送仁增旺姆回琼结。仁增旺姆生疑不愿去，硬被塞进轿子。旺姆丢小女此物以为物证，求尊者搭救！”

次仁尼玛哭着捧上信物，是头发，匆忙中割下的一缕头发。

仓央嘉措伸手想从胸前掏东西，手在颤抖，掏了几次方掏出来，也是一缕头发。他把两缕头发放在一起——一模一样的丝缎般柔软乌黑的头发。

即将远行的爱人，
不要失落悲伤。
我为你戴上松耳石嘎乌，
保佑你吉祥幸福安康。
我为你的帽子配上丝飘带，
让你潇洒得像格萨尔王一样。

我为你戴上纯金耳环，
使我的心陪伴在你身旁。
最后请把这缕秀发藏在胸前，
让远方的你能想起深爱你的姑娘。

亲爱的姑娘仁增旺姆为他剪下这缕头发的时候，轻轻哼着这首小调。

“备马！备马！我要出门！”

铁棒喇嘛带着十几个侍从围在门前：“活佛啦，第巴有令，非有法务，您不能跨出布达拉一步。”

“我是活佛！为什么不能出门！”仓央嘉措冲出门去，被喇嘛们架了回来：“佛爷啊，您是我格鲁派教宗，请您为您的信众着想！不可莽撞行事！”塔坚乃拨开人群走出来：“塔坚乃班丹愿替尊者前往，请尊者安心在噶当基等待便是！”

“你不能去，你是我左右手，第巴正愁没机会对你下手！”

“活佛啦，我记得多年前，在得知失去卓玛的时候，您是怎样伤心哭泣的。我不会让那样悲戚的表情再次映上您尊贵的容颜。”

仓央嘉措永远也忘不了那个清晨，那一天，噶当基大殿的晨曦是多么美啊。塔坚乃披了一身霞光，谦恭地向他行了大礼离开。

塔坚乃带着 4 个侍从打马离去。他知道，活佛一定会站在布达拉宫哪一扇高而厚的窗台上目送他，他离开时高扬手中的鞭子向活佛示意。清脆的甩鞭声，清亮的吆喝声是起程的讯号。即使马跑出去很远，塔坚乃宝蓝色的缎子袍子依然在阳光下折射出耀目的光亮，他柔软的微微卷曲的黑发在覆满积雪的路上腾起的雪沫中飞扬。仓央嘉措眼中最后的印象是塔坚乃班丹高高举鞭示意，信心十足地离开，他孩子气的脸上笑容灿烂。

这扇窗是少年时代的桑结念经、玩要的地方。一个瘦小寂寞、头颅扁扁的小孩，就那么放肆地靠窗坐着，半睡半醒间把弄手指，看玛布日山上生出的云朵在手指间流淌而过。

“他们，会回来吧？”

“他们——会回来吗？”在岁月尘埃下静默了许久的男孩突然抬起低垂的眼皮，望着他笑了：“你是活佛，你怎么看不出这个中的因果。”

“是吗……我怎么觉得，只是个人啊……一个携带着星星点点曾经记忆的人，即使这些东西，对我没有任何意义。看，吉祥依怙神、大红司命主、乃色娃护法神⑦在这偌大的宫殿的每个角落飘摇，但是他们能为我做什么呢？而那实际能护佑我的，那前世我寄予厚望的、护佑过的人，今生又还给了我怎样的果报？”

“您曾经为我讲过一个故事，说古老的佛陀时代，迦维罗卫国与舍卫国之间生长着一株尼俱类树。它真高大啊，足有二十里高，枝叶如翠盖般覆盖了方圆六十里的范围。它结出的果实非常多，有数千万斛。那些果子香甜可口，成熟了自己就会落下。佛陀与阿难从树下经过，见有比丘捡拾果实，佛陀教诲阿难，万事万物各自有往昔之因缘，修福者如此殊，从一颗种子萌发，经风霜雨露慢慢生长，终会得无量果实——您为我讲述这个故事，竟天真地相信这个故事。您以为，你教育他，关爱他，扶植他，便是结下了一份善缘？您以为，他延续了你的统治，延续了你的政策，为你修缮完了这座宏伟的宫殿，便能继续结出新善缘么？信什么样的因就有什么样的果，真蠢，活佛啦。”

仓央嘉措蹲下来，望着这眼神聪慧的孩子：“为什么会有那缘起……前世的前世，你又是什么，我又是什么？”

孩子也望着他：“对哇，前世的前世，你又是什么，我又是什么，他又是什么？”

他们相视而笑。孩子如一缕桑烟在空气中消失了。

仓央嘉措，孤独的活佛，一个人对着高大的窗寂静的角落，落下泪来。

他无从知晓，为什么会有这些漫无边际的苦痛，他无法求索，求索到这漫无边际的苦痛生命的本真。

仓央嘉措度过了一生中最漫长的一天。

晚霞给纯白的布达拉宫披上了红色的艳装，他信步走出宫殿。

不知不觉中，走到了当年练习金刚舞的地方。那时，他正兴致勃勃地练习金刚舞的舞步，他少年时代最好的朋友塔坚乃班丹出现在雪地的另一端，一切仿若昨天。

现实中，雪地的那一侧传来了喇嘛们焦急的呼喊：“拦住！不要惊了佛爷！”

“快快快！”

依旧有个影子向他冲来。

是一匹马，马上坐着一个人。马仿佛接受了坚决的指令，毫不犹豫地向仓央嘉措冲来，马上的人摇摇晃晃，一副随时会掉下马的样子。

金色的霞光映在纯白的雪地上，马蹄踏起轻盈的雪沫，好像这匹马踏着金色的云雾而来。

仓央嘉措笑了。

是塔坚乃呢。

仓央嘉措记得他的宝蓝色缎子袍子。

可是，我亲爱的朋友，柔软的微卷的黑发为什么没有在风中飞扬？

哦，对不起，我刚刚注意到，你的头颅被挂在了马鞍上。这真是一匹莽撞的马啊，跑得那么快，雪与泥溅了你一头一脸。

时光的洪流无法遏止地逆转，劈头盖脸地向仓央嘉措扑打而来。19年前，宗本家的少爷，那位秀气骄傲的红衣少年初次出现在他身边，他就那样望着他，微微皱着眉，不知是嫌阳光过于刺眼，还是他骨子里的骄傲所致："新来的，你叫啥？"

……

"我是宗本家的少爷塔坚乃班丹。喂，外乡人，见到本少爷怎么不知道行礼？"

……

"我，宗本的儿子塔坚乃班丹，特许阿旺诺布养这只像狗的狼。斯郎，你管理着宗本家的牲畜，我命令你，每天要用宗本家的羊肉和牛肉把它喂得饱饱的，吃饱了它就不会去咬牲口了。"

……

仓央嘉措少年时代最好的朋友塔坚乃班丹，从雪地那端出现。他被割掉了头颅。

他的身体被绑在马背上，摇摇晃晃。

夕阳沉落地面，仓央嘉措站在马前，望着年少时的朋友。还是第一次，没有从这个身躯上看到那张微笑的脸以及那双强巴佛般好看的眼睛。

马大而温润的眼睛里滚落下大滴的泪珠。

马背上那具失去头颅的身体，轰然倒下。

注　释

①和硕特部：蒙古族部落，是历史上青海蒙古族的主体。居住在高原山区，俗称为“上蒙古”。

②乌思藏：元朝政府设在今西藏地区的行政单位。乌思指前藏，在清代以后一般称卫；藏指后藏。

③三竹节：今天的日喀则。

④阿里：属卫藏，即整个藏北高原。

⑤铁棒喇嘛：藏传佛教系统里的僧职称谓。

⑥恰当巴：铁棒喇嘛的幕僚。

⑦吉祥依怙神、大红司命主、乃色娃护法神：俱为护法神的名字。

第十三回　失却菩提路，绝音青海湖

拉萨有无数的晴天。碧澄的天空，云团高耸若山缓缓从天空滑过。阳光把城市照得太明太亮，街道房屋人流全是白晃晃的。

他站立在那扇窗前，被灿烂的光洒了一头一脸，脸色看起来也是那种明媚的白。

仓央嘉措在这里站着，站着，仿佛沧海重新升起为桑田，他依然不会挪动脚步。仆从不敢打扰他，喇嘛格列大着胆子上前，小声禀报：“佛爷，用膳了。”

他没有回答，没有反应，甚至没有表示厌烦的反应。

格列试着提高嗓音：“佛爷，请您用膳！”

他只给大家一个孤独的背影。

他身体矗立此地，却又好像不在这个世界，对这世上的一切都无所谓一般。他听不到，看不到。他只能听得到大家听不到的，看得到大家看不到的。

“你是谁？”

“我是仲麦巴家的少爷，‘人中之宝’最亲密的仆人，一人之下、万人之上的雪域第巴，睿智、博学、机敏的仲麦巴·桑结嘉措。”

“你是五世最疼爱的孩子，他给了你很多关怀，教授你知识，赋予你权势，将雪域之城最耀眼的荣光都归于你。他给了你一切，一个父亲能给予儿子的也没有他给予你的多，你为何还要离弃他。”

“我们都是为欲望活着。作为一名僧侣，我曾将抑制欲望作为修行的重点。你一定知道，欲望是多么倔强，即使我以法理的大石重压，它们依然会如春雨滲润的种子挣扎而出，迅速茂密地生长。别告诉我，在寂静的夜晚那些欲望没在你的心头跳舞！它们关乎女人，关乎权势，关乎金钱，关乎控制、折磨他人的快感、玩弄生命于股掌之间的乐趣……我曾以为它们非常无耻、下流、肮脏……但是，它们肆无忌惮的歌舞让我的灵魂轻松放荡，即使我身处凡世，依然宛若天堂——你告诉我，我有什么理由要放弃这些乐趣？”

“——你违背了他的心，你怎么能，这样对待一颗善待你的心。”

“他只是利用我，因为我有价值，我有利用的价值！那颗心……那颗心是假的！”

“……那样一颗心是假的，那么，什么是真的？你的臣属，你的女人，你的金银，你手中的权杖还是你头顶的冠冕？又或者，你自己。告诉我，难道，你，就是真实的吗？”

日光灿烂，仓央嘉措笑容凄凉。他伸出手，向孩子的脸抚去，那因为激烈的言辞而颤抖的孩子露出惊恐的神情。他望着这只手，这是一只神圣的手，高原之上的信众都期望被这只神圣的手触摸，得到无上的祝福，对于这孩子而言，这却是一只戳破真相的手。这只手抚摸到孩子饱满脸颊的瞬间，那孩子的形象瞬间崩散，金色的粉尘在阳光中跳起清越的舞蹈。

1702年，藏历水马年六月，仓央嘉措的黄龙轿子在众仆从的簇拥下浩浩荡荡抬进了日喀则扎什伦布寺①的山门。梵呗②之声响彻天宇，仓央嘉措身着袈裟头戴五佛冠缓步走下轿子，沿着地毯走向等待在强巴佛殿前的五世班禅罗桑益西。

五世班禅微笑着看着高高、略显瘦弱的仓央嘉措走来。仓央嘉措望着这位为自己受沙弥戒、讲法的佛法的尊者，一丝苦涩的笑容浮上嘴角。他停住了脚步，郑重地取下了头上的五佛冠，脱下了身上的袈裟，折好，放在地上。

在场众人大惊。

仓央嘉措俯身下拜，向老师行大礼：“我不受格隆戒。亦请老师收回我所受格楚戒。”

扎什伦布寺几百年来未曾有过这样的寂静，梵呗声纠卷着风声高飞向碧蓝的天心。

《五世班禅罗桑益西自传·明晰品行月亮》这样记述这一段故事：

“休说他受格隆戒，就连原先受的格楚戒也无法阻挡地抛弃了。最后，以我为首的众人皆请求其不要换穿俗人服装，以近事男戒而受比丘戒，再转法轮。但是，终无效应，只得将经过情形详细呈报第悉。仓央嘉措在扎什伦布寺居 17 日后返回拉萨。”

从日喀则回到拉萨，仓央嘉措从世界上消失，出现在布达拉噶当基殿的，是原本在拉萨街头徘徊的潇洒男子宕桑旺波。他不再剃发，穿着俗人的装束在华美的宫殿饮酒取乐。闹得太不像话。

不过相隔几个月，第巴桑结嘉措再次来到噶当基。仓央嘉措见他来了，给格列喇嘛使个眼色，格列端上来一只托盘，托盘里放着一捆绳子，一柄藏刀。

仓央嘉措拿起绳子掷于第巴脚下，说：“我早已不畏忌生死，若你继续幽禁我，不让我还俗，我就自绝于此地。”

“你威胁我？”

“对。你让我失去了爱人，失去了朋友，还能拿走我什么呢？我如今孑然一身，所拥有的，只不过还有这生命。”

“你倒是敢死给我看！”

仓央嘉措笑了。他早已对生命没有了忧惧。他拈起盘中的匕首，插向胸口。

小喇嘛格列从一侧冲出来紧紧抓住活佛的手，边哭边叫："活佛啦，活佛啦，您……您住手！请爱护法体爱护法体啊活佛啦！"

门外的铁棒喇嘛等人闻声冲进来，夺下仓央嘉措手中的匕首。混乱中格列的手被划伤，孩子鲜红的血洇透了僧袍。

桑结嘉措脸上肌肉跳动："我给你你想要的自由。还俗，不可以，布达拉宫里需要你。这是我最后的底线，不要再逼迫我！"

这是第巴桑结嘉措最后一次来噶当基。从此，仓央嘉措蓄起了长长的头发，戴着硕大的戒指与宝石耳环在拉萨街头流连，他时而去雪城的酒馆饮酒，时而到拉萨近郊寻欢。

对于这位浪荡的佛爷，人们充满了同情；对于这位年轻的诗人，人们充满了热爱。那首白拉姆歌在拉萨传唱得更广：

别怪高座上人，
多情风流浪荡。
他的所欲所求，
与凡人没两样。

第巴遵守他的诺言，不横加干涉。

桑结嘉措对仓央嘉措无可奈何，早已将其抛却脑后，他为别的事情忙得焦头烂额——和硕特部不到两年工夫又换了汗王，拉藏汗杀掉了软弱无能的哥哥旺吉乐夺取了大权。拉藏汗颇有他祖父的风范，做事果断，多谋略。他一上台，就与桑结嘉措开始了明刀明枪的较量，计策狠辣，让桑结防不胜防。

拉藏汗认真分析了当时西藏的局势，认为仓央嘉措与第巴矛盾尖锐，可以拉拢他入伙。这位教宗虽然有名无实，但是格外得到信徒爱戴。有了仓央嘉措的帮助，他就可以重演当年祖父与五世达赖合作的一幕，握住西藏的权力。

拉藏汗决定亲自拜访仓央嘉措。

仓央嘉措正在龙王潭射箭嬉戏，听闻拉藏汗来访，颇觉意外，略作思索，即命摆酒招待。

拉藏汗虽早有耳闻，但真看到仓央嘉措本人垂着漂亮的卷发、穿着俗人的绣金白袍出现在面前，还是不禁吃惊。拉藏汗对教宗表示敬意，两人客气寒暄，携手入席。

酒过三巡，拉藏汗即暗示仓央嘉措请仆人回避。气氛骤然微妙起来。

拉藏汗探过身子："在茫茫雪域，宗主长着两颗脑袋，一颗叫仓央嘉措，一颗叫桑结嘉措。"拉藏汗毫无顾忌地用放诞的眼神盯着年轻的仓央嘉措。

仓央嘉措呷一口酒，淡淡地说："你说得不错。其中一颗在这里同你饮酒，另一颗阻碍了你展翅天域。"

"布达拉宫有一颗脑袋就足够了，两颗头只要砍掉一颗……"拉藏汗伸出右手做出砍头的动作。

仓央嘉措放下手中的酒碗，看着他，说道："砍掉一颗藏族人的头，再安上一颗蒙古人的？"

拉藏汗盯着眼前这平和淡定的人，"哈哈，哈哈哈哈哈哈哈哈……"发出鹰鸮般的大笑。

他端起酒壶斟满酒碗向仓央嘉措敬酒："尊者智慧慈悲，端正庄严，我和硕特部愿世代为尊者护法。"

走出龙王潭，拉藏汗暗想，既然不能成为帮手，就让他成为攻击敌人的武器吧。主意打定，立即动手。当夜拉藏汗即修书给康熙皇帝，指说仓央嘉措不守戒行，淫邪放荡，乃第斯桑结嘉措找来的假达赖。

拉藏汗与桑结嘉措的争斗，康熙帝早有耳闻，知此事若不闻不问，必引起更大祸端。康熙皇帝迅速派使者进藏验明真身。《琵琶音》一书这样记载当时的情境：

拉藏向内地寄去一信，对尊者是活佛与否表示怀疑。皇上便派了一位精于相术的人进藏。此人来后，请尊者赤身坐于座位上，他围绕圣体前后左右，从各个方面细察体相。然后说道："这位大德是否为五世佛祖的转世，我固然不知，但作为圣者的体征则完备无缺。"

对于这个结果，桑结嘉措大松了一口气。若是假达赖的说法坐实，连同之前劣迹，康熙帝必不会放过他。

拉藏汗让桑结嘉措忧惧不安，他必须尽早解决掉这个他一生中遇到过的最棘手的敌人。不然拉藏汗出手迅疾手段毒辣，他不能保证自己还能不能如这次一般幸运。被逼到绝境的桑结嘉措走了一步荒诞的棋：他买通了拉藏汗的贴身侍从，让其投毒。

事情败露。拉藏汗岂肯罢休，抓住投毒事件大做文章，双方矛盾达到了白热化程度。为求局势稳定，1705 年 1 月，仓央嘉措、色拉和哲蚌寺的堪布、班禅的代表、蒙古诸施主等人，围坐一堂开会讨论解决方法。

会议的结果是桑结嘉措辞去第巴之职，将贡嘎宗拨给他作为食邑。拉藏汗要带兵撤出西藏，回青海驻牧。

这是一个典型的"决议"，有了结果，大家作势去遵守，却不一定有人真正遵守。桑结虽答应辞职，但以交接政务为借口迟迟不离开拉萨。拉藏汗虽率部开拔，却一路缓行，不停驻留，待行至那曲集结了大量藏北蒙古军队。1705年5月，队伍集结完毕后拉藏汗出兵，擒拿了桑结嘉措，押往堆龙德庆的朗孜村。

曾经骄傲地坐在庄严的布达拉宫中睥睨众生的第巴桑结嘉措，如今狼狈地被绑在支持屋架的柱子上，望着黑洞洞的屋顶。

门开了，一个身穿白色长袍的蒙古女子进来，她饰物华贵，气质高傲，进门就喝退了屋内的侍卫。

“第巴老爷，宫珠得勒。”这女子张口是流利的藏语，微微带些藏南口音。

“您是……”

“不用费神思索，您没见过我。”

“不，您的面容，我并不陌生啊。”

女子说道：“既然您执意要想，那么我就帮帮您。您，对这双眼睛不陌生吧？”

这双眼睛炙烤得桑结脸颊仿佛有了痛感，他把头偏向一边去，笑了：“怎么会呢……整个噶当基，整个布达拉宫，也找不出第二双这么漂亮的眼睛。你是塔坚乃班丹的妹妹吧？我记得，我亲自把你指给固始汗的儿子做妃子……你们……真像……”

“对啊，你记得我，记得我的觉拉。你让我的觉拉有机会成为达赖佛的侍从，你让我有机会成为拉藏汗的女人，这在尘世中，已经是莫大的福分了……我们，真得感谢你呢……可是，你为什么要割去我觉拉的头呢？为什么？我还梦想着，有一天我们能再回到家乡，我不会一辈子待在拉藏汗的毡帐里，有一天，我的容颜凋萎了，我的发丝枯白了，拉藏汗不再眷恋我，我就能和觉拉一起，回到夏沃，回到我们的家乡。我们的佛爷，一定会答应让我觉拉离开……他是个多么慈悲的佛爷啊，也许，也许他会同我们一起回去，一起回到错那……都是你，都是你！我们再也回不去了！我们再也回不去了！”

达瓦卓玛从腰间抽出一把藏刀，这刀镶嵌着光润的玛瑙，有金丝缠绕。仓央嘉措曾无数次地抚摸着这把刀，它是一段失落爱情的见证，如今，它要成为报仇的利器。

作为信物，它没能成就爱情；作为利器，它出色地完成了自己的使命。

嚓，嚓，嚓……

锐利的刀刃插破层层华美的锦缎，插破脆弱的肌肤，划过骨骼，向着血与肉深处的心脏奔去。

达瓦卓玛哭了，泪水从弥勒菩萨般美丽的眼睛里飞扬而出，红色的血如春风里的红杜鹃在她雪白的藏袍上盛放，这春日的花朵真是艳啊，艳丽得遮天蔽日……等拉藏汗呼号着冲进屋子的时候，艳丽的血红的花已经开成了一朵荼蘼。

“你这是在做什么啊！让我怎么跟大皇帝交代！”虽然无数次渴望桑结死，但杀也要康熙帝动手，不然会给自己惹一身麻烦。

桑结已经去了。全身是红，明亮的红。出生时，他经由给予他生命的女人——母亲布赤佳姆的手，接受血的洗礼来到世界。今日，他经由另一个女人——一个仇恨他的女人的手，再次接受了血的洗礼，离开这个世界。很好，他默默地想，这是个圆满的生命的轮回呢。这血腥味儿，还是那么刺鼻。

额巴钦波说过，他离去，还会回来。我不是活佛，我不会再回来了。

我要去哪里呢？地狱？或是重入轮回，成为一头藏羚，一枝羊角花，一头熊？还是，做一棵青草……祈请佛菩萨慈悲做主，威神超拔于我仲麦巴·桑结嘉措，令罪人我当下消除一切的业障，释仇解怨，离苦得乐往生净土[③]。

神灵啊，若可以选择，我愿这净土，是拉萨……可否让我再次来到玛布日山之上，重沐布达拉的阳光，倾听云天下清远的梵唱？

当生命的一切尘埃落定，曾经躁动迷惑的心重又回归宁静。

曾经，桑结嘉措说过，仓央嘉措如同菟丝子依附他而生。这话，确实不错。这位枭雄控制他，利用他，亦保护了他。桑结离世，仓央嘉措得到了自由，亦赤裸裸地暴露在敌手的屠刀下。拉藏汗再次利用仓央嘉措行为不检一事做文章，说仓央嘉措是假达赖。他召集三大寺堪布开会，欲废掉仓央嘉措。

堪布们对拉藏汗的说法并不认同，他们认为尊贵的仓央嘉措受到魔鬼的迷惑，影响心智，他是迷失的菩提——仅仅是迷失菩提，而非假达赖。拉藏汗不肯罢休，一次上奏康熙帝。

西藏的局势由桑结嘉措与拉藏汗分庭抗礼演变成了一边倒向拉藏汗，康熙帝审时度势地做了处理。皇帝封拉藏汗为“翊法恭顺汗”，赐金印一颗；认同仓央嘉措为假达赖的说法，要求拉藏汗将其“执献京师”。

拉藏汗对这种处理并不满意。他本想利用仓央嘉措控制西藏局势，没想到康熙帝会做出这种决定。《商南多尔济奏报拉藏汗遣人解送六世达赖喇嘛来京事》记录：“（康熙帝）又恐伪达赖喇嘛留其地，坏法生事，今尽拘伪达赖喇嘛等众赴京，拉藏以为执伪达赖喇嘛，则众喇嘛必至离散，不从。上谓诸臣曰：拉藏今虽不从，后必自执之来献。至是，果如圣旨所云技。”

康熙帝的推断不错，由于对仓央嘉措的弹劾，拉藏汗与格鲁派剑拔弩张。随着时局的发展，拉藏汗意识到仓央嘉措如一颗烫手山芋，不可用，不可留，如若不押送京师，事情无法收场。

1706年5月17日，仓央嘉措在蒙古兵的押解下，离开布达拉，离开拉萨。当听闻仓央嘉措被押解上京，拉萨百姓莫不震惊，在他们心中，活佛永远是活佛，是真神的转生，不会因为喜好游乐就丧失了神性。他们从拉萨的大街小巷涌来，哀哭着挽留佛爷。面对这种景象，拉藏汗很是害怕，怕出什么意外。他要求加快行进速度。

当押解队伍行至哲蚌寺，意外还是发生了。

历世达赖喇嘛皆以哲蚌寺为母寺，五世达赖建立的噶丹颇章政权在迁入布达拉宫前，哲蚌寺的噶丹颇章是拉萨地区的中枢。可以说，这里是格鲁派的根基。哲蚌寺的喇嘛们听闻敬爱的佛爷被蒙古士兵带走，置生死于度外，冲入蒙古士兵的队伍抢走了仓央嘉措。

拉藏汗陷入了双重的窘迫中：留仓央嘉措在哲蚌寺必定是祸根，而且丢失了“人犯”，他如何向大皇帝交代？

拉藏汗下令不惜一切代价攻击哲蚌寺抢回仓央嘉措。蒙古士兵潮水一样涌向哲蚌寺，哲蚌寺的喇嘛们誓死不交出教宗，用生命捍卫信仰，他们的血染红了根培乌孜山。

仓央嘉措自己走出了哲蚌寺，在喇嘛们哀痛的挽留声中，头也不回地走入了蒙古士兵的营地。

仓央嘉措没能走到北京，走入紫禁城。

行至青海湖时，拉藏汗收到了康熙帝的信，康熙帝提出了一个问题：你把仓央嘉措送到紫禁城，让我怎么供养他呢？拉藏汗慌了，皇帝也不想接下这个烫手的山芋。

他无法处置仓央嘉措。杀，必在藏族地区掀起轩然大波，皇帝也不会放过他；放，他拉藏汗一手导演了这场闹剧，这是怎么样一个荒诞的收场？无奈之下，他暗示看守放掉仓央嘉措，何去何从，凭他自己。

对外宣称，仓央嘉措病逝。

大家都满意地收场。

仓央嘉措重又获得了自由。天地之大，他却不知自己该何去何从。

他离开蒙古士兵的营地，沿着青海湖信步而行。

月下的青海湖，广阔如海，寂静如海，它，本就是藏族人的海啊，藏语称其为“错温波”，青色的海。这片青色的海，映照着头顶上璀璨的星空，让人萌生出错觉，会不会这些灿烂的星星是从清亮的水中濯洗过才升上天空，所以如此清新亮眼？

一切恩爱会，无常难得久，生世多畏惧，生命危于晨露，由爱故生忧，由爱故生怖，若离于爱者，无忧亦无怖。

爱，恨，情，仇，都已在尘嚣中远去。他感到疲惫。

为什么一定要找下一步要走的路，给自己一个结局，也许更好。

走入银光灿灿的青海湖，便是走入了星星的故乡吧，这样慢慢地，慢慢地走入青色的海的深处，走到海中的星群之中，是否会随着那些明亮的星星飞升天宇？他为自己最后诗意的想象微笑。在漫天花雨中来到人世、双脚沾染了俗世泥土24年的活佛，要远离尘嚣，他的生命是否会如前世般再次轮回为圣域的王者，他，已不在乎。此刻，他只想远离，让灵魂自由地在藏地广阔的天空永恒飞翔。

被冰冷的湖水浸透的衣物裹在腿上，走一步都困难。他缓缓走着，对这人生最后的一小段路他很有耐心。

水没过腰际，他听到身后有嘈杂的击水声，声音在靠近，最终有什么拉住了他的衣袖。

月色朗朗，波光粼粼，他看得清晰——是朗嘎，荒原上的小黄狼，布达拉宫里他最喜爱的老黄犬。

噶当基干杂活的小喇嘛经常会用上好的酥油拌了糌粑喂给它吃:“多吃些，多吃些，你可是布达拉宫的护法，吃饱了长得壮壮的保护佛爷。”朗嘎真像听懂似的。这头老黄狼已经 16 岁了，这个年岁，对于人来说生命之花开得正艳，对于一头狼来说，却已是耄耋之年。

它太老了，它早已不是在错那的草场上绕着牛羊撒欢儿蹦跳、喜爱与马儿赛跑的精力充沛的小狼崽，它精神疲惫，皮肉松弛，曾在夜色中闪烁的双眼中明亮的生命之火随时会熄灭。它趴在噶当基属于它的兽皮褥子上，眯缝着双眼等待最后时刻的来临。

每天，只有当仓央嘉措出现的时候它才会挣扎着站起来，费力摇一摇尾巴。做了一辈子狗，摇尾巴这件事，它依旧不在行。

当动物敏锐的知觉让它发现亲爱的主人已经离开了寂静、空荡的宫殿，它无声地从兽皮褥子上爬起来，踏上寻找主人的路途。混乱中，没人发现这头垂暮的老狼是怎样离开了布达拉，又是怎样一路艰辛跟到了这遥远的青海湖。

它必须守护他，当他还是个幼小的孩子，与天上的流云一般缓慢地将温暖的手掌伸向它的头顶，它就已经决定，守护他，用生命守护他。即使生命还有豆大的光亮，也要为他照亮寸许的行程。

“回去，朗嘎，回去。”

它依旧叼着他的衣袖。

“朗嘎，回去。”

它不松口，就这样看着他，眼神疲惫，却目光坚定。

它已经不行了，长途的跋涉加上青海湖夜晚沁凉的湖水，使它衰老疲惫的身躯到了极限。

仓央嘉措笑了，笑容温暖伤悲，他摸摸朗嘎湿漉漉的头："那么，我们一起走吧。"

我们一起走吧，走向这片青色的海。

那海水深处，星光灿烂，宛若天宇。

注 释

①扎什伦布寺：藏传佛教格鲁派寺院，全称作“扎什伦布白吉德钦曲唐结勒南巴杰瓦林”，表示“吉祥须弥聚福殊胜诸方州”。在西藏日喀则尼色日山下。明代兴建。后来，四世班禅罗桑却吉坚赞加以扩建。扎什伦布寺是日喀则地区最大寺庙，自班禅世系四世以后为历代班禅驻锡地。与拉萨甘丹寺、哲蚌寺、色拉寺并称格鲁派“四大寺”。为全国著名六大黄教寺院之一。该寺错钦大殿历史最早。殿前讲经场，是班禅讲经和僧人辩经之场所。大殿内供奉释迦牟尼佛及其大弟子佛像，两侧立柱刻有建寺人根敦主和四世班禅像。其中大弥勒殿与历世班禅灵塔殿是扎什伦布寺最宏伟的建筑，灵塔殿藏舍利肉身。

②梵呗：僧众或喇嘛诵经的声音。属于“五明”之一的声明。

③净土：净土是解脱之后往生的成佛之地，即庄严国土，是在佛与声闻、缘觉、菩萨三乘圣贤的身、口、意三业的感召之下的庄严刹土。是与众生凡俗因各种烦恼所种恶业而生的五浊秽土相对的。生命通过三大解脱法门得到解脱后将去往佛陀净土，从而超越生死轮回。净土是理想清静美好的往生之所，根据密宗经典指示，众生因于机缘与根器之差异，解脱后将去往不同的净土，一是根本明光净土，是人在弥终解脱后往生的佛陀净土。二是五位宇宙佛陀净土，是人死后第五天亡灵进入法性中阴，意识脱离肉体而成为独立意识体时，在经历五位来自宇宙五方佛陀显现和接引后证得解脱，从而往生的虚净之地。三是五位持明本尊净土，人死后第七天，亡灵将可以在五位持明本尊的指引下，获得证悟，永脱轮回苦海，到达极乐净土。

诗歌赏析

其　一

佛前美丽的哈罗花，
你若是我前世的情人，
我愿化身金蜂，
随你常伴佛堂。

有一种爱叫不离不弃，有一种爱叫生死相依。有一个你，若被现实吞没，有一个我也将瞬间隐遁。我就是这样，靠着一种信念，穿梭在世间，心无旁骛。这世间的天空，自然会记载我们的历史，我的意愿只在演绎一颗真心。我是一只普通的蜜蜂，在无意间学会了躲避孟婆汤的药性，所以生生世世的轮回里的记忆都在我记忆深处。也许，没人相信，穿越了时空，换了皮囊，我的述说成了荒诞的宣言，灵魂的色泽却从没有改变过。有人说，回忆是抓不住的月光，握紧就不会黑暗，而你的美丽却从没在手心消失。

你可知道，我也曾远观了你的生生世世，就在那一个轮回里，你丢失了所有，却把一颗真心紧握，努力地伸长指尖去触摸那个英俊的少年，泪水汩汩地从你明眸里流出，顺着你的脸颊冲刷你的香腮，然后倾倒下去，而你们的距离被拉得越来越远，你含恨放弃了生的信念，在那个明媚的天气里泣血而终。后来，你又踉踉跄跄地在各个轮回里行走，每一生都是情到真处情难绝。我被你的真情打动，又一次追随你来到了这里。

没想到，后来你转世成了哈罗花，佛堂祭品的命运成了无法摆脱的宿命。没了往昔的恋情的纠缠，可也无法感知我的目光。我知道，你真的太累了，选择了这样一种逃避的方法。可是，我的追随，又该何去何从。于是，我来到了拿你去做祭品的人类的身边，用我的方式，宣布了我们的命运。你已远离，我在远处又有什么意义，我选择了和你共赴高堂做了曼遮。“哈罗花如果拿去做供品的话，把我这年轻的蜂儿，也带到佛堂里去吧”是我前生的誓言，不知是否曾在你的心里留下了痕迹。

其实，我是否曾在你的心湖激起涟漪，亦不是我追问的事情，有也好，没有也罢，我只想让你知道我永远守在你的今生里。天地运转，生生不息，我和你又来到了新的人生里。你一如往昔，窈窕淑女之风，款款而散。我却修成了男儿身，再一次追随你，而世事的纠缠永无止息。

今日的你，好像略带着往日的幽怨，你试图逃离，不动声色地逃出尘世的反反复复。我在你的身边，你很少说话，只是说了句希望我过得好，把我的温情淡化，淡到你的心里不会再起涟漪。可我知道，你努力得来的平静是多么的易碎，你紧皱的眉头将你的心事泄露无遗。我不知道怎样才好，没有埋怨，也不乞求你不要远去，只想托清风捎给你我的心情：你若决定逃开去修法，我也一定跟你去到山里，从此绝离红尘。

很多人，读到仓央嘉措这首诗时，会自然地想比兴的手法，这样的理解也有道理。可是，诗人，特别是像他这样纯真得像个孩子的诗人，一般不会刻意雕琢自己的感情。所以，我选择了一种新的解读方式。一样质朴的情感，一样至死不渝的信念，加上无怨无悔的决绝。我们索性让诗人痴情到底，不去找出口，在至真的境域里，只为一个情字绽放青春。

如果，人生真有轮回，我们愿意这样理解仓央嘉措的心情，再多的努力都是徒然。我们该怎样守护爱情，面对命运时，我们该怎样做才不算苛求，又该向谁言说？能够生生世世里有你，已经是种莫大的运气。

其 二

为着温柔美丽的情人，
踌躇着是否该进山修行。
人世间可有两全之策，
让我兼顾佛缘与情缘。

自古以来，凡虔心向佛之人必定了却凡人七情六欲，但我却是一个例外。我并非看破红尘而空遁佛门。我是转世灵童，这不是我自己的本意和选择。身披袈裟的我却有一颗凡尘之心，这颗心还没有看透人间悲欢离合，四大皆空只是佛经教义当中平凡的四个字，然而尚未涉及尘世的我又怎能深刻体会佛曰四大皆空的真谛？

前世之缘尘埃落定之时，有幸佛选择了我，于是我遁入佛门。我没有选择，上天为我安排了我的路途。只是，为何上天又让我遇见你，于是从此后，眼前是佛，心中是你。天明、日落，盼你念你，等你出现。于是从此后，我终日惶惶不安，徘徊在殿前，我不知道是在等你出现，还是我害怕左心房中萦绕着你银铃般的笑声会惊扰右心房修身的佛祖。佛殿中，多少双眼睛在注视我修行，我是他们心中的至尊；可我心里，多少次转向你顶礼膜拜，你是我心中的女神，我的主宰。

那日人群中，在不经意转身的清秀小巷，你的眼，你的脸，你的手，你的心，在我身边，在我眼角，在我眉间，从此管它月朗星稀，管它狂风骤雨，轻轻拥你在怀中，比翼双飞。想爱，想和你相偎相依，却害怕爱你的执著最终抵不过世间的指责，害怕最后还是不得已离去，留给你更大的伤害。以前，我在佛身边修身积德，盼轮回转世，想参经悟道；如今你在我左右，看你眉头微蹙，听你唇间低语。只羡鸳鸯不羡仙。我并非想成仙，只是人间有多少爱恋能够远离世人目光，我想擦掉前世佛缘，就像拭去佛堂上的微尘，可是却擦不掉这些年沉浮在心中的记忆。佛曾在我心中，在我眼中，我怎能了却此意，安心地随你而去？每当夜深人静，伫窗前，当空皓月仿佛在责难我，向佛的心怎能陷入凡尘，修身之志本应心无旁骛啊！但是我却将一颗心割裂成两个，一颗心里装着你，一颗心里念着佛；一颗渴望斩断命运的束缚，一颗渴望挣脱凡尘的枷锁。

也许我应该剪断佛缘，剪断了我便不需在菩提树下虚伪地打坐，便不需在万人面前强装顿悟，我将与心爱的姑娘双宿双栖，男耕女织，远离这喧闹的寂寞。也许，我本不该与你相识，那样我的心还是完整的吧？它完全地，至少在很多人看来，完全地伴随在佛的左右。可是，佛猜得出开始却猜不出结局，佛选择了我的前世今生，却忽略了你是我的宿命。我的心里，早建成一个佛堂，而你就像一颗种子，不知何时悄悄落在我的心田，等心的土壤变得温存，这颗种子便生了根，发了芽，渐成参天之势。只可惜你不是荫蔽佛堂的菩提而是一颗罂粟，而我沉醉在罂粟花香之中，目送佛堂的香烟随着轻风越飘越远。多少个难眠的未央之夜，我徘徊在修行和爱情之间。我的心怎能安于佛堂？我的心又怎能深埋在温柔之乡？我的心不能只是一颗心，向佛不忠诚，爱你有欠缺，我怎么能够不妄断前世佛缘、众人期盼，又不枉费姑娘一片冰心？

在布达拉宫的金殿之上端坐，仓央嘉措注定无法成为一个平凡的少年，而这代价却是要受到心灵的痛苦煎熬。身披佛衣怎么追求纯美的真爱，在这矛盾中，心头情事却变成愁事。

其 三

我对你日思夜想，
你却趁夜偷会情郎。
鬓发间的松石知晓一切秘密，
可它口不能言只能缄默。

一切都是令人烦躁的原因，枯燥的经文，没日没夜转动的经筒。太阳沉下了山，暗暗的天色渐渐压向了大地。从这里看去，山下微弱的灯光透出股疲惫的模样。那里曾是我流连的地方，可今夜我却为何如此不忍看它。

我手中握着你头髻上的松石，整整一天。我始终不愿相信，那样美好的你，竟会背叛我的信赖。昨日的耳鬓厮磨是假？昨日的千般恩爱是假？昨日的万般缠绵是假？昨日的铮铮誓言，也是假？

沿着回旋的走廊前行，我漫无目的。那日篝火边的快意言欢还生生在我眼前，今日竟只剩这幽暗空荡的佛堂里，我一人独自百结愁肠……这竟是，梦一场？我抬头望向佛。你大慈悲，你遣我来爱这世人，却为何容不得我爱一个女子？每一次，每一次，每一次我走向的真实人生莫不都是你刻意的捉弄。这人世还有什么值得我付出真心去信赖？

下雪了吧，每次下雪总在不经意的时候，这雪不知下了多久，这人世的一切，不论美丑，都被它淹没了，只是淹没不了我心中的火。佛说放下得大自在，可我放不下，这手中的松石已被我捂得火热，那便是我的火，对你剪不断的相思。

也许我只是多想？也许你只是琐事缠身不得空？也许你只是思念故乡暂时返家？也许，也许你遇到了恶人……也许只是这场雪阻了你的前程？

我始终不愿相信，那样美好的你会背叛我的信赖。

可谁又能保证？

时间可以磨掉最精美的壁画，时间可以拆毁最坚固的堡垒，时间自然也可能消灭你和我的爱情！是的，就算你背叛了我，现在在他人的怀里，那又如何，这手中的松石也不过是寂寂不会出声的东西，不会告诉我实情。

我低头看看掌间的松石，被雪光衬得发亮，像你看我时的眼睛。

仓央嘉措困在布达拉宫里。布达拉里出过英雄，住过首领，可这里也有爱情。不是吗？当年松赞干布为迎娶文成公主，在山上修建了九层宫殿，足有千间。这里曾经是松赞干布与文成公主相爱相守的家，如今他们被供奉在这里，俯看众生。后来，历代达赖在它原有的基础上进行了扩修，终成今日之势。这座宫殿历史悠久，结构华丽，它收藏了无数的瑰宝，集合了无数人的智慧，可它从一开始就不是寺院，一直就不是，但它却以佛的名义困住了仓央嘉措，困住了他澎湃的情感和热烈的人生。他的人生悲怆，住在这金顶的牢中，看着莲花祖师面目慈悲——你有两个妻子，可为什么我却注定失去爱人？

布达拉的金顶静静地伫立，见证这里时光磨砺下的人世变幻，不论是情痴情苦，它都默然不语，等着某一天你的蓦然领悟。

其 四

压根儿没见最好，
也省得情思萦绕。
原来不熟也好，
就不会这般颠倒。

一次偶然的邂逅，让别后的日子变得这般的难熬，才下眉头又上心头的思念像藤萝缠着我，你可知道有时候，思念的缠绵要远远胜过一剑的刺痛，它涂抹着甜蜜和酸涩，看似远离残忍的疼痛，心却再也无法轻松。有人说，“相濡以沫，不如相忘于江湖”，可是我怎么偏偏时时刻刻、分分秒秒希求着能看到你的笑颜，心情像那6月的天气，说变就变，变来变去只因两目相视时你那俨然一笑，淡淡的，如白云轻柔，载我到心的故乡。风流倜傥的太白高唱着“此心安处是吾乡”潇洒行走人生，我低吟着诗人的潇洒却怎么也无法轻松起来，因为我无法跨越那一转身的距离，无法永远沉于你温柔的心海里。

我用尽力气努力挣扎，多想走出你设的思念局，却反而把自己困得更紧。才发现“转山转水转佛塔”，内心怎么也转不出无尽的情绪缠绕，细数的佛珠像个沙漏计算着的却是与你别后的每一分钟。就这样，我慢慢下沉，下沉，一直沉到你的今生里。抬头间，在云彩里一次一次看到你的笑容，我舍不得闭上眼睛，笑着任泪流成河。等到疲惫时，我决定睡去，决定不再把一秒当成一天的印记，可是，我不知怎么赎回狂热的心，它却在闭上眼睛时飞到了你的身边。我问天问地问自己，如果让我不曾遇见你，是不是就省去了情思萦绕？我终于无计可施了，恨不得选择永眠于有你相伴的梦里。

让人牵念的玛吉阿米，你终究也不是铁石心肠的人啊。那天，清晨醒来，我下意识地在与你相遇的地方兜兜转转怎么也无心离开，没想到却终于把你等来，就像我前世的修行一样，兜兜转转都是为了今生与你相遇。眼看着你又一次从梦里翩翩而至，身着蓝色的翠烟衫，步履轻盈，裙裾间露出醉人的飘逸，眉目转盼多情却含着朦胧，盈盈一笑，笑醉了春风。我站在原地，看着你一步步走近，我努力地镇定，想轻轻地问候一下，欲盖弥彰，却让你看到了我全部的笨拙，让我的情愫在你面前凌乱得无法整理。你为了让我摆脱尴尬，淡淡地笑了一笑，便再无多言，安静得像一缕温柔的馨香，萦绕在我的四周。我笑着收回了痴态，用心感受着你的一切，你静静地站在我的身边，让我的日思慕想安心地停歇。

如果，那一刻，天崩地裂，世界再回到以前的混沌状态，能与如此脱俗的好女子相守片刻，我也会感到此生的满足，就像是受了洗礼，身和心都得到了升华。可是，一切都像往昔，世界并无大变，匆匆的相会又成了我神魂颠倒的源起。我分明不是一个贪心的人，却也变得贪心起来，就为你那盈盈一笑，我再也不想找路出逃。我的心彻底地沦陷，没有了挣扎的力气，5月天里再也没了晴天，我成了一条涸辙之鱼，被思念抽干了身体，神魂颠倒，奄奄一息。

从相遇到相熟，我历经了心里的起起伏伏，你却像莲花淡淡地优雅地绽放，萦绕不散的情绪仿佛只在我的心里，只将我俘虏。如果不曾遇见多好，我就不会情思缠绕；倘若不曾相熟多好，我也不会神魂颠倒了。你可知道，“天不老，情难绝。心似双丝网，中有千千结”，我的日子被因你而起的情绪填满，真的已无路可逃。

仓央嘉措的这首情诗，用最简单的语言囊括了最复杂的情绪，正因有太多太多的话要对心仪的人说，所以他选择了最简单的语言，欲说还休的爱恋，却由表面的怨呈现出来。明明想说的是遇见你真好，却说“压根儿没见最好”，不是不想遇见更不是后悔遇见，更多的是相遇又别离的伤感，无处话的思念，都在诗人心里萦绕，让他饱受了思念之苦。都说世间最苦莫过于相思，可是，在千思百折后的相熟又是相思心里加相思，不神魂颠倒才不是至情了。读了仓央嘉措这首诗，我们会明白“相思树底说相思，思郎恨郎郎不知”这句让剧中人断肠的诗句，才明白仓央嘉措的最纯真的感情世界里那一抹永远也无法抹去的情绪。

其 五

曼妙的佳人笑意盈盈，
美丽的眼眸四处扫。
座上少年个个俊俏，
她只望着我红了脸蛋。

那天我在人群里见着他。少年才俊原是这样的风采。他轻轻地说话，淡淡地笑，没有了佛坛上的肃穆，多了几分人间的清逸。我看他在与旁人说笑，饮酒高歌好不潇洒。他的目光流转之处，总是引得姑娘们含羞带笑。只怪我太过平凡，看那些明眸皓齿的姑娘多么艳丽，只怪我太过平凡。我只管偷偷看他，也不伤大雅，但他似乎在看向这里，我却急急低头，不知我那偷偷抬起的眼角，有没有泄露我满满的情意。

那天我在人群里见着她。年轻的姑娘总是这样的可爱。她纵情地笑，尽情地闹，少了姑娘的矜持，却多了难得的开朗。我在与旁人说笑，饮酒高歌不忘瞧瞧四周那些迷人的姑娘。她们美丽的脸庞如此刻的月亮。她坐在人群中，篝火跃动的光影映在她的脸上有些别样的味道。我知道她正偷偷看我，那眼波流转如那木错的碧波荡漾。她察觉我的眼光，急忙低头，总算是露出了娇羞的女儿样子，可她那偷偷抬起的眼角泄露了她的秘密，因里头满满都是情人的味道。

情人初遇，淡淡一点情意眼波流转，如那空谷幽兰清丽，如那天籁绕梁余音动人。情人的一举一动都是心念的挂牵。绕着篝火，我们载歌载舞，那彼此间的倾慕如那喷薄的朝阳冲破最后一缕云雾，光明乍现。

那年的龙王潭，我在满座宾客中遇见你。你的嗓音甜美如天山的雪莲，性情温柔如最美的哈达。天下无价宝易得，知己者难求，而我与你定然是有那前世的缘分。只有我懂你的快乐，只有你解我的风情。

龙王潭位于布达拉山后，因扩建布达拉宫在此大量取土，后积水成潭。仓央嘉措遣人对这里进行了整治，并在岛中修建了一座阁楼供奉神明。仓央嘉措还经常在这里宴客，与宾客射箭饮酒，嬉戏歌舞。正是在这里，他结识了最后令他心碎的姑娘——来自琼结的达瓦卓玛。仓央嘉措爱她胜过爱诸天神佛。他日日请她到龙王潭来，夜夜出宫跑去寻她，只有达瓦卓玛才知他，懂他。他欢喜得不得了，认为那是神明的恩赐。

可最后，他还是心碎了。就是那样一个眼睛如黑葡萄酿出的美酒一样醉人的姑娘，渐渐地，再也没有出现在他的龙王潭。他放不下，终究还是跑去寻她。可那紧锁的大门看起来如此冷酷无情。

她跟着父母回了琼结。

从此，别再提琼结。别再提琼结，我知道那里有条河可以和雅鲁藏布江相汇；我知道那里有青稞籽总是累累；我知道那里是无数圣贤智者的最后的归地；我还知道那里的姑娘总是很美，那里有个姑娘曾让我日日心醉。

其 六

身处壮阔的布达拉，
我是雪域威赫至尊。
游荡在繁华的拉萨，
我是潇洒汉子宕桑。

布达拉宫的金顶在高原阳光的照耀下熠熠生辉，我独自倚着窗棂，沿着云蒸霞蔚的高天努力净空我的思绪。偌大的宫殿在阳光的强烈照射下，像是一个辉煌的舞台，只是这个舞台属于政治，没有任何一个角落能容得下人间烟火。思绪从佛床边飘出窗檐，慢慢升到了云的那一端，夕阳余晖下，暮色渐渐四合，提醒着我布达拉宫这一天即将结束，而我的人间生命才刚刚开始。想来黑夜与白昼未必只有色彩数上的差别，白昼充满阳光，每个人都把最光彩照人的一面显现出来，白昼里好像只有向上的希望，所有人都在白昼里忙碌，忙着打谷种稻、吟诗作对，怀抱希望，忙碌着也期盼着未来的美好生活。而黑夜总是带给人们太多的麻烦，大人们要费力地点起油灯，才能继续白天未完成的生活，小孩子最怕黑夜，因为妖魔鬼怪都是昼伏夜出的。说起来，人真的很奇怪，小的时候因为害怕而难以入睡，长大了以后因为思念而更觉长夜漫漫。而对于我来说，黑夜再漫长总比白昼来得好，白昼虽然光鲜但却不真实，而黑夜恰恰给我们一个释放真我欲望的机会，试想复仇的、杀人的、放火的这一类事情都会在黑夜发生吧！所谓的见不得光。可谁说见不得光就是错误的呢！有的时候只是身上的枷锁太沉重了，所以才要偷偷摸摸，并非是不敢光明正大，仅此而已。最后的一缕阳光照在布达拉宫的最顶上，云霞折射着光晕一圈一圈在头顶扩散开去，透过这一片云霞，眼前的一切都变得模糊起来，像沙漠里的海市蜃楼一般。海市蜃楼，我想它也只能在白天才会看得到吧，这样说来，还真希望白天的一切都是虚幻的，一触就会消失的泡泡，而黑夜的一切才是真实的生活。

在布达拉宫的圣殿上，我坐在宝座上，眼前一阵虚幻。几年了，权杖不曾触摸过，大事不曾商议过，我明白，我只是一张牌，那金碧辉煌的宫殿也不过是海市蜃楼罢了。连这幻象何时会消失，我也无法掌控，它来时我便只管欣赏，它走时我也只管承受。潜心修行的佛法，到底有什么价值呢？我不曾在大殿里为任何人解释心中的烦恼疑虑，也许是因为布达拉宫能给我的一切都是虚幻的泡影，而只有那些真正生活在人间的饮食男女才会生出诸多烦恼吧！

在雪域高原，蓝天高远，草原辽阔，白雪皑皑。我在圣殿里，终日对着金光四壁，东宫墙、西宫墙，蜿蜒曲折筑起了心灵帷幔，千百所宫殿，我的青春却无处安放。我本是雪域高原的至尊，可是为何白雪茫茫却掩不住我的忧伤。

暮色下，从侧门转身而出，循着酒馆里的歌声，我仿佛看到了美丽的心上人在那里等待着我的到来。如水的肌肤，如花的笑靥，黄鹂鸟一样清亮的歌喉，时刻撩拨着我少年的心弦。达瓦卓玛，年轻的姑娘，你的手似天山雪莲的花瓣，纯洁温婉，抚慰着我初恋的创伤，年少的心注满了爱的能量。可是这一天，欢唱的人群中却怎么也寻不见达瓦卓玛的倩影，好心的阿妈告诉我，我的达瓦卓玛已经被她父亲带回了琼结，她的故乡。我像被钉在桌旁，半晌没有说话，我心爱的姑娘未曾留下只言片语，却即将成为别人的新娘。为何命运这般残忍，要在一颗心上留下两道相同的疤痕，如果能够选择，我真希望，从不曾见过布达拉宫的高墙，也不曾受过上师的规诫。唉，我心爱的姑娘，只是从来缘分浅如水，奈何情意深似海！那高原上星罗棋布的圣湖想必便是哪位痴心浪子单恋着心上的姑娘，直把眼泪积蓄成了一片片湛蓝的湖水！

起身出门，再一次混入拥挤的拉萨街头，转经筒在夜风里为圣地的人们祈祷，而我只听见达瓦卓玛如黄鹂般的鸣唱像旧日一样萦绕如丝，伴着我的百结愁肠。

年轻的仓央嘉措本应该过着简单的日子，从不曾想过自己会走过这样百转千回的人生轨迹。刚刚住进布达拉宫，年少的他被震撼过，也许也想过潜心修行，不愧于命运的安排，但等华贵的新鲜外衣被时间剥落的时候，他才发现，原来这是命运的一次作弄。原来在他身后并不是一条潜心向佛便能修成正果的金光大道，而是一个无法企及、无法掌握的旋涡。权杖不曾触摸，这个幻影终究是要消失的。但没想到的是爱情在他的生命里也随着他身份的转变成为了一个巨大的泡沫，一触即破，余温尚存却又浪迹到天涯海角去了。在这首诗里，身处布达拉宫的至尊地位看似高贵却深陷矛盾的泥沼不可自拔，本应该，本想成为一个英雄，有所作为，却得不到；而想做一个普通人，追求青春、追求爱情却也屡次因为这身份而不得。这个身份越高贵，他失去的就越多，仓央嘉措只能用流转的情歌唱着内心无尽的哀愁。

其 七

情到深处探问情人的誓言：
我们今生能否永远相伴？
心爱的人儿坚定：
只有死亡才能将我们分离。

秋天来了。

一季的雨洗出了纯蓝的天空。青稞黄熟，绵延直到视线看不到的地方。这黄是大地血脉的颜色，染透了远处的云杉，在天的边际勾出一道金色弧线。还是格桑花最美，红的热烈，粉的娇艳，漫漫一片，像海，漫过田野，漫过山坡，漫过河滩，漫过你家门前。你来自月亮的方向，踏着那花的海浪向我走来，发上的珍珠、耳边的绿松石都不及你夺目。阳光斜斜打在秋天的草原上，我和你在格桑花铺成的道路上缓缓走过，一切都变得缓缓的……风缓缓地吹，花儿缓缓地摆，牦牛儿缓缓地走，天上的苍鹰缓缓地掠过，你开始缓缓地唱歌……歌声也是缓缓的，像柳枝抚过水面，在我心底漾起涟漪，悄悄荡开去，与那花的海一起，在天幕下澎湃。

我轻轻抚摸你的秀发，看着你黑葡萄一样的眼睛，想问你那句一直想问的话，可心中总是忐忑，不知你的答案是否如我的期待。我说："苍鹰与天空永不相离，你可愿与我永远相守？"可你却不说话，望着远方的山默默不知在想些什么。我不禁黯然，美丽的姑娘是否总是无情？

这时你说，听说汉人有一首歌，说的是一个女孩爱她的情人爱得像那木错的湖水一样深。有一天，她对上天起誓："上天啊，我愿和我的爱人相知相伴，这种情谊永远不会断绝，除非你让山磨光棱角，让江水干涸，让雷声在冬天响起，让雪花在夏天落下。若非天地相合，我便与他永不分离。"我望着你，你的样子从来没有这样美丽，如天山的雪莲开在我的心里。你说："我与你，宁死别，不生离。"

宁死别，不生离。宁死别，不生离。宁死别，不生离。宁死别，不生离……世间的一切声音都从我的耳边消失了，只有这一句像酥油的清香，久久不散。我要将这句话印上经幡，让草原的风为我将它吟唱，直到天荒。

这首诗一问一答间流露了人世间最浓的爱，问世间情为何物，直教人生死相许。这首诗体现了藏族同胞在表达自身感情时的直率，问答的形式类似于藏族青年男女表达爱意的山歌。

山歌在藏语里称"拉伊"，俗话说"拉伊是媒人"。你我在草原相遇，隔河相对，一唱一和，只有即兴的词句方可表达最真的情感。我们的心乘着悠扬的曲调穿过羊群，越过河，慢慢贴近，爱情的火花就在这歌声中迸发。

仓央嘉措，那位说着"宁死别，不生离"的姑娘是否真的至死才与你分开？你走向青海湖，莫不是为了她？青海湖底有没有一个宫殿，里面住着你的公主？你来世的轮回选择了理塘，是不是那里有位姑娘前世与你有一同的盼望？有人说你其实远走他方，为的是与她自由相爱。若真是这样，那格桑花的开处是不是你们走过的天涯？不论你去了哪里，你的"拉伊"至今都流传在苍鹰飞过的每个角落，诉说着你的凄美爱情。

其 八

偶遇梦中情人，
如同拾到了白璁宝石。
情人的芬芳让我陶醉，
祈祷上天万万不要收回这段情缘。

人与人的相遇是最美丽的平凡，却有人愿意为这平凡沉醉，哪怕是花费一辈子的时间。我常想，如果没有这样美丽的相遇，此生岂不是在走苍白的过场。我不是耽于旅行的人，曾经认为心能到达双脚所不能到达的地方。再美再美的风景，也抵不过一颗美丽心灵闪着智慧的思考。然而，你可知道，那次意外的旅行让我收获了意外的人生，从此，我离经叛道背离了我的最初，因为旅途中你装饰了我所有的梦。

那天的情形历历在目，一个平常得不能再平常的日子，却酝酿了没有人会拒绝的精彩。你以天使的模样坠入人间，扰乱我平静的心海。春风撩人醉，我没有缘由地在那个不起眼的路口逗留，无所事事倒也兴致不减，拾一片叶子把玩岁月的印记，昭示的奇遇在叶子的脉络里，却没有被慧眼识破。现在想来，如果当初能看到下文的故事，我是否还愿意在那里等待，我不想去追问值不值得，也不会感慨着悔不当初。

有时候，人与人之间的缘分是一系列很美妙的偶然的组合。我们迈出了相同的步子，走上同一条路上，我先是闻到你的衣衫兜来的香味，是春天的味道吗？我疑惑着往你来的方向望去，不迟也不早，你也把目光透了过来，四目相遇的一刻，我从你眼中看到了欣喜。你那会说话的眼睛泄露了你的心灵，在慌张躲开对方的目光后，我丢弃了表情的雕饰，纯真地面对着这相遇的美好，心里也是惴惴不安，不知是我单方的多情还是你也感恩上天这样的安排。

从此，我再无法忘记你衣袖间的香味，那是最醉人的迷魂香，我的魂魄从此追随这种味道无法停息。我多想留住这样的美好，把你请进心里来，让我也住进你的心房。我愿用在佛的面前焚香数千年，来换取这样的相遇，不用多久，一生一世就足够。

世界上走得最快的往往是最美丽的风景，我敏感的心灵捕捉到了这一讯息，苦苦的哀怜不会让时间停下脚步，反而会白白浪费享受和你静待的时光。我的担心多了些许悲观的味道，面对心仪的人，我的不安让一切涂抹上感伤的色彩。日子煎熬，相思难耐时，我于是问佛，为什么安排这一幕美好后又要破坏它？佛说，美好无处不在，不美好则来自贪欲。缘起缘灭终究是一种宿命，来时是那么的真实，走时又让人备感伤感。

思绪在我的心里兜来转去，也无法躲开命运翻云覆雨的手，再看你时你依然笑容嫣然，平静中透出雅致，多么安静美好的女子，超出了世人颂赞的一切。我痴痴地看着你，用一颗不掺任何杂质的心灵，膜拜着我心中的女神，试图让一切现在变成永恒。

仓央嘉措有着一个多情而敏感的心灵，从最细微的动作里找到了诗意，把美好定格在诗句里传达给同样追求美好的人。这首诗，就一次偶遇敏锐地捕捉到灵感，简单的故事里包含了浓浓的情意。偶遇的欣喜和对美好可能擦肩而过的担心，通过珍贵宝石的比喻让朦胧的情感得以触摸。远方在遥不可及的地方，却提前增加了他的感伤。得到和失去就这样在诗人的心里纠缠，有始无终。

其 九

谁说渡口是个无情的地方，

看那船中的木马[①]都知回顾离开的方向。

只有我昔日的爱人，

远走他乡也不肯回头张望。

世上最远的距离，不是我在你身边你却不知道我爱你，而是，你明明知道我对你的爱却故意置之不理。自古痴心人和负心人总是出现在同一剧场里，演绎着人间的爱恨离愁，纠纠缠缠也没有参透缘来缘散是种幸运还是幸运中的不幸。于是，历经了世世代代后，往昔的一幕幕仍旧继续重演，多情却依旧被无情恼，无情人也继续着伤害。

自从沉落在有你的梦里，我们之间也拉开了这场战局，我从此和宿命纠缠不清。你的眼睛告诉了我你的心不在这里，在远处，遥远到无所能见的远处。我不知道那里是一番什么样的风景，是否有着你年轻心灵的归宿，是否承载着你的青春梦，还是那里有你飞黄腾达的界石；我知道凝望远处已经在你的生命里定格成了一种姿态。我告诉自己不要介意，并决心让你一直遥望远处的目光多一些温存。可是我怎么也没想到，自信被你一层层剥落，却迎来了这样一次分离。

那一年、那一天，是我们认识多年后我面对的最不能释怀的分离，至今让我不堪回首。那时你依旧对我不远不近，所以心里有再多的不舍我都保持着沉默，紧紧跟在你的身后，送你到无情的渡口。在染满落霞的渡口旁边，艳红的霞光像是我哭诉的双眼，泣出血来。没有分别，已经焦急地想询问你的归期。可是，只见你，并没有太多的伤感，　脸的无牵无挂，心平气和地等待着划开船桨，我这么多年地守候在你拂袖间，却被你拂出记忆。我有太多太多的幽怨，却一压再压，不敢追问为何你不让我的船儿驶入你的心海。

人们说，世上最难熬的是等待，我愿意承受着这煎熬，直到铁石开花。这么多年来，从第一次见到你后我拒绝了所有的花季，任它满园春色凋谢殆尽，只为一个你。你的心不是铁石，怎么也迟迟不打开心门。如今，我才发现等待使人老，心事终难成。

都道渡口是无情的，却也承载了多少人的离别哀愁；都说船上的木马是没有心肠的，却在最后的时刻，尚且对我回头告别。而你渐渐远走，却不肯回头，哪怕是冷淡的道别都没有。看着你渐行渐远，我的心像是掏空了似的，守着空荡荡的渡口，魂魄四散。谁能说得清这样的付出会不会让你多年后回头眷顾，谁能告诉我这样的一转身彼此会不会将是陌路？

仓央嘉措这首诗，乍一看不过交代了一个离别的场面，被送的人没有流连地荡开了船，留情人于渡口独自张望。爱若去，情难留，为何我要一直承受着撕痛的失去。相思的哀愁，再添一层也不说心里有多难受。有人说没有得到就谈不上失去，可谁知道有时候得不到真的也是种失去。面对着心仪的无情人，情难收，心已去，算不算是一种失去。读到这首诗，读出这些，不免让人感到心里一丝丝的疼痛。岁月如斯，人生如斯，一切似水漂流，割不断的情思欲罢难休。

注　释

①古代藏族渡船刻木为马，马头朝后。

其 十

那一天，
我闭目在经殿的香雾中，
蓦然听见，
你诵经中的真言；

那一月，
我摇动所有的经筒，
不为超度，
只为触摸你的指尖；

那一年，
磕长头匍匐在山路，
不为觐见，
只为贴着你的温暖；

那一世，
转山转水转佛塔，
不为修来世，
只为途中与你相见；

那一夜，
我听了一宿梵唱，
不为参悟，

只为寻你的一丝气息；

那一月，
我转过所有经筒，
不为超度，
只为触摸你的指纹；

那一年，
我磕长头拥抱尘埃，
不为朝佛，
只为贴着你的温暖；

那一世，
我翻遍十万大山，
不为修来世，
只为路中能与你相遇；

那一瞬，
我飞升成仙，
不为长生，
只为佑你平安喜乐；

只是，
就在那一夜，
我忘却了所有，
抛却了信仰，
舍弃了轮回，
只为，

那曾在佛前哭泣的玫瑰，
早已失去旧日的光泽。

我相信用一生一世暗恋你，总好过一个美好的开始配上一个糟糕的结局。我知道你每天在经殿诵经，那一日听你的真言，到底是偶然还是命中注定？我怕我难以掩饰的在意被聪颖的你察觉，我怕我炙热的目光灼热你白皙的脸颊，所以我只能在每一个你曾经出现的地方，悄悄地追寻你的影子，贪婪地呼吸你的空气，仔细地摩挲你的掌纹，慢慢地享受你的温度。

在烟雾缭绕的经殿，我躲藏在红色的帘幕后，你温柔地诵经，好像在对我耳语；你轻轻地摇晃经筒，木竹相碰，好像弦乐在为我独奏。我分不清这是梦境还是现实，我固执地不肯撕下那一页日历，以为时间就会永远停留在那一日。

然而，即使时间为我停留在那一日又怎样？我不敢上前，哪怕只是问候一声，我没有勇气，我怕这场好梦会因为任何轻言低语而惊醒，何方佛祖神明能够保佑我闭上眼睛还会做同样一个梦？于是那一月，我学着你的动作，轻轻地摇晃经殿里所有的经筒，旁人以为我在虔诚超度，殊不知，所有抚摩只为通过轻摇的节奏向佛祈祷，愿我能有幸与你同握一只经筒，静静感受它缓缓传来你指尖的温度。

你指尖的温暖慢慢氤氲，弥散，像朦胧的月的光晕，而我就是月光下的影子，我只能跟着你，一步一步，亦如朝圣，匍匐、叩首，紧贴你的心窝，你的温暖。远处的金光宝塔在夕阳中逐渐模糊，朝圣的终极入口在我炙热的胸口上慢慢融化。

朝圣的终点在我眼中模糊，是明晰或是消散已经不重要。我只愿“转山转水转佛塔"，用一世的时间来祈求一个"来世"。然而我怎能贪恋长久的生命，今生与你相遇，这缘分，这一世足矣！我怎敢贪求来世，只求修世旅途中能瞥见你的倩影！

我不知道何时才能再见你的倩影，风马在我手中徐徐升起，随风摇曳。我不奢望佛的关照，直到日薄西山那一刻，若你还没来，福星高照又有什么用？我这颗爱你的心留有何用？

一颗你爱我，两颗你不爱我，三颗你是爱我的……不知不觉玛尼堆也已高筑，修德再高却已于我无意。我手中的每一颗石子啊，哪怕有一颗，就那么一颗能够投进你心房，在你少女纯净的心湖荡起一阵涟漪也好，好让你知道我一直默默爱着你。不管你是否也一样爱我！甚至不管你是否知道我，我在默默爱着你。

是的，我只能默默爱着你，不见你的无眠深夜，我聆听梵曲，一首，一首，你的笑脸浮现在梵婀铃之上。参悟还是迷途我早已不在乎，想到远方的你也曾在某个夜里聆听过这同一首梵曲，顿觉这一夜，夜色如此令人沉醉，温柔的夜风缓缓吹开了你的心门。

我的执著感动了佛，幻化成轻盈羽翼，飞升向永生之殿那一瞬间，我不知身在何方？也不知能否再一次见到你？只愿你平安、欢愉。

你的耳边已然没有我的低吟，你的气息为何还在夜风中弥漫，紧紧将我包围。那一世，一分一秒，这一生，我将所有执著与不安默默收藏，我不顾一切期盼与幻想暗暗饮泣，只为与你相见。信仰在你的面前轰然倒塌，没有你的那个轮回也只不过是再一次的煎熬。只是到最后见与不见都已不重要，只是到最后，往昔的我已经失去了旧日的光华！

仓央嘉措这首诗像一首歌，婉转低唱，潜入人心。简单的旋律、浅显的字符却道出了最最凄美的爱情——即使沧海变为桑田，只要能见到她回眸一笑，那么“我”没有白白煎熬了“那一世”；即使付出了“我”的所有，只要蓦然回首看到她的身影，我必要感谢这佛祖的恩赐。

诗里没有华丽的辞藻却令人动容，似含苞的初恋之花令人微醺，又恰似深藏的暗恋之情令人沉醉。诗中的“我”始终都在默默地爱着心中的“她”，虽然这饱蘸爱恋的笔墨未对“她”的模样进行任何描绘，但字里行间一位身姿曼妙、眉目含情的少女跃然纸上。想必值得诗人“抛却信仰，舍弃轮回”的女子只应天上有，凡间恐难寻吧！这不着笔墨的写法也正与《荷马史诗》中对美女海伦的描写异曲同工，给了读者无尽的想象空间。

与其他爱情诗歌相比，作者的特殊身份为诗歌增加了几分神秘感。诗里关于信仰，只提一“佛”字，但“经殿”、“经筒”、“觐见”、“转山转水转佛塔”、“梵唱”、“轮回”等词都让人感到诗中蕴含着神秘的宗教气息，而同样，诗中“我”的纯美爱恋也全部向第二人称的“你”来倾诉，到底“我”深爱的女孩姓甚名谁，长得什么模样，我们只能凭借对诗歌的解读慢慢体味、猜测。

那一天，那一月，那一年，那一世，那一夜……爱情的主题多半与时间相关，到底爱情能否抵御时间的打磨？无非两种，一是两人相爱相依，那么也许爱情将会被时间蹉跎；二是有情人未成眷属，那么岁月的河流会在执著的人手心冲刷成一道专属的爱情掌纹。那经得起岁月打磨的爱情，历经沧海桑田最是凄美。

其十一

拉萨街头结识卖货的姑娘，
海誓山盟说永不相忘。
谁知这誓言如此不牢，
如花蛇盘的结儿不碰就开。

爱情，在某些时候，是个让人疼痛的字眼。它像人的脉搏，活着的人永远无法捂住自己的心脏让它不跳，每跳一次就是一次揪心的疼。从相识到相知，也许就那么一瞬间的事，所有的美好便慢慢地扩散，可是，从相爱到别离也就会在一瞬间成为定局。世间形形色色的摆设让人眼花缭乱，你却在繁杂中把视线锁定在一个彼此是对方的过客身上。明明是简单而美好的相遇，因着世事的阴差阳错，随风飘落，如一江烟花。

你我的相遇定格在记忆里，在那人来人往的拉萨的十字街头，一个平常的日子从此为我生命涂上了挥之不去的银灰色调。那是改变我生命行程的一个初夏，空气中还有春天残留的香味，日子转换，你我本是陌路，却于闹市里找到彼此孤独心灵的去处，没有太多的语言，也没有太多的人际交流。我们就那样站在一条街的两头，由一种莫名的东西牵引着，向街中靠近，直到触摸到彼此的心理暗流。没有意外的欢喜，也没有初次相遇时的矜持，我们自然地契合，静静地感激。

也许，我们不该拿幸福打扰命运，他会艳羡，甚至会嫉妒。幸福到被命运嫉妒是一种幸运，但是我们却忘记了，一旦被幸福嫉妒，所谓的幸福将成为一切不幸的来源。只可惜，回首时一切都已太迟。心在左右，身早已四处漂流。那天，情到浓时，绑个同心结，把心系在一起，是我们纯纯的表白。可是，就在一转身的时间里，我们彼此的认可成了传说里苍凉的远方。我不能理解世事的瞬息万变，以为只要有颗真心就能改天换地。不是有人说有爱就有明天吗，为什么阴差阳错的命运之河让我们的山盟海誓成了云烟？

就这样，生命的游戏停歇了它的手脚。我感到自己被欺骗和耍弄，再不愿微笑着和命运握手言和，人生就这么一遭，却被它夺去了所有的美好。可是，它对我的情绪视而不见，照旧大摇大摆地走进别人的生活，进行一番折腾后，若无其事地离开。落花不解心里事，一成不变地开开谢谢。人来人去，怎么也找不见红尘轮回中谁在宿命中徘徊。

仓央嘉措从不搞复杂情绪的纠缠，解不开的心结也被他以简单普通的方式呈现。人与人的相遇、相知到相离，都被他轻描淡写到让人心疼。那么纯真难得的情感，他却像个老者在若干年后回忆时用看透的语气传达，没有情绪的宣泄，更谈不上歇斯底里。对于命运，他也是一种淡然的心态。

他像是走过了人生无数个春秋后对命运进行宽容，我能感知到那青春年少里的心跳，却无法感知这种面对自己心事时的细数擦拭，这是没有经过沧桑的人，永远也无法到达的人生境界。可是，作为一个痴情重情的诗人，仓央嘉措在二十几岁时，已经把心情叠藏得让人心生怜惜。

其十二

工布少年生起了爱恋，
就像蜜蜂扑入了蛛网。
可与情人不过三日的缠绵，
佛法又会进驻心上。

我曾认识一个少年，他来自工布。那里的湖水幽深，那里的高山巍峨，那里有雄壮的峡谷和豪迈的箭歌。我与少年初遇那天是草原比赛射箭的日子。那时的天啊，纯净得不带一丝云彩。人们在比赛场上聚集，欢腾的人声像风吹过松林。那天我穿着节日的盛装。及踝的长袍是我亲自到八廓街选的布料，用的是花缎，让最好的师傅为我量身定做；我头上戴的巴珠[①]是人群中最耀眼的宝石。它们从发上垂到我的两肩，正好衬托我朝霞样的脸庞；胸前是银制的佛盒，在阳光下熠熠生辉；左手的银镯，右手的白海螺，每一件都那么华贵，灿烂夺目。

矫健的箭手来到场中，我们用歌舞为他们助兴，和着箭歌跳着箭舞，我是人群里面最美的姑娘，而他是最帅的小伙。只见他端弓执箭，端的是沉稳老练，黝黑的面孔散发着黑土地般的亮泽，坚毅的目光此刻散发着猎豹的光芒。箭如风掠向箭靶，红心应声而落，而场内的喝彩声久久不落。我向他献上白色的哈达，他冲我笑着，说："你是我最美的礼物。"

这少年啊，他来自工布。他说他家乡的湖碧如翡翠；他说他家乡的高山能通向蓝天；他说他家乡的冰川是最美的精灵……他说他对我的依恋就像湖水一样深沉；他说他对我的情谊就像高山一样坚定；他说他对我的爱慕就像冰川一样纯净……

我曾认识一个少年，他来自工布。他的心困在爱的网里，深陷却不愿自拔。他说他本要去山上的寺院里听梵唱，用修行换来福祉，可自从遇见了我，他觉得我就是他福祉来处。

我曾认识一个少年，他来自工布。他说他爱我所以放弃修佛。第一日，他将自己靴带系在了我的靴上，捆住了我的灵魂；第二日，他来到我的窗前，唱着悠扬的歌，只为见我一面；第三日，他送来一朵雪莲，静静看我默默无言。

我曾认识一个少年，他来自工布。他说他纯洁爱情如山高水深，可为什么,渐渐地,他的忧愁那么明显,说他想念梵音的美妙与佛灯的照耀。

我曾认识一个少年，他来自工布。他像陷入蛛网的蜂儿恋上了我。第四天，蜂儿挣脱了纠缠，走向了心灵的清净处。

什么是永久的爱情，仓央嘉措在这首诗里似乎并没有提到，他只告诉我们一个短暂眷恋的故事，但正是这极致的短催发了我们对永恒的思考。什么是永久的爱情，从这首诗里其实你可以看到。仓央嘉措心中没有修起佛坛，爱情是他寻获真实自我的圣殿。可当圣殿面临崩塌时，有什么可以拯救孤独的灵魂？

注　释

①巴珠：用珊瑚、绿松石做成的头饰。

其十三

不要在外融内冻的大地跑马，
踏上隐藏的冰雪会人仰马翻。
不要与刚认识的姑娘倾诉衷肠，
谁知道她内心深处怎么想。

多少年了，多少次午夜梦回，多少次我梦见被众人高举在珠穆朗玛峰之巅，左顾右盼不见你的踪影，也找不到下山的路。多少次我梦见藏南的家乡，那天空中高翔的雄鹰，那草原上奔腾的骏马，那屋前盛开的繁花，那盈盈笑脸、款款向我走来的你……可是，这一切却仿佛水中的倒影，伸手触及的一瞬间却支离破碎。即使在梦里这一切也都只是幻影，像镜中花，只能远远地观望却连花香都闻不到；像水中的月亮，靠得越近反而离得越远；像手中的细沙，握得越紧却流失得越快。

记得那个初春的艳阳里，你从天而降，仿佛我生命里的一束荣光，在我的马背上跳跃着清新欢快的旋律，你清水般的笑脸像涟漪荡漾在我的心湖上。那一刻，真想生命永远停留在马背上。空旷苍茫的草原上，马蹄踏着春泥越跑越快，惊如小鹿的你把我抱得越来越紧。那一刻，呼吸停住了，世界静止了，你就像初春的泥沼，我的心在里面越陷越深。就这样，我沦陷在你轻柔的拥抱之中，沦陷在你如春的温暖之中。辽远的蓝天一定知道，漂浮的白云一定知道，高唱的雄鹰一定知道，只有你还不知道。

你一定不知道，在你清莹如水的笑脸上，有我一生一世的向往；在你温暖如春的拥抱里，有我花样年华的所有美好回忆。有你在身边的时候，谁还在乎什么“会当凌绝顶，一览众山小”的雄壮。而现在我在万人中央，感受千年荣光，心里却只剩下高处不胜寒的惆怅，对你的思念像多情的藤蔓一圈一圈缠绕着我的心。你一定不知道，我用眼里暗暗藏着的泪光把青海湖的湖水点亮，我用心中难掩的孤独做一件华丽的霓裳。远方的你可知道我想你的心里有多彩的回忆，也有躁动不安的忐忑和莫可名状的痴狂。

还记得那一次的赛马骑行，你扬鞭而去，寻找远方的彩云，回眸一笑，我便失去了策鞭的力量。你说，要记得永远不要把你一个人留在广袤无垠的草原上，独自奔跑。我才猛然醒悟，催马上前，任你多情的小马将春泥溅在我的布衫上，我依然紧跟着你，奔向远方的地平线，一起追赶西天的夕阳。马儿越跑越快，白云蓝天越来越近，你我好像一对小鸟儿比翼齐飞，我幻想着从此以后一定可以与你双栖双宿。我在相对的笑眼里看到了你似水的柔情，却不懂用甜言蜜语来回应，心里疯癫的狂喜，脸上却只剩憨态和傻笑。

在夜晚的篝火旁，火光映照着你娇嫩的脸庞，我终于鼓起勇气痴痴地表白心意，你羞涩地笑着，脸上飞起一片片红霞。我把你紧紧拥入怀中，和你一起畅想我们的未来，向你倾诉衷肠。可谁知命运的轮盘飞转，指针又回到了最初的地方。在得知必须远走他乡的时候，所有的记忆都在那一刻，如同蒙太奇画面一样，在眼前剪辑成混乱的电影胶片，不停地播放。既然要我离开，又为何让你我相遇。相遇也罢，又为何让初春的泥水在我的青衫上留下不舍洗涤的记忆。留下记忆也罢，却又为何要让迷人的夜晚篝火将你的似水柔情映衬得更加清新可人。有你似水的柔情也好，却又为何偏偏要我向你倾吐心事，传达爱意。

我始终不愿相信这是命运的一场玩笑，于是从此以后，不再初春赛马，招惹多情的春泥，不再向初识的姑娘倾吐心事，只怕那情那景让人情何以堪！从此以后，关于春泥的心事，只有你是我心底的一段电影，独家播放。

仓央嘉措的记忆里，远赴拉萨也许并不是他心甘情愿，于是，所有关于家乡，关于心中那个美丽姑娘的记忆都成了尘封的往事，风一吹便会惹得太多的眼泪。所以诗歌里道出的并非是在初春冰雪刚刚开始消融的大地上骑马，以及向一见钟情的姑娘倾吐心事的不该，而是这美好记忆和现实生活之间的矛盾，还有诗人心里深不可拔的无奈。这无奈的现实成了他心中日夜纠结的痛楚，那么从此以后时时提醒自己，再也不给自己存留这样回忆的任何机会了，免得依然徒增悲伤。对心存爱恋的人来说，这份尘封记忆的心该是多么无奈啊！

其十四

这个月无声隐迹，
下个月还会再来。
天顶吉祥的满月，
总是这样来了又去，去了又来。

有一种爱，叫做相依相守，万千繁华过后，你我依然能够在一起看月落，看日出。心爱的姑娘啊，我知道相聚的苦短，也知道思念的漫长，在我心上，你就是圣洁的月亮女神，我愿做唐古拉雪山山脉中的一泓湖水，愿你永远倒影在我的心上。雪山环抱当中，我的心湖上波光粼粼，月光的照耀下一片亘古幽蓝，明清如镜。我向着雪山低唱，怯怯地对着高原昵语，向着明月高歌，歌声辗转唱着对你的思念。

下弦月夜，月色下的布达拉宫晶光闪耀，我在其中深藏着难解的思念。一个月太长，看着月影的变换，数着相见的日子，想念像颗磁石，吸引着我爱你的一片铁血丹心；一个月太长，我该向谁抱怨，思念飞过喜马拉雅山巅，唱给月亮身边的那朵纤云，不知它能否传递我绵长悠远的想念。下弦月慢慢变幻，上弦月即将遥挂天际，只是相见越近，思念偏偏又更加急切。圣洁的月亮女神啊，我想飞上天边汲取一缕月光，就好像你一直陪在我身旁。雪山明亮全来自你的光芒，浮云洁白全来自你的恩泽，你在高原的头顶，雪山怎抵得过，你在长天之上，白云怎能遮蔽？雪山为谁屹立，白云为谁飘舞，而你呢，月亮女神你又为谁而照耀？

我在宫殿的一角仰望你美丽的脸庞，遥想相聚之时你可爱的模样。你的光照耀在我的心里，天地为蚌，你是一颗汲取了天地之精华的珍珠，高贵、圣洁、明亮，我把你放在心里悉心地珍藏。你的光芒为我抚慰心中的寂寥，你可看见那一朵流云，那是我用相思织成的洁白哈达，献给你，我的月亮女神，感谢你给我的生命带来了光辉，感谢你在苦思的长夜里听我倾吐衷肠。寂寞的深夜里你一直醒着陪我看世纪沧桑，六道轮回的路上你照亮了我的方向。匆匆生命里我只是个过客，朝圣的青石板上我经不起芸芸众生的等身长头，经不起他们祈祷的天荒地老、山高水长。

长夜里的经殿上，我闭目诵经，香雾缭绕之中，心在高耸入云的雪上之巅和湛蓝如宝石般的湖水之间徘徊辗转，寻着月色的香气编织出的一片思念浮云，追随着你的变幻踪迹。夜空中，高山大川之间，雅鲁藏布江奔腾不息地拍打着雄壮的节奏；山涧林荫之中，小溪山泉吟唱着优美的旋律，而你正随着这和谐的自然之音轻歌曼舞。夜风中，白云做的衣裳轻轻地飘荡在湖面上，惹起一阵阵欢喜的涟漪。多想追问你何时才能再次相见，却迟迟不敢开口，几次话到嘴边却又无奈地咽下，生怕惊乱你的舞步，只能看你舞动着白纱离我越来越远……夜空中的星星向我眨眼，仿佛在轻轻告诉我，不要心急，等到下月上旬，月亮女神就会来到我的窗前。

藏族同胞心中最美的图腾便是日月同辉，在他们心中太阳和月亮一样重要，而仓央嘉措期待月亮正像期待着与心爱的姑娘相聚一样，这样说来，把心爱的姑娘与月亮相比，期待神圣的月亮就像期待心爱的姑娘，就不难理解了。这一月和下一月明明是紧密相连的，但是正因为思念的缘故，这原本紧密相连的时间也变得如此的难熬，而当夜幕降临之时，对心爱姑娘的想念就越发衬托出长夜漫漫了。

其十五

你若想勾走我的三魂七魄，
只需微微露齿一笑。
你可是真心与我相爱？
务必说个誓言让我知晓。

灯下你对我嫣然一笑，我的灵魂便离开了我的身体，荡在空中，落不下地。可我不知道，这是你的有心还是无意？我不相信你的名字代表的权力，不相信你的金钱代表的富裕，不相信你口中念念的情谊。我受了太多无谓的情伤，心经不起一次又一次的撕裂与缝补。我只相信誓言，请你用你的信仰起誓，用你的魂灵当代价，对着珠穆朗玛，许个誓言，告诉我，你其实真的对我有深深的爱慕，愿意不离不弃。

这是经历一番痴情的苦，他才写下这样的诗句吧。对面的美人对着自己含情脉脉地笑，换了他人早已勇往直前地追求了吧。可仓央嘉措却已不是情感纯纯的年纪，他受了情爱的折磨，太多的苦让他对飞来的爱情鸟显得有些不知所措，想上前，却又怕再受伤，那姑娘的心意再也没有心力去猜，只想请你告诉我，是不是真的爱慕。尽管如此，他却又不敢随便相信那美人口中的话，人越美心越冷，他自是了解。人间最美的情郎也会慌乱，他不得不让你许个圣洁的誓言，好慰藉他孩子般的不安。如今这样的不安被他一笔笔地写在了纸上。

江水再澎湃也会遇到浅滩，格桑花开得再热烈也有开败的一天，苍鹰的翅膀再有力也终会疲惫，而你的心最是坚强，也经不得再次被伤害。谁说你放浪，谁说你不羁？

仓央嘉措的纯真的心，正是他不安的源。如他真是个浪荡子，全不爱惜全不在乎，那又何必计较你的真心或是假意？向来人说女子为痴情苦，可那拉萨的大街上，曾走过世间最美的情郎。他的苦是求之不得，得之易失，失之难忘。他的苦是人世的最美与人世的最悲结于一人身上。

这样的仓央嘉措本应守着自己的心，只爱佛。可他偏偏如此多情，多情自古空余恨，恨到心湖结冰就燃一把火融化，再等着它慢慢冰封。即使是这样，他的心却不死，对着心仪的姑娘仍存着美好的期望。但誓言是不是真的能令你从那样的命运轮回中解脱？多少人守着空空的誓言守到颜色落尽红颜老，你可知道？

那个笑意盈盈的女子，你看见一个多情的仓央嘉措，可你是否也看得见一个那样纯情的仓央嘉措？你的誓言应如最坚硬厚重的石经墙，越过年轮，历经沧桑变幻依然神圣持守屹立，才对得起人间至真的心怀。

其十六

能与情人邂逅，
全靠酒家娘撮合，
若因此欠下孽债，
可得劳你养活。
萍水相逢是一种缘分。

你是在哪里第一次见到你美丽的未嫁娘[①]？是她在八廓街上转经的时候？还是她走进你常去的酒家一刻？

正好那时的你不在布达拉的山上，不是密法佛徒，只是风流公子，人间美情郎。

正好那时的她还未出嫁。

你可知道，你们约会的地方，如今用着和她相同的名字。人已非，物依旧。八廓街上的游客转过街角，蓦然抬头，总会邂逅那夕阳下的金色未嫁娘。

尽管后来你们的故事与以往的许多故事一样悲怆凄凉，尽管你后来有些埋怨那位热心的酒店阿妈，但最该感谢的也许就是她。当年的她是不是风情万种，眼角生媚？还是温婉贤惠，质实无华？无论她生得怎样，一定有双最智慧的眼，能当世上最好的红娘。她成就了你和情人的缘分，更成就了后人关于爱情的无限遐想。

你在拉萨的八廓街，转个弯也许就能遇见她。她静静立在夕阳里，无声讲述发生在这里的悲欢，如果你用心，会听见。

转着经筒的老阿妈，你挪着细碎的脚步从佛前走过，从何时开始又何时结束？那街边的商贩摆着琳琅满目的货物，你们的先祖最早来自哪里？你们都可曾听说那个风流的少年，美丽的吉玛阿米，听说那个酒家？长长的转经道，当年走过美丽的恋人，他们的脚步你可曾记下？那年他们最爱喝哪种酒？在吉玛阿米的阳台上，最爱看哪里的风景？

在吉玛阿米的阳台饮酒定是人生一大乐事。在这里，你可以喝着店家酿的青稞酒，俯瞰八廓街。别说仓央嘉措嗜酒是一种错误。那莲花生上师也是个爱酒之人，也曾在酒店饮酒七天七夜不归。

饮一杯青稞美酒，先洒一点糌粑，这样你不至于太醉，免得误了你的归程。你想用哪种酒杯？黑色的陶杯，包着银边的核桃酒杯，还是用野牦牛角制成的角杯？和着八廓街上最美的故事饮下的酒，就算那酒不醉人，你亦自醉。

注 释

①未嫁娘：在藏语意为“吉玛阿米”。传说这是仓央嘉措情人的名字。

其十七

我为青梅竹马的恋人插了经幡，
就是柳树下立着的那一个。
看守柳树的阿哥，
求你别用石头将它打破。

有一种爱，置身事外，它没有你侬我侬的甜蜜，在相处的平凡的日子里慢慢发酵，突然有一天，这种感情被某个意外确认。它无关乎轰轰烈烈，却绵延流长，从一开始就相知相守。这样的一种感情，早在古诗里已被诗人阐释，“郎骑竹马来，绕床弄青梅。同居长干里，两小无嫌猜”。青梅竹马的男女之情，自古以来都是被人们从内心认可的完美姻缘。

流水带走了光阴，将日子翻阅。曾经的郎骑竹马，已经化作我柳树旁为你竖的经幡，当年的两小无猜里也多了些许心照不宣，相处的举手投足都昭示着今生为君而生。仔细看去，迎着斜阳，竹马的格调显得格外柔和，竖起的经幡披着余晖也更加缱绻温柔，两种不同的身份，诠释着同一种情感。你给我保护，我还你祝福。虽说还没有嫁为君妇，你也开始为我守护那竖经幡的柳树，悄悄地在阿哥的耳边留一句叮嘱：千万别让飞石破坏了我为阿哥的祈福。多么温馨的场景，人间多少痴男怨女无法企及的真情，远胜过复杂的经历里包含着心酸的爱。无需太多的言语表示，也无需誓言的保证，满溢的爱恋都给了对方以及对方的整个世界。

仓央嘉措这首精致的小诗，前两句用叙述的方式交代了一对青梅竹马的爱恋，和他的其他诗歌一样，没有复杂的故事，简单质朴。善良的姑娘竖起经幡，日日在那里为心上人祈福，柳树的旁边天天撒播着眷眷深情。淡淡的温馨，夹带着回忆在心里油然而生。回首瞭望，文学的路，诗人的路，仓央嘉措这个名字让人起敬。如果，截取这样的场面作为影视的一个镜头，舒缓地移入人们的视线，对白和动作都简单到极点，整个的背景略带着少数民族的气息、信仰的味道载入，用心品读的人定能触摸到那如溪水一样的情感。一种超脱的大爱，能将被尘世里的琐碎麻木的心融化。仓央嘉措就是这样在用心生活，用心写诗，在质朴中充满感动。

其十八

印章黑色的印记，
不会倾诉衷肠。
但我依然要在信上盖个，
当是把我的相思印在你的心上。

世上有很多种感情，面对尘世太多的繁琐，谁也无法说清爱以什么样的形式存在才算是爱得精彩。有的人指天为证，以为上天是最恒久的存在，以为天的恒久能延长爱情的保质期；有的人用婚姻来捆绑着别人也捆绑着自己，以为身在左右，心也就在左右。然而，身随物移，心随事牵，当初的信誓旦旦都被现实的洪水猛兽摧毁，面目全非的爱免不了被散落一地。转身间，世事沧海，爱已销蚀，不复存在。

用情太深，心里就会担心失去，不知道是对对方无法确定还是对自己没有把握，我们努力地靠近，却被太近的距离刺伤，反而心越发地孤独。很多情人间的心灵相惜，纵然无法跨越世俗的门槛，捧一颗如玉的心交给对方也无法交出一个确定的未来。曾经的美好会在一念之间轰然倒塌，太过脆弱的心经不起感情的揉搓。

你我的会意，本是洗尽了俗世的烟尘，在那高高的山巅有白云和苍鹰见证。可是，一切的纯粹在我们渴望靠近的时候变得无法掌控，为了爱，温润无瑕的你已经卷入了太多的俗世之争。你沉默不语，用眼神告诉了我你的无怨无悔，也无法掩饰你内心的疲惫。圣洁的雪莲花在努力地拒绝烦扰，尘世却不会呈现慈悲。

时间如风，呼啸在耳边；爱恋如云，被风驱赶；世事浮浮沉沉，我们已回不到从前。那些，曾经的风轻云淡，在眼前飘过，不能爱，也无法恨。尘世的遭遇的纠缠，已无法停止。就在时间的边缘，我们一起看到了尘世里那最平凡的幸福，看着别人的幸福，我们终究无法不去羡慕，以为爱把他们带到了极乐的世界。静静地看着身旁的你因别人的幸福而兴奋的神情，我的心里有酸涩升起，感到了深深的歉意。

直到今天，我终于明白了你当时的良苦用心。看到别人的幸福你流露出的兴奋神情，你当时脑海里浮现的其实是我们幸福的场景，满溢的爱，让人情不自禁。因为，你从没有提过任何要求，你只是把掌心交给我，和我十指相扣，让我们的爱在指尖流转，你在告诉我只要我们在一起，只要我们携手不分开，就没有达不到的岸。

如今，在这里，我写下你那时的心情、你的理解，还有你对爱的守候。你说，爱，不在于形式；你说，两情相悦，关键在于你知我知；你说，那黑色的小印，它不会倾吐衷肠；你说，你不在乎世事的烦扰；你说我们要把诚心，印在彼此的心上。

仓央嘉措的爱情遭受了太多的干扰，爱，至于他，是万事无法超越的美好，亦是让他思绪打结的根本。这首诗像是第一人称的表白，也像是人称不明的回忆，回忆当初和心爱的人在内心相互承诺、相互支撑的经历。不用现实的形式来要求对方，而自己却呈上一片真心让他感受。这种微妙的心理活动是那个年代里，那个纯真的女子，最最真诚的表达。

其十九

初三那日的月亮，
光芒若隐若现。
希望你对我爱情的回应，
能如十五的圆月和美吉祥。

初三的新月像黑色天幕里的一只珍珠贝壳，深远、清亮，纤云朵朵宛如洁白的水莲花在深色的高原湖水中随着夜风摇曳生姿，而这弯新月也像莲花池水中的倒影渐渐朦胧、温婉。其实，她不属于莲花池，她属于广袤的银河天际，在繁星的簇拥下，雪莲般洁白的浮云组成了一只锦簇的花环，她是尊贵的女神，高高地端坐在中央。其实高高地悬挂着的，不只是那弯新月，还有我的心，它也高高地悬挂着，在你的只言片语间。

记得那天，我在树下冥想，忽然一阵清新的歌声绕过高耸的院墙飘然而至，嘹亮悠远，仿佛来自雪域高原之巅，又仿佛来自高山蓝天之间遥远的地平线，像一阵清风拂过一池莲花，吹散香气，叫人沉醉不已。见到你的那一刻时间静止了，风停歇了，我的血液也凝固了。轻纱白衣的你，真是人间的女子吗？恍惚间，我好像重温了旧日的一个梦境，刹那间，我竟然分不清楚这是黑夜还是白昼，这是现实还是梦境。我说不出话来，哪怕是梦里的呓语也全都结结实实地吞了下去。眼前的你好似天山峭壁悬崖上傲然盛开的白雪莲，清新、素雅；而你的眼神又像月亮上孤独的嫦娥，寂寞、忧伤，你轻启朱唇，杏眼含笑，悠扬的旋律带着淡淡的伤感和寂寞，萦绕在我的身旁。高山流水，琴瑟难奏，这首曲子本应神明所享吧！

一曲终了，我奔向广阔的草原，朗朗诵经声抛在身后，天边隆隆雷声不顾，彼时彼刻，任何言语都无从表述，只有抵得住高原阳光，也耐得住雪域风寒的格桑花才配得上你的美丽无瑕。你就像格桑花一样美丽而不娇艳，柔弱又不失挺拔，清冽醇香却又风姿绰约。农舍旁、小溪边、树林下，格桑花随处可见，但是象征幸福的八瓣格桑花却一朵难寻，就像世间女子千千万，但如你般的清新脱俗的却实在是凤毛麟角。

于是，我为你翻山越岭，踏遍草原的每一寸土地，只为找到那八瓣格桑花，为了给你带来幸福，也为了向你表达我深深的爱意。我心上的人儿啊，这八瓣格桑花才能配得上你的美，献给你美丽的格桑花，也献上我赤诚的一片心，只静静等待你的回音。我心上的人儿啊，多希望你的心意也和我一样，只要你轻轻一点头，我的世界就会银光闪耀，堪比那十五的月亮高悬在天幕之上。只要你淡淡地微笑，我们就在真爱的旅程中即刻起程，比十五的月亮更加圆满。

不管诗歌里的时空如何转换，季节怎样变更，仓央嘉措的心里始终保留着对完美爱情的向往和不舍的追求。虽然 15 岁之后的他被安排在布达拉宫成为格鲁派的领袖人物，但是这之前在藏南的家乡，他一直过着无忧无虑的生活。在藏南的门隅地区，人们所信奉的宁玛派中僧侣是可以保留世俗生活的，他们可以结婚生子，但不影响他们虔心修行，这样的信仰和民风在仓央嘉措小小的心灵里打下了深刻的烙印，所以，即使身处世俗禁忌十分严格的格鲁派之中，对爱情、对美好世俗生活的追求依然在他心中难以磨灭。

其二十

生死本无常，

人应多思量。

不观生命本真，

智者也同愚人一样。

人生不如意十之八九，人生本就有许多不尽如人意的地方，可是不如意未必是坏，如意也未必是好。人生本无常，世事太难料。人命在几许？或说在旦夕，或说在食间，实则人生就在呼吸之间，总无法料到下一个路口，也无法计算应该在什么时候转弯才会遇上更美丽的风景。没人知道什么是福什么是祸，也许这次的小福是以后大祸的导火线，也许这次的小祸会是下次大福的引路者。我的命运也在福与祸之间演绎着人生的无常吧！

当桑结嘉措莅临门隅我的家乡，捅破了这个惊天秘密的时候，我无法想象父母心里的感受。这个毛头小子能担当如此重任吗？这个在无禁忌中生活了十几年的男孩刚刚初绽的爱情蓓蕾要怎么收场呢？也许父母并不知道逃离命运的安排，因为他们不知道前往圣地拉萨端坐在布达拉宫到底意味着什么，是尊贵、权威，还是无奈、悲伤？他们，包括我都不知道这一切是福是祸。

于是我带着一点期许、一丝不安和满眼的牵挂离开了我的家乡，我期盼着传说的布达拉宫高耸在我眼前时那激荡心灵的震撼，期待着我能够名副其实地承担起命运给我安排的使命，也害怕年少的肩膀不能承受这沉重的枷锁。当家乡漫山遍野的鲜花都已经凋零的时候，我带着满心的不舍远离了藏南的草原，幻想着在百顷金宫之内众人的顶礼膜拜。可是我算得出这开始，却算不出这结局。这各种变迁，不由人意。从不曾想，这巍峨的宫殿竟然成为我的金色囚笼，也不曾想追求纯真的爱恋竟成为我永恒的禁忌，更想不到我最初的爱恋会在我转身离开后灰飞烟灭。

谁也不知道晓峰晨雾里，草尖上的浓霜何时会消失，地上的树影何时会被太阳带到远方？花开了又谢，草青了又黄，从雅鲁藏布江的波涛到唐古拉山的奇峰，再到青海湖上万顷碧波，谁知道自然怎样安排这起起落落，朝朝夕夕。大自然也不知道，就像我们不了解人生的无常。

佛语有云：人既生亦死。千人千般苦，苦苦不相同。每个人都会在无垠宇宙中化为一粒尘埃，可见人生无常，所以人有一死，但不知死何时到来。如果不曾思量也就不曾领悟吧，苦苦算计和设想了再多，到头来却抵不过命运两个字。就像我，原来设想着认真地聆听着梵音就能够触摸到佛法的权杖，可音符刚刚开始便画上了休止符；本想远离莲花座去寻找旷世纯真的爱情，却不曾想至尊的坐标使我迷失在追寻的道路上，只得伤痕累累，慢慢折回。人生的路上谁也不知道下一站的风景，是喜是悲，是福是祸。若参透了这无常的人生，还有什么不能淡然面对的。或者这迷途、这伤痛便是人生必经的路途。

佛法禅宗之于仓央嘉措，自幼就不陌生，即使难免世俗之心，参悟佛法教义也并非难事。这首诗中对困扰仓央嘉措的人生问题，诸如爱人的离去、空有虚名的至尊身份只字未提，但却表达了他对人生诸事的态度，因为他深知人生之无常。也许在为失去某些美好的事物或者诸多艰难抱怨的时候，却忽略了草原上的格桑花早已开得漫山遍野，那烈日高阳、茫茫雪山、深幽古寺依然静立身旁，从不曾离去。

其二十一

手里握着宝贝，
从不知是宝贝。
唯有失落不可寻，
才知曾拥有奇珍异宝。

这凡人啊，总是会犯这样的错误，珍宝在手总见不到它的好，非得等到失去以后才痛彻心扉，捶胸顿足，好不懊恼，正所谓“莫将容易得，便作等闲看”。仓央嘉措的情路走得总是曲折，你一生悲怆，想来其中也免不了有些将异宝等闲看的傻事。

这被你当做“珍宝”一样的姑娘，是否也是你提过的仙女意抄拉姆？你的诗中已经失了爱情的甘甜，那浓浓的愁绪萦绕在你的笔尖，只剩苦涩遗憾。这爱情有求之不得的苦，也有这得之易失的恼。芸芸众生多少人，手中握着幸福却浑然不觉，还只顾遥想着不属于自己的风景。

仓央嘉措，那时的你迎着世俗的绚烂光华义无反顾地踏入这滚滚红尘，可曾想过那美丽的情花开得越艳越是要人心尖上的血一滴一滴地灌溉。你可曾想过，你遇着的姑娘会这样一个个离你远去。你情歌中的沉沉音调感染了整个拉萨的情调，那街巷酒肆里从此飘出你忧愁的叹息。

然而这一切却似乎并不能让你回到那圣严的殿堂中，你的心仍是一汪春水漾着情爱的模样。只因这世间之情，至乐与至苦你都领略得满满，布达拉的金顶，佛灯的光芒也温暖不了你因失去至爱而冻到谷底的哀伤。

佛说人生八苦，生、老、病、死、爱别离、怨长久、求不得、放不下。这佛家八苦，唯有这“求不得”实在是最难超脱，渴求的东西，只可远观，甚至连观也观不得，只可放在心底。你修得一世佛，却苦这一世苦。你也许只是迷失。你少年的心不知何去何从，亦或许，你一切的情苦从你降生那一刻起，便早已注定，有些事你必须拥有才可放下。为远离那爱别离的苦，你须历经千万次的生离，方可离无所离；为免受那求不得的痛，你必有万种所求无一所得，方可得无所得。

藏族同胞对这位深情的活佛满怀着宽容。如今拉萨的酒肆仍有人唱着仓央嘉措率真的哀愁，就与藏族的歌一样，他表达的只是凡人的所欲所求。

听着那嘹亮的歌声，那广袤的大自然仿佛进入了心中，连灵魂也变得纯净。著名藏族诗人伊丹才让曾在他的诗中写道：“母亲脱口的那首歌，成了我毕生的盘缠。”

人间最美的情郎，为雪域的欢歌留下了最动听的音符。

其二十二

情缘如花自开落，
缘来缘去莫悲伤。
即使流连花间的蜜蜂，
也不曾为春去花落而悲伤。

人间最变幻莫测的莫过于人心，阴晴不定，来去无踪，却锁定一个人的命运。人说，心之所至，情之所系，在劫难逃。在最初的开始，满园的春色、花开的缤纷娇艳整个季节。蜜蜂的繁忙，从这里拉开序幕，在整簇整蔟的鲜花里穿梭，兴致盎然，无需言说。花儿有色彩形状馨香的差异，蜂儿也兜转这目不暇接之美丽，彼此都是一种匆匆的相识加上匆匆的别离。

然而，也有这样一只蜜蜂，在百媚千红里它只选一种，它在自己的钟情里坚持。艳丽，是一种香艳的涂饰，剥夺了视觉安静的权力，时间久了就沦为没有品位的招摇。钟情的蜜蜂不会在这里停留，它的选择，在视线的暗色调里，那优雅的绽放让它无法拒绝。有时候，情缘真的是修行来的运气，也许，这只蜜蜂的修行尚浅，那优雅的绽放只在别人的视线里呈出柔情。

同是天涯沦落，偏在此处相逢。无需跨越隔绝，心与心的交流在沉默里进行，互诉的衷肠也无需掩饰，直达最深处的灵魂。既然已经过了花开的时光，就无需固执地停留，伤心也不必让生命从此失色。蜜蜂儿在季节的尾巴上表示了释怀。

我也要重新翻读我的情感，坦然面对一切的缘来缘散，就在痴心的昨天，该做的努力我已做过，明明感觉着两颗心在使劲地靠拢去温暖彼此，可这温暖如那罂粟花曼妙妖娆，让人迷失。努力就在这迷失里乱了方向，再走不出心墙，再也不知爱恋如何继续，靠近却在远离，远离渐渐造成隔膜，直至一天才恍然大悟，我们再也回不到从前，回不到彼此的生活。于是，再也找不到坚持的理由，不得不含泪说再见。

是什么让一份情由浓化成了淡，还是谁在醉酒间将鸳鸯谱乱点破坏了这份姻缘，让它成了永久的遗憾。一条路走到了尽头，该怨恨世事的无常还是该感谢这份残缺成就了另一种完美，在你们同行的时间里，我无语独倚西楼。

仓央嘉措，握不住的情缘在指尖走远，人与蜂儿都将季节错过。命运将伤心种在心上，不想苦苦追问，只有自我疗伤。聚和散都是人生的劫难，因为在天地之间人卑微到了尘土里。原本无情感的蜜蜂儿在这里也具有了被时光抛弃的感觉，错过的季节也就是错过的人生。潇洒，有时候不仅仅是一种释怀，更多的是种无奈。

其二十三

高僧大德为我引路，

引向大彻大悟的佛法正途。

可我那颗迷乱的心，

偏偏将我引到情人身边。

我回到寝宫，镜中的自己容颜沉静，一副大德模样，佛在心底，可心底依然空空。我问那镜中的大德，何处是我心的去路？

我举起手中的经筒，心中默念着佛的智慧。我吟诵着经文，寻着佛祖的脸面，却为何迟迟无法显现，倒是那年的门隅，那年向日葵地里迎着日光的你的脸，胀疼了我的心。

那年，我还是副俗人的模样。我转过弯在那片格桑花海里撞见你。那时你仰起头迎着太阳，乌色的发辫酥油一样亮，眼波是圣洁雪山的光芒。你浅浅笑着，问我的去路。我只说我去寻喇嘛的宫殿，可现在，我只想住进你的心里。

我住进了喇嘛的宫殿，我住进了你的心里，可这宫殿沉沉的夜色黯淡了你明亮的眼，佛前长明的酥油灯再也无法胜过你那浅浅一笑的光明。

佛必在我心底，而你便是佛的样子。我再不见神台上佛的慈悲，却只看见你日日等待的无奈与凄凄的哀伤。我可以走出这高高的殿墙，与你在俗世的烟火中穿行；我定然要走出这高高的殿墙，与你在俗世的嘈杂中相伴。

你便是我心中的宫殿，你是我佛心的去处。

手中的经筒不知何时停下，我睁开眼，低垂。我抬头见镜中的自己，容颜沉静，一副大德模样。夜色降下，那镜中的喇嘛只剩隐隐的轮廓，而窗外圣洁的、亮亮的雪山刺伤了我的眼。

据说这情诗是仓央嘉措的悲愤之作。那年仓央嘉措夜出与情人会面，却不巧被一宫中喇嘛发现，于是布达拉宫便派人处死了他的情人，还将他禁锢。从此以后，仓央嘉措心中的佛便被他深埋入心底，悲愤之下写就此诗。

仓央嘉措被认定为五世喇嘛的转世灵童，天资聪颖，才情卓越。师从名门的他成为一代圣贤智者本非难事，然而许多年后，人们关于他的记忆关键字更多的是“才”与“情”。作为修持佛法之人，仓央嘉措的情诗却能比任何红尘俗世的抒情更加打动人心。他的诗就如同藏族同胞的性格质朴深沉，情感纯粹直白。也许正是这种最质朴的直白，才能使每个人都产生心底的共鸣。

这首情诗用最简练的词语写就了他对情人最深切的思恋。相传这位情人是仓央嘉措在 15 岁以前在家乡与其热恋的女子。仓央嘉措的家乡门隅本就是个情歌之乡，男欢女爱对儿时的他而言早已不是那样神秘。带着年少澎湃的热恋进入单调枯燥的寺院，对一个血气方刚的少年而言实是一件残忍之事。这也许正是他的诗能打动人心的另一层原因。他总是以一个“人”的身份在表达自己的情感，而不是一个“佛”，因此，哪怕作为藏传佛教密宗的至尊，他也可以如此毫不犹豫，如此无畏地告诉全世界：“哪怕我时时修炼的是佛法，哪怕我的情人从未被我放在口中吟诵，但时时在心底的却是情人，不是佛。”这就是仓央嘉措，他“凡”，却既凡又圣，超脱名利追求心灵的最高诚实。

“凡人”方为我所爱，因我亦是凡人。

其二十四

与情人肌肤相亲，
也摸不透她的真心。
还不如天上的星星，
用观星术就能算出数目。

最难忘的也许就是爱情最开始的模样，你第一次微笑的那张脸庞，我的心啊全然不顾佛法、教义、人生的方向，只想一直静静看你，一直到老。你说把爱渐渐放下一点，我们就不会有太多苛责和抱怨，也许是年少的我还不能把握爱的速度。只想把这两颗心揉捏成一个，你也会将真心赠与我吗？我心上的人儿啊，如果说爱只是在怀中缱绻，只有肌肤相亲相拥，那么又有何意义？

人有悲欢离合，月有阴晴圆缺，在宇宙沉浮中、浩瀚星海中见证过喜怒哀乐的月亮，是不是也见过我这个为了相思而日渐消瘦的人，她能不能把我从迷途的路上带向光明的方向？如果月亮能够，是不是也能告诉我，在她心里我到底是独一无二的雪莲花，还是难以下咽的糌粑？

高天上散落下大颗大颗的雨滴，但却不像是一场雨，倒像是顽皮的孩子从天上撒下几颗珠子，掉落以后却又匆忙地收起，划过云际却也不忘涂鸦一片，直到彩虹在云端出现。银河两端的牛郎织女，每到七夕便有喜鹊为他们搭建一座仙桥，让他们人儿相见，心儿相会。而眼前这座彩虹桥是不是为我的痴心搭建，也能让我飘渡过去，到你的心里瞧一瞧，体会一下你心里的我是否也如此重要!

或者不想你，就算得上放下；或者放得下，就可以得到。佛教我怎样顿悟，上师也曾令我醍醐灌顶，只是对你，为何总有千般万般猜不透，想不到。浩瀚星海一如你调皮地向我眨着眼，笑着对我说好久不见。真的好久不见，我的心萦绕着常青藤一样的想念，裹得我无法呼吸，没有你的空气。爱像浓烈的青稞酒，对饮一杯便沉醉一世。醉梦里也好，宛如摒弃了多少烦恼，不必花心思去猜测。其实我多希望化作一滴血，流进你的心脏，就算肉体会消失，那又何妨，至少我能看见你的心的模样，看它是不是也像我一样为爱痴狂。

因为太想拥有，因为爱得太用力，因为付出太多，因为惹来太多忧伤，因为太渴望爱的纯净，爱的刻骨，爱的毫无保留，爱的执著，爱的一往无前，爱如空气一般不可失去，爱到无法呼吸。假如这样的心换不得你的真心真意，那么倒不如真的放下，坐在佛床前诵经书、读教义，或者倚靠窗棂，极目远眺，在夜空上一颗两颗数着星星，只要认真地记录，相信总有个数目。可是你的心呢，我要怎么去了解它的定数?

年少的仓央嘉措好像旷野的鸟儿被关进了牢笼，神圣的光环没有带给他想象中的威严和权势，反而带给了他初恋破灭的伤痛，一直到偶然间伤痕未愈的仓央嘉措在少女达瓦卓玛的眼中再一次找到了可以自由翱翔的天空。像所有年少的人一样，爱情的美好给了他重新站起来的力量，但是爱情刚开始时候的那些朦胧却让仓央嘉措的心里深感不安。有的感情需要收藏，而有的感情需要的是释放，但爱情刚刚开始的时候也许没有人知道该怎么去把握，是张是弛，是收是放。这首诗歌表达了一个纯真少年在爱情里所遇到的烦恼、希望、淡淡的无奈和忧伤。

其二十五

寒风吹过田野，
秋草挂了白霜。
这冷酷的严寒横扫世界，
使蜂儿与花朵不能永相守望。

世上的爱情最后的结果无非两种，要么相守一起，要么天涯陌路，当然，现在社会无法避免的两地恋情，自然也属于第一种。心若不在一起，或是经常出现貌合神离，两个人哪怕天天厮守，也不过是打发寂寞的无意义手段。空间的距离是很容易跨越的，寂寞是种缺失，心若在一起，就是一种完整。

很多的爱情是由完整走向缺失的，原本的非常相爱却被时空消去了最初的热情，不再有相思的缠绵之苦，也不再盼望着相会的甜蜜心跳，渐渐地，彼此之间开始忘却，在各自的世界里寻找新的精神安慰。这种渐行渐远的爱情，可以说是输给了自己，到最后即使再留恋，也不过是对曾经美好的留恋，留恋的是那种爱情的感觉，已经无关乎当初的爱恋对象。

还有这样一种爱情，却是由外力和时间带来分离的痛苦。就像蜂儿恋着花朵，热恋的味道还没有散去，就要面对季节的更替。芨芨草上的白霜宣布了他们相爱的时间界限，寒风的使者也是无情的杀手，只管按部就班地履行自己的职责，面对着时间的催逼和外力的压迫，除了从此香魂两地分离，他们还能选择什么。

如果说，相爱不是一种世俗的相守；如果说，真爱是不受任何限制的心与心的交流；如果说，灵魂的拥抱本不会被外力干扰，自然也会跨越生死。可是，在心间，不在眼前，怎舍得让对方也咀嚼无尽的相思苦。其实，很多时候，世俗之人真的很想超越一切为爱活一次，可是我们也真的害怕被时间和外力阻隔，因为，没有谁真的知道另一世界在哪里；也没有人知道，在那里我们是否就能无所顾忌地相爱，我们无法实现的情缘是否就能被成全。所以说，我们害怕在一旦松开相爱的手，在未知的时空里就再也没有机会相遇。不是说在佛前苦苦求得五百年才换来一次擦肩吗？我们真的很害怕错过了今生，就再无法把握来世。

外面总是寒风再起，风霜历历，毫无商量的余地。对被拆散的境况，很多时候，我们不想指责，我们的心不过是渴望成全，哪怕仅仅是催逼的脚步再慢些，让我们有时间记住相爱的人的味道，记住爱的味道。

仓央嘉措经历着这样的境遇，一个人踽踽独行，不自觉地想到了情人以及与之相关的事情上，其中的思念随着被分开，不但没有淡去，反而愈加浓烈了。他就是这样一个痴情的人，在看透人间纠葛后，依然保留着内心最深处的坚持。

仓央嘉措面对爱情时总是纯真的，就连面对被拆散也是如此，没有过激的言辞的指责，也没有对所谓不公的指正。他只是含着埋怨独自品尝悲伤，不过是在某个时候秋风再起，花瓣飘落时借他物来表一下心绪，也是适可而止。他也许清楚地认识到，再多的同情对于蜂儿和花朵也是无所谓有无所谓无的。

其二十六

修行佛法要放下，
心中偏偏放不下。
若能忘却情人的脸，
即刻成佛也不难。

我静修止动修观，但这本尊菩萨却迟迟不显，反是那情人之貌日日浮现。我已成佛，只是这修得的正果是你。我是万般的无奈。我念念不忘的心总得有个去处，眼前即有一个，那便是入定修观，可偏偏就是这样的修持也无法将我从思念里拯救。此时的我更愿意真正成为灵台上那双目低垂无生无灭的佛，也许只有这样，我才能穿得过那思念的网。我若未遇见你，只管我那日复一日年复一年的修行，那我也便洒脱，肉身成佛，可偏偏我又遇着你。

这首诗与前诗其实是一首诗分之为二。仓央嘉措的这几行诗似是印证了那句古话："不俗即仙骨，多情乃佛心。"

不论你信与不信藏传佛教传奇的僧侣轮回之说，你都可以将仓央嘉措视作大德之佛的化身。他的不俗除了指他的才情外，更在于他竟能不受名利所累，看透世间名利纷扰，追求心灵之至上乐境。他的多情之苦练就了他的佛心，而佛成正果又何尝不是经历了世间肉身之苦而终入大乘之境？这相思之苦，最是无奈纠结。

我们读着仓央嘉措的诗，有时不得不想，他也许真是那个普度众生的菩萨，以情爱之身，普情爱之说，度万千情爱之人，于是，仓央嘉措的情爱便超越了小儿女的痴情，功德无量了。

但或许我们还是想得太多。他的确只是个修佛的凡人。他爱上了一个人，就如同我们爱上了一个人一样，会日日思念，时时牵挂。他所表达的感情其实是如此生活化。有哪个人爱着一个人却思之不得的时候不会辗转反侧呢？这样的境况下，你难道没有烦恼的时候，恨恨想着："我就是要忘记你，再也不想！"或者："要是我用这想你的心工作，不知能干出什么大事业来呢！"但你不是要真的忘记，就好像仓央嘉措并不是真的在意用念念不忘的心修炼是否能得成正果一样，只是这万般的无奈化成的情苦教人如何释怀？还不如当初没有遇见你，就算遇见你还不如跟你只是淡淡来淡淡往，不熟最好，这样也不会害得我如今这般相思萦绕。

藏族同胞们常说："莫怪活佛仓央嘉措风流浪荡。他想要的，和凡人没什么两样。"是啊，他转山转水转佛塔，转了一世又一世，仅仅是为了那个梦里的姑娘，佛只是我思念的依托，如那万千藏族信众叩出的一路长头为的是平安和乐一样。但既是如此，命运又为什么给我这样的安排，让我成为一个活佛？既然那家乡美丽的格桑花海，母亲温柔的抚摸，还有那情人明媚的笑都注定非我所有，命运又为什么给我这样的安排，让我体会这俗世多彩？佛爱世人却容不得我爱一个凡女……情缘佛缘，我明明有取舍，却为什么挣不开，解不脱，这般纠缠？"世间安得双全法，不负如来不负卿"，恐怕只有将这些诗句放在一起，我们才能更加深切地体悟仓央嘉措的无奈与无助。

仓央嘉措是凡人也好，菩萨也罢，传奇人物的命运自有传奇的解释。口耳相传的诗句在这里只为我们开启一扇探究的窗口，窗外景致如何随你的心，无论怎样，得见了便是风景。

其二十七

来拉萨游玩的姑娘多如天空的轻云，
琼结的姑娘是其中翘楚的一群。
我愿与琼结的姑娘相爱，
谁最喜欢我谁就是我的心上人。

在鎏金的布达拉宫，我是最高的至尊，在众人眼中我是他们的最高信仰。家乡的朋友从小就向往神圣的拉萨，慈祥的父母因我而荣耀，但是谁知道，在我心中，布达拉宫再美丽也比不上家乡的小屋，布达拉宫再辉煌也赶不上达瓦卓玛眼中的光芒。

在拉萨八角街，人潮拥挤中，人来人往中，我总在寻觅你的芳踪；在街头的小酒馆，欢歌笑语，情歌悠长，和年轻的朋友推杯换盏，在甜美的情歌中聆听你的嗓音。在热闹的聚会上，你是佳人达瓦卓玛，走出布达拉宫，我是浪子宕桑旺波。

琼结的达瓦卓玛，我梦中的情人，你的歌声就像是雪山上的一泓清泉水，汩汩地流向玛布日山这片土地，也流进了我的心里。你的双眼又黑又大，好像酿成美酒的黑葡萄，顷刻间让人沉醉。你的眼睛穿过人群，低低地向我说着情话。琼结的人儿，倾国倾城的达瓦卓玛，拉萨城中你最漂亮。云间的仙鹤啊，能否借我一双翅膀，我只想带我的爱人看一看远方；高山的雪莲啊，能否让我带一缕幽香，我只想让我心爱的人儿啊也感受这绝世的花香；清澈的圣湖啊，能否让我汲取一捧湖水，好让我的爱人品味圣湖的甘甜。只有这世间美事才能配得上我心上的佳人！

十几岁的少年便经历了身份和人世的变迁，在仓央嘉措年轻的生命里忽然到来的荣光和悄然而至的悲伤交杂在一起，这独特的人生体验，让一个花季少年过早地体味了人生的无常、生命的痛苦和生活的意义。

仓央嘉措15岁之前不知道自己的命运会在哪里经历分叉，更不知道自己会和活佛这两个字有什么关系。荣光降临之时，一个十几岁的小男孩可能会有一些幻想，以后会在万人之上，受人敬仰。这些他都得到了，但是却也失去了他自己本来的一颗心，那颗心是向往自由的，那颗心属于一个少年，那颗心追寻人间所有美丽的事物，那颗心属于纯真的自然，那颗心将会在布达拉宫慢慢老去、死去。从此以后，日非日，年非年，岁月流转，改变了这个纯真的少年。久居深宫的仓央嘉措终于知道，他只是须臾的雪域至尊，但是他依然要追求永恒的人间之爱，于是他化作了浪子宕桑旺波，和年轻的朋友们对酒欢歌，在拉萨街头他遮掩布达拉宫上的尊荣，寻找像万丈高原阳光一样永远炽烈的爱情，终于他遇见了心爱的人儿，情歌对唱，眼波流转间，他看到了爱情的光芒！

其二十八

为你写下的情信，
雨水淋过就洇黑一片。
我对你的思念，
即使涂抹也不能损伤一点。

更杯换盏，几度春秋，在人生深处，无语凝眸。西天外，暮色苍茫，梦中人儿，回首来时的方向。也曾捎去锦书，笔墨在岁月里模糊，心中的记忆却永刻心间。

在没有触及爱情时，爱情被想象成情书的往来，眉目深情的流转，满满的甜蜜说也说不完。也听说，指尖的温柔像是天空闪了电，惶惑的神儿让人愿意放弃所有来换取一个天长地久。彼时的爱情像挂在天边的月亮，是一个用来仰视的珍品，圣洁、光亮。

后来，在我毫无准备的情况下，你渗入到我的心里，那是一个渐变的过程。对你，我的心像是在饮了一口慢性的毒酒，欲醉欲仙时，却彻底地将心沦陷。此时，我已不再想象爱情的味道，它像熟透的庄稼的气息，自然地从内到外散发，裹着太阳的味道。只敢在那低垂的头颅里，让人舒心。

可是，随着年龄的增长，我们的责任和义务也在增长，我们无法停留在原处享受着耳鬓厮磨。周围的人，都在说着现实的问题，吃喝住行都需要人的努力才可以得到满足。虽然有千般不甘万般不舍，我们也得面对这一现实，这也是让我们的爱在现实里沉淀的最好方式。于是，我们不得不放弃你侬我侬的相依相偎，你必须做出行动，也就是暂时远离，去打造一片我们的天地。更重要的是，你说世事的烦扰必须处理好，才可以给彼此带来安宁。

虽然这一切的到来有了很长时间的酝酿，但那一天的这个决定，还是让空气突然地凝固，人感到了两地相隔的疼痛。“多情自古伤离别”，还没有张开口道别，泪水早已涟涟，饯别的宴席沉重得让人无法呼吸。

从此，鸳鸯两地栖，蝶儿独自飞。万水千山，千山万水，只为一个目标——相聚日里永相伴。从此，锦书频传，相思密递，阅读对方的来信成了生活里唯一的乐趣。看着你书写得深情的小字，心儿稍稍平静了一会儿，可是，泪水却把字迹模糊，真怕它冲去了对你的思念，赶紧地去擦拭，才发现模糊的字迹，无法模糊的记忆。你的面庞隔着泪光更加清晰，早已成了永久的记忆，已不可能抹去。

有时候，誓言是不需说出来的，说出来的誓言不过证明了说者的不确定，对未来不确定时他才努力地来确认自己。没有说出的誓言倒是一种深入到骨子里的坚定，是绝对的一诺千金。

仓央嘉措的情总是淡淡里带着坚定，虽然，出自于青春的年纪，却是有着深厚的体会才能达到的完美境界。对于爱，他已经学会了回到本真里，回到琐碎里，回到和谐里。就像他能在自然里找到本真一样，他在爱情的领域里永远向往着本真，没有喧哗，也没有雕饰，只有心底最初的感觉。

其二十九

十五的圆月化作清瘦的弦月，
宛若失恋姑娘忧伤的脸庞。
月宫玉兔般美丽的姑娘啊，
忧伤地想使生命当下衰亡。

在不经意间抬起头，看到天边挂一弯月牙，我总以为是哪个美人在天幕上扣下的印记，记载了她当时的忧伤。时间可以抚平忧伤，却无法让伤口痊愈，结痂永远在那里炫耀它的威力，所以，弯月在时间的长河里总是时隐时现。打开人们的心灵，你会发现，自古以来，最伤莫过于情伤，它婉约凄清，缠缠绵绵，有始无终。谁一生若躲过了情伤，他的一生也就无所谓具有心灵的苦痛，也没了最复杂的心情。

月望月朔，盈亏有序，那是所有人公认的规律，可我也见到了这样一个让满月无法圆满的姑娘。她也许正在经历着最复杂的情绪，也许，只是又一次想起了过往。万物在她的心里都是无关乎己的实体，却牵扯到她的情绪，风起了她就好像捧出了心任它在风里颤抖，天下起雨了她就陪着天一起哭泣，就连那四季的正常流转也被她涂抹上了浓郁的忧伤，以至于当头一轮明月在她眼里也幻化成了清瘦的弦月，映照着她失恋的脸庞。我看到了她眼里闪着的泪光，像是流了几千里，身前身后都是她无法抑制的情殇。

望着月光，总让人想起嫦娥，仙子轻盈的脚步还是踏碎了天上那池盈盈的忧伤。望着月光，总让人浮想起月宫里的玉兔，洁白里透着缥缈，似梦非梦，美丽得非同寻常；如今，虽有玉兔的相伴，托出的月亮总是不比以前的亮堂，心里的灰色凋谢了如花的娇颜。眼前的这位姑娘，怎么也如这月光一样消瘦凄清，好像被忧伤折磨得瞬间衰亡。

永远也没有一剂治疗失恋的良药能拯救美丽的人儿走出无止境的忧伤，也许这就是现实的残酷。这是从过去到现在，有情人永逃脱不了的宿命。有人说，“情到多出情转薄，而今真个悔多情”，可是，倘若是真的后悔了，真的要做个薄情人了，怎么可能说出这么深情的话来。不过是，情到浓时的无奈罢了。

人常说，由最爱的人带给自己的失恋是最狠毒的惩罚，它会让天地顿时失去光泽，整个人像是被掏空，心被揉搓，无力抗拒。可是，又是谁舍弃了这样一个美丽的姑娘，独自浪迹在天涯，不管身后的美人，她早已元气大伤。

仓央嘉措这首诗歌里满溢着凄清，从诗歌的意向来看是美丽的玉兔和姑娘，色调却是冷冷的白色，情感和失恋、衰亡紧扣，在无声的夜里，有着姑娘最深处的哭泣。依旧的朴实，却透出了不一样的味道。仓央嘉措很多诗歌，不过是诉说相遇的惊喜和别后的思念，这里却是无法着色的凄清，有一种寒气渗入肌肤。到底是姑娘失恋的忧伤引起了诗人的联想，还是诗人自己忧伤借着姑娘的意向表达出来；诗人怜惜的心是指向失恋的姑娘，还是一种自我怜惜，我们无从准确地得知。只是，在尘世里，诗人和多情的姑娘谁也逃脱不了情感的纠葛，来自于外界，或者来自内心。

其三十

姑娘一定不是胎生肉长，
恐怕是桃树枝上长成。
枝上桃花易落已是无情，
即使这样的花朵都比姑娘有情。

美妙的爱情在唇边悬挂了很多年，却怎么也无法给它一个确切的定义，启齿闭口间，总是欲说还休。世上最折磨人的也是这个让人羞怯的字眼，进退左右总也把握不了分寸，惹恼了她青稞芒针似的心。

初次遇见爱情，她神秘得让我欢天喜地又觉得手足无措，紧紧跟随她的脚步不敢有丝毫的怠慢。那时，所有的心情都用来思忖引起她注意的方法，还会痴痴地制造些偶遇，让我们的故事带上缘分的色彩。相思难耐时，再用眼泪写首动情的小诗，或是无怨无悔地为她做件轰轰烈烈的大事，那是只有在青春年里才做的事。这为爱做出的努力，讲述时足以感动村头不识字的老妈妈，因为，每次她见到我时总笑得像山上灿烂的花，还会说些鼓励的话，叫我像个丈夫一样坚持。

后来，爱情的石头真的被我的热情融化，她说不上欢天喜地，却也将装满心事的门打开让我看到了里面的精彩。我终于看到了它纤细而神秘，裹藏着她所有的善良，里面所有的曲曲折折都是娇羞的心路，这一切在那时主宰了我的心情。在牵手后，我把爱情理解成了简单的事情，在简单的生活里扮演着主角，未来被我想象成平坦而阳光的大道，通向爱的美好的未知。珍惜是不必说的，感恩也是主要的心情，我告诉自己在生活里好好地阐释爱情。

可是，你可知道在冰封的冬季过后，三月的桃花出脱得粉嫩而无娇媚，一尘不染里透着坚贞，却经不起些许风雨，当细雨沥沥时就远离了枝头，被流水漂浮。我心爱的姑娘的情如这桃花，欺骗了我，给我一个美好的开始后便再也捉摸不定。就在一秒前还看到她的笑容，怎么这会又哭得梨花带雨，她的情绪是无法预测的天气，任凭我费尽心思，彼此的距离也是山山水水又一重。

我隔着时光寻找先人的记忆，在他们的经历里，却原来也是在分分合合聚聚散散里“执手相看泪眼”，抑或是“不是爱风尘，似被前缘误”的幽怨，我默念着“而今才道当时错，心绪凄迷”时又心绪凄迷起来。到最后才发现任他光阴似流水，我不悔今生为君生。只是，面对心爱的姑娘，我还是不知道“东边日出西边雨”是怎样的心情。

这首诗里，流淌着稚嫩的孩子气，一个青春美少年的形象呈现出来，这是他初次相遇爱情，面对姑娘多变的心思时显出的手足无措，让人觉得可爱。女孩的心思到底难猜，是是非非都揪着他的心绪，旁观的人倒羡慕他这样的幸福，因为，它只出现在我们的青涩年华里，一辈子，就一次。

仓央嘉措的语言带着色彩，桃花的粉嫩映衬着主人公的年龄，还有在那个年龄里独有的微妙情感。似恼非恼、似怨非怨，那别样的情里有着最宝贵的青春。也许，许多年后再回首时，这将成为难割难舍的记忆。

其三十一

心中默想真佛修炼，
怎么也记不起佛陀的容颜。
没有思忆爱人的笑靥，
她微笑的面容却在心底浮现。

人世间情与爱总有迹可循，愁与苦却往往无计可施。既然命运让你我相遇，却又偏偏为何让我身居佛院高墙？在日复一日的诵读中期盼也成了奢望，在年复一年的修行中相聚也成了惘然。不是曾经指苍天盟誓，许下永恒的诺言；不是曾经对大海许诺，立下不变的情话，不是曾经在岩石上刻下我们共同的名字？总以为我们的爱会抵过海枯石烂、沧海桑田，可是却忘记了，晴天雨天，风霜雨雪都无法阻碍时间的消磨；千里万里，天涯海角恋人最怕的就是距离的远隔。

世界上最远的距离不是我是飞鸟，你是鱼，我们只能共享顷刻的欢愉，而是我在你面前，纠结着却说不出我爱你。世界上最遥远的距离不是我纠结着说不出我爱你，而是我说出了爱，却触摸不到你。世界上最远的距离不是我触摸不到你，而是我能够牵起你的手，却因为心中有太多太多的犹豫，最终只能假装你的纤纤玉手从我手心滑落。世界上最遥远的距离不是我假装把你的手滑落，而是脑海中只有你的倩影却还在骗自己只是不经意把你想起而已。世界上最遥远的距离不是我骗自己不经意想起你的模样，而是我在众人前，你在众人间。世界上最遥远的距离原来就是一个字的距离。

天晴、花开、微风抚慰，鸟语、虫鸣，阳光跳跃，我在经殿，众多喇嘛在我身边，我看着他们的嘴唇一张一合，学着他们的节奏抑扬顿挫，绛红衣裳，金色帽冠，诵经拜佛，一日终了。高高佛院墙，缦缦青纱帐，喇嘛心上，万丈彩虹抵不过一瞬佛光，而我心里却只有莫名的惆怅，惆怅得不到的，惆怅已失去的，惆怅心里、眼里的那个你。

传说那遥远纯净的天山之巅，是痴情香妃的永远故乡；听说那明如镜般的青海湖畔，住着笑靥如花的姑娘。人生如此漫长，我甘愿一生一世和身边喇嘛一个模样。四面高墙，诵经烧香。稀朗星空洗去了白昼铅华，却掩饰不住我内心的冥想，新月上的绰约身影不是嫦娥在凭栏远望，那是你的脸庞深深倒影在我心上；点点繁星不是仙后座的星宿，不是指引迷途之人的北极星光，我能看见，那是你的杏眼，仿佛对我说话。原来有一种感情不需要日日夜夜地修行，只惊鸿一瞥，心意乱，斩不断，只身、人群，眼里心里神龛之前多了一个你！

喇嘛是佛的化身，我是佛的转世，而为何喇嘛口中的教义却像诵经殿的佛香一样随着清风在佛殿上空慢慢晕开，散去，又聚集，绘成了你的模样？

依然是仓央嘉措惯用的表现手法，用两句话突出了矛盾的核心，喇嘛常常在身边，可他却不知道他们长得什么样，心中的玛吉阿米已经多日不曾相见，她的水莲花一般的笑却终日在脑海中挥之不去。墙角的蜘蛛好像也明白他的心事，用丝线编织她的名字；天边的流云也了解他的心思，片片汇集仿佛她的笑靥。喇嘛在身边，但是玛吉阿米却在心上。

其三十二

纯白的睡莲轻轻绽放，
映满世界吉祥的光芒。
格萨尔莲花果实将熟，
飘逸满园甜蜜的芳香。
在寂静美好的日子你独自忧伤，
只有鹦鹉哥哥我悄悄地来到你身旁。

有一种美丽，无论处于何种位置都会纤尘不染，不入世俗，它也从不讨好献媚，毅然决然地保持着纯真。它在每一个日升日落里明明灭灭，像四季的轮回那样不经雕琢地自然存在，不去苦争春，也不为群芳妒。这是一种宁静的生活姿态，它会在人们最需要的时候为他们拂去尘世的烦烦扰扰，让孤单裸露的灵魂有了驻足的空间，让人找到内心深处的和谐。

这样的美丽常常让人想起莲花，它进入到很多多愁善感、生性高洁的人的灵魂深处，在古诗雅词里幽幽地散发着淡淡清香，沁人心脾、绵延流长。这种美，身处喧闹时容易被我们忽视，因为那种情况下姹紫嫣红的视觉刺激让我们的心性表现出向外性，让我们在追求中陷入浮躁；然而，莲花的魅力在于，当我们回归内心时它给予我们对自身的反省。

又是荷花香飘的季节，白色的睡莲润洁的光泽映着如玉的月光照彻了整个荷塘，在那片世界里，太多的嘈杂成了让人生厌的打扰。带有灵性的格萨尔莲花的果实渐渐饱满起来，有心的鹦鹉悄悄来到荷塘边守候。

也许，它在白色睡莲的光辉里看到了圣洁的美丽，不忍搅碎月光，选择了默默欣赏。

我有幸遇到了一位荷花一样的女子，她“冰心玉色正含愁”，一身飘逸如出凡尘，在最美丽的年龄里沉醉。她的目光总是静静地仰望远方，像是等待着前世修来的相遇。我不知道上天是怎样的安排，不知道谁和谁才是为续前缘而生，也无法明晰自己又是期待着什么，就这样，她站在远处看风景，我在远处看着她。

曾想托清风给她送去问好的讯息，或者是让明月照彻她的心扉，好让君心似我心。也曾想琵琶弦上说相思，又怕用心反被女孩误，道我轻佻难解释，负了我的相思意。如今，我在心里将知心的话告诉了她，也担心人去梦成空，姻缘终有命注定。这样的女子，也许只有这样的方式，才能得到欣赏的权力，亵玩的心思会让圣洁变得龌龊。只是，天长日久的牵肠挂肚，诉向谁边？

仓央嘉措的诗歌很多都是简朴直白的，总有点元曲的味道。而这一首，却在保留了那份真纯之外增添了脱俗的感觉。诗歌中的意象是洁白的，白色睡莲还有睡莲下面的水都透露着洁净。既然是照亮了整个世界，也交代了这是在月光如水的晚上。诗人小心翼翼地来到这个安静的荷塘，诗人心中所想的事、眼中的景和意中的人都是圣洁的，和他“悄悄地来”成为一体，荷塘里的水汽氤氲成他的情绪，倾泻成诗。

现实尘世里行色匆匆的人无法读懂这样的诗，心怀利益的人也无法真正体会“鹦鹉哥哥”的情，他们像是从遥远的记忆里走来，俨然一股文人雅士的风气，带着些许似曾相识，被怀有逸兴壮思的心灵捕捉。

其三十三

空行母酿的酒浆非比寻常，
收集党参上的露珠和雪水，
加上甘露发酵方才飘香。
念诵着神圣的誓言饮下此酒，
远离邪魔鬼畜身受吉祥。

青草和野花的气味混合着酥油的香甜气息，被吹过原野的风裹挟着穿过空空的宫门来到我的身边。这是世俗的味道，是你的味道，多么令人眷恋……修一世佛，这心还是恋着世人。不论是普罗大众还是那个我无法念出名字的女子，我都愿你吉祥。

还记得那间街角的酒店，夜里亮着的灯，比那天上的繁星耀眼。我走进店里，见你亲自卖酒，那朝霞般的脸庞就像草原上的鲜花一样娇艳。

你捧着酒杯，而这杯中的酒必不是人间所有，定是那天上玉液琼浆，用洁净的圣山最纯洁的雪水、党参的叶尖的露珠、甘露，酿成的最香冽的美酒。那一刹那，我仿佛看见吉祥天女，款款移步向我走来。我心怀着纯洁的誓言，饮下你赐予的佳酿，于是我在美酒中沉醉，远离一切怨，远离苦。我日日在佛前祈求，也不及你这一杯甘露解我万般嗔痴。

我看着你的脸，那么温柔，像极了温润的玉石，可我的心底涌起的悲切如那雅鲁藏布江的洪峰，淹没了我的心。我只能与你在月亮下面的酒店里相见，不能牵着你的手走在阳光灿烂的花海里；我只能这样静静看你，眼角流着温情，不能站在高山之巅向着天空说出我的眷恋。我恨我语言的无力，无法形容你的温柔与贤淑。你一定能明白我的情谊，我来看你，不带金银，不带宝石，我只带着一份满满的情谊，给最珍贵的人。

仓央嘉措出身于农民家庭，入布达拉宫以前他积累了大量的平民生活经验，因此他的诗句总是质朴如民歌，贴近最普通民众的表达方式，同时门隅情歌之乡的氛围也与他率真的行文风格的成型密不可分。但仓央嘉措毕竟是修习最高佛法、师从大德高僧的，所以在他诗文中所透露出的雅致更显意韵独特。以上二者恰到好处地结合，构成了仓央嘉措诗文的独特风格，质朴直白而不失风韵。

民歌以人民的生活为基本出发点，往往从人们生活场景中提取常见事物作为情感表达的意象。本诗前三句的意象均为生活中常见之物。“露珠”、“雪水”、“甘露”，这些平凡的事物经了情人的手便化为玉液琼浆，正如那质朴的文字经了仓央嘉措之手便带了淡淡的风雅韵味，如西子初妆，如月上柳梢，清水芙蓉，恰到好处。仓央嘉措自小便受到深刻的佛教思想观教育。他的父亲是一位修行有成就的密宗师，加之他15岁成为至尊起，便受到西藏高僧严格的宗教教育，因此，他深入骨髓的佛教世界观便自然而然地浸润于他的诗歌中。这样的表达使得他的诗歌有了不同于他人的精妙意境，而他诗歌中所流露出的淡淡伤感与无奈就像那雪山的云雾，绕不开，散不去。

其三十四

纵使相遇也不能言语，
擦肩而过只得叹息。
幸亏有你多情的眼睛传递讯息，
我才知道你真实的心意。

花灯高悬，众人欢腾，双双对对，人群中心手相连，羡煞许多人。街市中太拥挤，我们才能有秘密。如果你也感叹这一次的擦肩而过是前世的修行，如果你也想要没有伤害、没有遗憾，那就不要轻易留下来，只要相视一笑，便不枉相识一场，就不负真心一片。只在低头一刹那，只在莞尔一笑，不问开始，不问结束，秋波相送，千里咫尺，眼波之间唯有永恒质感。相遇一瞬的颤抖让岁月把它酿成永恒的记忆，分别后的难受让夜风把它吹散在无尽的沙漠，不必问来处也不必问去处，不必说留恋也不必说再见，不必猜想纯白雪莲会在黑夜里初绽还是会在夜里凋零。也许到最后越是渴望见面越发现你我中间隔了许多年，岁月雕刻过的时间，就算在身边又如何？不知你我怎么改变，若是再无力颤抖，谁还记得曾经拥有过相遇的美丽瞬间？朝朝暮暮催疲老，何不做织女牛郎？我做金风，你扮玉露，纵使相逢相知，又岂盼晨钟暮鼓？不管雅鲁藏布江翻涌过多少时间，我们依然是初识的懵懂少年。

只记得那一年我们心手相牵，以为只要有爱就能改变一切，只要有爱就能创造未来，只要有爱就能战胜人间困苦，只要有爱就能历经万世磨难，只要有爱，踏浪逐沙，翻山越岭，万苦千辛尝遍，我们依然能相依相偎。谁不曾有这初恋的真心、坚定、决绝？这首诗只简单的两句，却道尽了初恋少年的勇敢无畏，一心追求轰轰烈烈的爱的心境。在爱情刚开始的时候，我们都一样认为一个会心的微笑，一个多情的眼神就是爱的信号，我们都一样只想着爱情的甜蜜纯真，一往情深，不去想在这条路上，爱情也许终有转身的那一刻。不经意的凄美转身打翻了盛满希望的酒杯，却换了一杯满溢的愁。最初的那一刻，爱意在你我的眼中，犹如一泓清泉汩汩流出，不管烟波浩渺、惊涛拍岸将会卷走写满爱语的漂流瓶；不管风浪狂沙过后会是一弯多姿的彩虹，还是一片瓦砾废墟。

前世过往，浮屠塔断层，好梦渐冷，荆棘一根一根，年轮一圈一圈，谁能等？只恨入空门，谁也不能认，折煞世间多少梦幻！情债儿本再不翻阅！一杯清酒身寂寞，一盏孤灯心头烧。箫声悠悠，笙歌未停，转身随风，半生逍遥。繁华易逝，烟花易冷，雨纷纷，望庭深，只剩我一人，莫停顿，歌舞升平。

作为佛教中人的仓央嘉措，用修行悟道来看待人之初的深爱，看花开花落一番情，观云卷云舒几重天。不苛求，不奢望，只用心去领会情感触发的时刻。

其三十五

开弓没有回头箭，
直飞红尘不可寻。
今日相见旧情人，
心随伊去不得回。

爱情不像脑筋急转弯需要费尽心思，到最后只为一个目的，它往往是在一瞬间定格，没有思考，也不需要思考，它的结果也不是那个爱的答案，而是爱的过程。一个朋友说，不要去追求爱，只需去爱，爱不是追来的，它是自己内心的感觉，无关乎外界的任何人和任何事。有些人生来就是被爱的，会有很多很多的爱慕者为他献上真心；有些人生来是爱人的，他把自己的真心捧给所爱的人。无论是被爱还是爱人，都是一种独有的福分，因为这样的幸福永远不可以被重复，被复制，被沿袭，它只存在于它本身。

或许，我就是为了爱她而生的，在我还不知何为爱情的年龄里，我对她的爱已经悄悄萌生。那时的我们是天真的孩子，毫无杂质的情意在彼此间流传，但是有一种不舍不知什么时候在我心里被种下。天亮时，我们就相会在清新的旷野里，一整天地欢笑着，等到太阳落山时还舍不得回各自的家。那时，我们周围都有很多玩伴，却选择了对方，也许，那时就有一种无法言传的默契预先上演，掀开了我们故事的帷幕。

后来，由于某种天降的变换，我被带到了一个遥远的地方。在那里，我再看不到她的欢笑，在每一个日升和日落，独剩我一个人痴痴怀念。分开的那天，我好像看到了她在身后奔跑着追了很远，当视线模糊时她消失在背后。那时，我已知道有一种东西叫做爱情，她那天的泪水让我感到了心疼。于是，我转山转水转佛塔，只为了给她祈福，渴望有一天我们能再相见。

有一种别离不能用时间来计算，生与死还有见面的那一天，而我们的重逢却无法预知。我曾以为，人生的美好到此就要告终，强迫自己让心平静下来，去梦里寻找最真的温暖。没想到，那一刻我升起的风马，却守候到了我们的重逢。不敢相信，我仍旧以为相逢在梦中，你却默默无语，转过身去，偷拭腮边泪，心绪难宁。没有人知道，我们虽留有再会的去处，我的心也早已随她而去，从此再无归期。

这首诗歌，最大的特点莫过于形象的语言修辞，他把自己对情人的爱恋比喻成没有回头的开弓箭，这是诗人毫无保留的爱，是不留回头路的爱。没有对爱的这样坚定的信念，他也不会一见到往日的情人心就跟随她去，也不会那么魂不守舍。

仓央嘉措永远是这样丝毫不掩饰自己对爱情的坚贞，他认为美好的东西，就不会为了世俗的权势利益而丢弃最初的自己，哪怕要他付出悲惨的代价。他永远是用心感知世界的人，他触摸到了生命的本真，在这个世界里他比很多人要走得远，走得深。有一种没法用时间衡量的生命，它的长短是用精神来宣告的。仓央嘉措的名字在今天越来越让人感到温暖，可以说，他的生命长出了时间，在生命的更深处继续存活着。

其三十六

鸟雀爱柳翠青青，
柳爱鸟身轻盈。
我俩心意两相映，
何惧鹞鹰坏此情。

爱情的坚守是两个人的对望，一起面对外界的风风雨雨是让两颗心永远相惜的方式。自古以来，好事多磨是亘古不变的真理。太多的一帆风顺会让人心里不踏实，总担心美好的梦境会在某个时候突然醒来，不知道怎样去面对现实的破碎。

在爱情的世界里，没有磕磕绊绊会让人误以为幸福就是美好到不掺杂质，直到有一天才发现，彼此虽是相爱但由于没有一起经历一起承担，留下的记忆也不过是浮光掠影的平淡的日子，甚至是一片空白。实践出真知，磨炼也出真爱。经不起磨炼的爱，早晚都会在时间的长河里被波涛冲走。只有两个人一起承担一起经历生活的酸甜苦辣，爱才会被沉淀，才会显得真实，也会更长久。所以，我心爱的姑娘，请不要担心风风雨雨会疲惫我们的心，让我们的爱去经受时间的考验吧。

你是否还记得那天，我们肩并肩坐在小河边，附近柳树上有只小鸟一直在那里跳来跳去，你说小鸟爱上柳树才不舍得离开，那是它们相爱的表达。我奇怪于你的奇想妙思，仔细地观察它们，发现真如你说的，小鸟和柳树之间有一种天然的和谐，它们之间的语言都充满了爱意。每一次想你时我也会想起那天的柳树和小鸟，每一次心里都会有暖暖的感觉。后来，我终于明白了它们相爱的方式，坚守也让它们不再孤独，相互的保护也是一种真实的幸福。柳树为小鸟提供了温暖的家，小鸟却为柳树赶走了鹞鹰，它们的同心协力让一切变得具有了爱意。

人类的爱情也需要这样的心心相印，在外界的干扰来临时为爱情搭一个窝，把外界的伤害驱除开。我不知道在以后的路上我们会遇到什么样的意外，但我知道我们的爱情会遇到很多难以想象的阻隔，或许是空间上的、或许是时间上的。但是，亲爱的，无论怎样都请记住我们的爱，在过去、现在和未来，哪怕有一天一个人提前离开。只要，我们两个手牵着手，心靠着心，就没有什么能打扰我们相爱。

仓央嘉措一生都为情活着，无论命运之途如何改变，他坚贞的心没有改变，他的爱亦没有改变。在一片苍茫的西藏，他生存的地方却是苍茫中带有诗意，柔婉得像是另外一个世界，这样的环境让这个男子也有了相应的品格。他无所畏惧，被卷入权势的争夺里却勇敢地经受着折磨；他又温柔如湖水，在自己的爱里缠绵，显出他真正的自己。

我们没有听到太多他对命运的控诉，他只是对命运不理会，依旧特立独行寻找自己的心，无论外界怎样变换都不能让他放弃这一坚持。面对自己时他这样，而对所爱的人则给予鼓励和安慰。他给她希望，说只要两个人一起努力，就能坚守好他们的爱。我们姑且不管他们在尘世里最终的结局是什么样子，但我们无法否定他的爱是多么的炽热和无私。一个人，一辈子，一生情，无怨无悔。

其三十七

在这短促的今生，
有你的真爱我已无憾无求。
不知在遥远的来世，
你能否记起我今日的面容。

爱情不需要苛责，无论时间长短、无论能否走到最后，一生真真切切地爱一次就足够。生命是繁华的风景，过了季节就会谢幕。爱情是那风景的主色调，谢幕后只是一个传说，在后世里逐渐变形。走过生命，曾经相爱过，再多的不舍都无法改变命运的初衷。

在遇见你之前，我的生命里有一段长长的等待，那段日子已无从记忆，大段大段的空白无从填补，时光在玩耍中流逝。玩耍是不必用心体会的经历，它只是一个孩子好玩的秉性，是在热闹和好动间裸露的童真。我不能说我对那段带有童真浪费的时光后悔，那是人生中适时季节里的美好，我只是感到自从我们相遇时光便开始飞逝，如果一如从前的缓慢该有多好。

有人说，爱情是用残缺来成就完美的，说一切爱情的开始都带着超凡的力量，而这种伟大的力量在生活的琐碎里会慢慢耗掉，太长的相爱将导致永久的不爱。这种带着淡淡伤感的话，让人觉得一定是由没有得到完美爱情的人说的，他们认为长久让爱消失。可是，我怎么也不敢苟同这样的观点，它存在着这样的悖论，长久让爱消失，而相爱的人都希望天长地久，难道相爱的人追求的只是最后的不爱？这样的结论恐怕真止相爱的人不会认同，因为他们知道爱情不是干柴烈火的需要和被需要，不然点燃的永远是激情，燃尽成灰的也永远是激情，他们知道相爱更是一种心灵深处的精神的需要。在精神的需要里，我们找到自己的另一半时也将自己给予另一半，这样，两个人都达到了完满。

是你给了我这样的完满，让我在现实和精神里都得到了最大范围的实现。说实在的，我应当感谢命运这样的恩赐，它给了我最珍贵的东西。只是，我的感谢还未说出口，生命已到了冬季，我们相守的日子变得很短暂，当计算相爱的日子时，我的平静越来越多是来自刻意。我怕太多的情绪让我们无法微笑面对命运的周折，尘世里的恩爱再真诚纯真，在我们身上都不被允许。没有谁能阻止真爱，哪怕是被夺走生命。能在这短短的今生享有你这样的呵护，足以让我的灵魂回忆万年。如果能约定来生该有多好，只是不知道在来生里我们还能否踏上彼此故事的开始……

这首诗歌里的言辞虽然是淡淡的，但是却夹杂着很浓重的伤感。聚散两依依，爱与恨都要道别离。今生的爱太浓太真怎舍得分离，只是现实里太多的残忍让我们无法相守到永久，使得今后再无法预知明天。明知道安慰是无用的，但为了让愁绪淡一些该说些什么安慰的才好，你这样待我，我还有何求，只怕来生里不能再见面。

仓央嘉措有太多的遗憾无法诉说，留恋也只能在胸口，是设身处地设想对方的心情还是对自己心绪追述，我们无从得知。只有静静地陪着这颗痴情的心，为了那一世的深情，让宿命的味道模糊视线。

其三十八

门隅的杜鹃飞到身边，
仿若春神降临世间。
这来自故乡的问候使我无限欢喜，
仿若情人来到与我把酒言欢。

东风袭来，子规轻啼，春天的脚步近了。我看见第一缕阳光在布达拉宫的金色屋顶上升起，我听到第一声子规的悲啼。“不如归去，不如归去！”未曾见你我怎能就此归去？“不如归去”在我心里这不是悲啼，右手转经，左手数珠，神色匆匆，在色彩斑杂的庙宇前，耳边不闻人声嘈杂，不闻木鱼咚咚。杜鹃声声，只念道：“不能归去，不能归去！”若非雪峰消融，山河倒转，江水永竭，怎能就此归去？晨风吹开思念的花苞，想到那一日你的羞怯，只怕你迟迟犹豫不肯赴约，怕你娇弱纤体不经乍暖还寒，又怕你粗心大意遗忘佳期；杜鹃翩跹而至，犹见你步履曼妙，如蜻蜓点水般，缓缓向我走来，眼波流转，脉脉含情，深情如此怎能延误佳期。怕你不来心存一分担忧，可见到你的机会有一分，我又满心欢喜。匍匐、跪拜、站立，修行的时候我的身体有不同的姿势，而此时当春风跋山涉水来到这里，我的心只有一个姿势，那就是等待。

自古以来杜鹃啼血的典故无疑给“杜鹃”身上打下了牢牢的悲伤烙印。唐代李商隐有诗句曾言“庄生晓梦迷蝴蝶，望帝春心托杜鹃”，南宋秦少游也作“可堪孤馆闭春寒，杜鹃声里斜阳暮”，可见杜鹃在春天啼血悲鸣往往会引起诗人怀古比今、伤春悲愁。可是这首诗中，我们却看不到作者的悲伤，取而代之的却是等待心爱姑娘到来的欣喜。

仓央嘉措和其他转世灵童有很大区别，15岁之前他的身份一直是一个不为人知的秘密，他一直生活在藏南的门隅地区。门隅人口不多，门巴族人和藏族人杂居在一起，可以自由通婚。仓央嘉措的父亲是藏族人，母亲是门巴族人，他们都是虔诚的宁玛派教徒。而在藏传佛教当中，除了格鲁派以外，其他任何教派都保留着原始的生殖崇拜，是不禁止僧侣参与世俗生活，结婚生子的，也就是说在仓央嘉措的家乡门隅地区，信仰和爱情、潜心修行和谈情说爱从来就不是一对尖锐的矛盾，而是完全可以并行共存的。

可是，当局势需要他跋山涉水来到圣城拉萨，端坐在布达拉宫的佛床上时，他的身份改变了。他不再是田野山川之间到处奔跑的顽童，也不再是高山蓝天之上自由翱翔的雏鹰，他是藏传佛教格鲁派中的头号人物，格鲁派的至尊。可是他骨子里毕竟还是一个在自由晨风中追逐人间欢乐的孩子，而不愿做威严华丽的宫殿中端坐的佛像，他毕竟还是一个情窦初开的花季少年，而不是六根清净的圣人先知。

对他来说，布达拉宫与其说是一座金色大殿，不如说更像一个金碧辉煌的囚笼，而他却从出生就注定了要成为这里的精神囚徒。所以，当杜鹃啼叫着，从南方，从他家乡的方向衔着春天的气息而来的时候，他仿佛嗅到了家乡田野上盛开的花香，家乡的酥油香，家乡的自由气息，他仿佛看到了家乡山冈上思念他的心爱姑娘，她正在低低地哼唱，歌声悠远嘹亮，好似清冽的水仙散发沁人心脾的芳香。那么此时的他又怎会有什么惆怅呢？他在等待，等待她心爱的姑娘，也等待盼望已久的自由自在。他只有坚毅地等待，也许漫长，但却满心欢喜。

其三十九

野马再难驯服，
一根绳索就可以拢住。
情人若是变心，
神力也拉她不住。

仓央嘉措面对情人的变心，也只是一句“神力也拉她不住”。其实只这一句便够了，那无奈无助只这一句也便够了，说得再多也无益。言及此处，我们又得提到纳兰容若。

若纳兰容若来说这情变之苦，他也许会低低叹那一句：“人生若只如初见。”这一句里有太多太多的回忆，这回忆又牵起太多太多的情愫。这千般滋味绕在心头，你说不得道不得，这便是“人生若只如初见”的意境。这位情圣在爱情上定是与仓央嘉措分享了同一个灵魂，只是仓央嘉措的诗更显质朴直白，读起来总是有种情感抒发后的快意。

情人的变心让仓央嘉措手足无措。但也许正是人心易变，于是便有了山盟海誓，旦旦誓言，所以页页诗经走出执子之手与子偕老的多情；曲曲乐府咏出山无棱天地合乃敢与君绝的女子；句句唐诗吟出一个心比金坚天上地下愿与你比翼飞的唐明皇……可还有一句话说得好：正是情感易变，我们才需要誓言。多情总被无情恼，先爱的人总是输，守着誓言的人总是傻，但即便这样，芸芸众生却还是往情爱里去，爱别离的苦即使受了再多也无怨，但仓央嘉措也是这样吗？

其四十

如果今生未曾相见，我们就不会心生爱恋。
如果今生未曾相知，我们就不会彼此相思。
如果今生未曾相伴，我们就不会彼此相欠。
如果今生未曾相爱，我们就不会彼此抛弃。
如果今生未曾相对，我们就不会就此相逢。
如果今生未曾相误，我们就不会彼此相负。
如果今生未曾相许，我们就不会继续此缘。
如果今生未曾相依，我们就不会彼此眷恋。
如果今生未曾相遇，我们就不会再次相聚。
可是我们偏偏相见相识，造就了今世的情缘。
怎样才能斩断这缠绵的缘分，才不至于受这生死爱恋的苦缠。

如果那一天没有见到你，你笑靥生姿，我便不会坠入爱的网，不管世间风吹雨打，只管此刻与你相恋。

如果那一夜没有与你举杯畅饮、促膝长谈，我便不会日日夜夜独枕相思。

如果那时没有和你朝夕相伴，你永远是我的公主，我依然是你的王子，在爱的神坛，你我就是完美的对方的另一半，渴望被了解被呵护，渴望被彻彻底底的爱包围，永远心存小心翼翼，永远能够宽容一时的糊涂，永远不会计较是谁给谁的爱更多，不会计较谁欠了谁一个关怀、一个拥抱。

抑或是，在我的记忆里永远没有相识中的惺惺相惜，你曾经为爱伤多深，我也曾为爱走天涯，我心疼你的痴心，你崇拜我的执著，同是天涯沦落人！你我才甘愿疼惜，甘愿再真心地爱一次。如果，如果没有这些记忆，我们该是多么轻松！

如果那一次我们没有说出爱这个字眼，没有紧紧地拥抱在一起，那么就不会有谁抛弃谁，谁欠了谁，谁对不起谁。在爱的世界里没有什么公平，如果无法承受好的或坏的一切可能，那么不如从来没有开始这份爱。

如果没有爱过，那么就没有一日日的朝夕相对，没有一次次的花前月下暂相会，月亮不会看见我们双双对对，杜鹃花不会听见我们的窃窃私语。那么不如从来没有爱过，没有相处，就没有回忆，回忆里也就没有为了误会的争吵、辩白、拂袖而去……没有怨怼，没有辜负。

那动情时候的山盟海誓，指天许地也罢了！没有这真真假假的誓言，谁也不用勉强着自己和对方再多一点期许，才可以继续这个日月可鉴的爱情。

既然勉强，不如不要靠在彼此的肩头，就像两只刺猬为了靠在一起而受伤，靠越近伤越痛！

那么莫不如不再相遇，即使再见伪装着笑脸，不知有什么话题可以聊天，那么不如不见。

只是这苦短的人生哪有如此多如果和假设。我们相见相知，舍得与你诀别？除非生死两茫茫，相隔阴阳空断肠。

十句禁忌，并非与情意断绝，反倒用这样一种方式诉说了别样的真情。有些幽怨，又有些无奈；有些犹豫，又有些无悔的坚贞。不要相见相知相伴相惜、相爱相对相误相许，更不要相依相遇，那么便不会有诀别的悲伤，其实我不是不想相见相知相伴相惜、相爱相对相误相许、相依相遇，我只是怕最后总是要分别，一来叫我如何和你诀别，二来叫我们如何承受诀别之后的相思之苦？所以说如果要经历生离死别的相思，莫不如从来不曾相遇过。可是，如果从来不曾相遇过又何来这铭心刻骨的爱。

其四十一

名门望族的女儿姿态翩翩，
只有我最合她的眼缘。
枝头的果子红润美丽，
也比不过她娇艳甜美的容颜。

当一个人情到浓时，心上人在眼前时她成了一切，目之所及心之所想都会带着她的影子，当她不在视线内时，她便氤氲成情绪，在心间萦绕不散。但是，倘若情不是淡如白开水也没有浓烈到化不开，远远地欣赏，温暖如慢慢泡开的茶，味道便会从内到外散发，蕴藉而深远。

我对你的情不知道是浓烈还是淡然，没有谁能说得清这种感情，远远地望着你，出自名门的娇女，一种风姿天韵让人魂牵梦绕，可是我清楚地知道相遇已是一种恩赐，我不敢再苛求其他。也许，上天安排的相遇自有它的用意，也许是它心血来潮时的随心所欲，然而，对于我却是一个无法逃脱也不想逃脱的经历。可这一切情绪的辗转，你却一无所知。狠心的人啊，你怎么不停下来看看为你倾倒的人，他被你牵着情绪，一会儿知足地傻笑，一会儿又陷入了深深的思念，疼痛难忍。

走在人生的青春里，我自然会遇到很多拥有倾城容貌的女子，她们花枝招展地行走在春天里，也许会有一个多情的回头一笑百媚生，也许清水芙蓉无胭脂味，但是，我始终没有看到一个像你这样内外兼修的人儿。有人说，为了一棵树愿意放弃整片森林不值得，但观尽园林我却没有发现哪一棵生得像你这般别致，姣好的面容像挂在高高枝头的果子，莫非你就是那棵我愿意为之放弃整片森林的独一无二的树？可是走近你，除了能温暖我，我能给你带来什么福祉呢，我没有发现，所以，我羞于靠近你。

我知道，有一种美好在距离适当的时候才会恒久，所以，我选择了远远观望，站在一个适当的距离看着你，从没有得到，也不会有所失去。我也知道，这是一种永远得到的唯一的办法，当真情落于琐碎，一切都会变得不纯粹，我为我的选择苦笑，其实，只要能看到你，就该知足了。你不是凡间的女子，想换取你的真情，必然也是不凡的人。可是，我衣衫褴褛，无法捧给你美丽的皇冠，也不能让你避开粗糙的生活。仰望，也许是最明智的选择。

当一个人不苛求的时候，就会变得平和。在金色的阳光里，他会淡然地欣赏世间的美好，也会甘心地仰视，仰视着他的信仰。你就是我的信仰，像那高高的桃树尖上熟透的果实一样诱人，但是，我知道信仰只能用来仰视，把玩在手里是对它的一种玷污。就这样，我向后退，退到一个合适的位置，不问你这朵花儿为谁红，你永远地成了我心中那道亮丽的风景，无人知晓，独留欢喜在我心里，带着淡淡的莫名的忧伤。

这是仓央嘉措情歌里较直白的一首，欢喜和称赞的情绪在字里行间里，然而，这种欢喜其实来自自身的后退，自身的不苛求。他像欣赏着高高枝头上的果实那样，欣赏那个不知名的美妙女子，不再走近，更不去占有。

这是一种面对命运时的求和，明智的求和。也许他用这种方式除去了苦恋的酸涩，给那淡淡的喜欢留了一条生路，让彼此的感情，在距离恰当的位置上维持得更久。

其四十二

与我自小相爱的姑娘，
是不是野狼的后裔？
我用血肉真情爱她，
她仍旧想弃我而去。

她若执意离开你，你用什么也留不住她。就算你是人世最俊的人，就算你是人间最体贴的人，就算你是红尘里最浪漫的人，就算……

仓央嘉措对执意离开他的情人是怀有怨的，竟将姑娘比作狼。这也足见他的心受了多大的伤，也足见其用情之深。仓央嘉措是男子，他的怨带有凛冽之气，若换成女子写这怨诗，那怨恨则平添几分凄切之意，而这世上崔莺莺的怨最是令人叹惋。

“自从消瘦减容光，万转千回懒下床。不为傍人羞不起，为郎憔悴却羞郎。”

你看，她的怨消了她脸上的光彩，生命的华光。你走后，她也就只是静静地躺着，不哭不闹，似乎也不恼。但你可知道她的怨就好似平静的海面波澜不惊，而水面下深藏的暗涌已不知流转几回。她的怨至深，对你恐怕也只剩下失望，为你的薄幸感到羞愧，可偏偏她却又为你憔悴成这般。这千回万转的心思又有几人能明白？

崔莺莺从不告诉你她怨，诗中不见她的怨情，只见她的悲楚，而谁人见了这样的悲楚还能不解她的怨呢？为了心中最动人的情爱，崔莺莺坚定地蔑视了一回礼教，正如我们的仓央嘉措为了情爱无视了拘束一样。他们的爱纯洁而透明，用抛弃一切的勇气执著追求着、追寻着，可那些薄情寡幸之人却没有同样的勇气。

我虽怨你，但却不会缠着你，哭着，闹着，骂着。你自去罢，带着你对我的那些情义一起去罢，我这里再不容你。这怨直直地刺进你心里，坚强到让你心痛。

这怨是爱情最苦的果，不论是男子的怨如仓央嘉措般的凛冽，还是女子的怨如崔莺莺般的凄婉，却都是情到至深之处的宣泄，正所谓无爱便无恨。不过还是让这怨情少些，愿天下有情人终成眷属吧！

其四十三

离别的时刻多么落寞，
你为我戴正帽子，带着淡淡的愁。
我为你整好发辫，怀着淡淡的忧。
彼此叮咛，一路小心慢走。
彼此关照，不要难过悲伤。
离别日短相思长，
我们很快会再聚首。

纵是那金风玉露一相逢，便胜却人间无数，却也终有分别之际。恨别离，如同剑抵在喉，多少次想说挽留，却害怕这即刻的分别让彼此更加难受，想说再见也是惘然，一句话止丁舌尖，却不敢过多言语，真不知哪一句便是催泪烟幕弹，更不知哪个字便是情花的种子，只怕你我中了毒，却得不到解药。

不知道这人间命理谁能掌控，不知道念你的黑发是否要等到苍老，红尘一醉难再醒，也怕这一别，尘缘已逝难再续。那么，就不必为这未来变数而烦恼了，只存一份希望，再次相逢，你我依然心归一处，爱属一方。待相见之时，一江秋月之上，两盏孤灯相伴，三生有幸聚首，四面楚歌不管，一对一泛舟江湖，遨游人间。

冠冕依然留有我的体温，瀑布般的长发荡漾着，悠悠诉说你的愁肠百结，不经意地转过身，只想偷偷地把你的倩影定格在我的脑海中，只想再拾起笔的时候饱蘸香墨描绘你嘴角的弧度。转过身才发现，你的美丽脱俗照映出了我的孤独。拭去你脸上的泪水，抚平你心中的忧伤，心疼你空垂泪惹断肠。这一别正是下一次相聚的预告，真情真意并非只在这一朝一夕。

想起李商隐的那句“相见时难别亦难，东风无力百花残”。那离别时的惆怅仿佛春风也耗尽了所有气力，再也无法吹绿江南两岸的树木，再也无法吹开待放的花蕾；仿佛百花依然身处寒冬，残败凋零。分别时恋人的心何尝不是严冬一样的寒冷，百花凋残一样的凄清。而这首诗却以民歌的方式演绎了恋人分别时的心境，“我”、“你”这样的人称读起来简单、亲近，分别的愁绪中添加了几分轻快、调皮。诗歌里没有写分别时的这对爱侣抱头痛哭，缠绵拥抱，而是用几个动作表达出两人之间的浓浓爱意：我匆忙地戴上帽子，你帮我将帽子扶正，衣装整平，你整理凌乱的长发，我帮你梳起鬓角的散发。举手投足之间，勾勒出一幅温馨的图画。

对于所有爱侣来说，相见永远是甜蜜的、令人期待的，而分别永远是让双方心力交瘁的。万水千山，天涯海角，爱纵有万般精巧也要历经一些磨难，除了时间与空间的考验，身为转世灵童的仓央嘉措还要摒弃信仰的束缚，踏过荆棘才能体验、获得人世间最美丽也最难得的爱情。在爱情里他和平凡人一样恨别离盼相见，相聚的瞬间总是转瞬即逝，而分别的时间却像失眠的长夜一样漫无边际。别离时分没有折柳相送，也没有歇斯底里的恸哭，却互相劝慰着“山和山不会相逢，人与人总会相见”，也泪中含笑地将下一次相会的情景讲给对方听，也许只有这样说心里才会好过一些吧！然而这何尝不是一种宽慰，一种希望，更是一种期盼呢！也正因为有期盼，有希望，用相互抚慰代替号啕大哭才最合情理。恋爱中，总有离别时的难分难舍，也有再聚首的热切期盼。盼那得不到的，盼那已失去的，也盼那难相见的。

其四十四

姑娘香肌如雪让人陶醉，
媚态可人惹人爱怜。
谁能分辨这情意绵绵的姑娘，
不是在编织捞取钱财的罗网？

突然得到的浓烈的柔情像是一场梦境，梦里梦外都让人窃喜，但是也让人心存担忧，害怕这美好如花季一样短暂易逝。人，有时是很容易知足的，特别是在爱情没有得到的时候，设想着在人群里仅仅有那么一个人能让自己心跳加速就知足了。

人毕竟是怕孤独的动物，空旷的地域，稀少的人烟，让同类之间会产生想拥抱的感觉。于是，爱情便铺展开去，在需要的时候温暖着孤独，在孤独里肯定着自己的需要。这对从内地向边界走的人是极其恰切的，但是，对从小就生在那里、长在那里，对那里的每一条河流和每一座高山都熟悉的人来说，这样的关于爱情的阐释就显得表面化了。

这里产生的一切都像是从自己身上抽出的芽，是自己生命的一部分，从一开始就在那里，不可割舍。这是它真实的存在，渗入到生命里的每一个细节，爱情在这里更是刻骨铭心的记忆。爱着的心情，也会显得更加急切。但是，对于生活在万物造化间的人们来说，外界的不稳定因素和世事的无常是无法忽视的存在，安全感是人们内心不可或缺的状态。不安全就会带来惶惑，惶惑不可终日时，对外就会惹是生非，对内也就会苦恼万分。这样看来，你们就会明白少年的疑问是多么自然的人心映照，是一种普遍的心态。

在享有着软香细玉时，惴惴不安的心情终难平息。有些幸福不是来得太早就是来得太迟，姑娘再美的身姿也承载不了我的真情，它不仅仅停留在被底的缠绵拥抱里。我理解的真情需要两个人的缠绵来表达，却远远胜过于此。人生的相遇本就让人欢天喜地了，从相遇走到相知让我感到这是无以回报的恩赐，我决定怀着感恩的心来对待这份真情。因此，我的呵护将在我们未来的每一天里。我不奢求你现在过多的给予，只要一个真心就足够。得到的太多会让我手足无措，不真实的感觉会像幻境在心里无数遍地重复。心爱的姑娘，请你理解一下少年的心情，他渴望的不是一朝的缠绵，而是今生今世的真情相拥。

仓央嘉措总是这样可爱至极，在没有得到时辗转难眠，得到的时候又惶惑不安。在这首诗歌里，他用质朴的语言描述了一个少年在得到心爱姑娘的拥抱后又心生疑惑的故事。场景简单，而人的情绪却是不平静的，欢喜里带着不安，心生的疑惑自然而然从眉宇间露出。谁若遇到这样的少年，怎么说也是种福分，他对爱情的想象没有止于表面的卿卿我我，却是反观自己，在无法给你保证幸福时，他的心情是无法欣然自得的。这是一种责任心，如果你遇到这样的男子，你敢天长，他一定敢地久。

其四十五

洁白的圆月出东山，
缓上天顶多明亮。
我被月光照亮的心房，
映现出玛吉阿米的模样。

有人说相见不如怀念，曾几何时不懂得怎么会有人舍得放弃朝夕相对、耳鬓厮磨而去追求穿越时空阻隔、岁月阻挡的幻影呢！也许是那时候的我并不懂得想念爱人的滋味，遇到你以后我才明白想念的滋味好像一条小溪，曲折蜿蜒，涤荡过一路的鹅卵石，涓涓细流注入心底，甘甜滋味在心中腾升而起，顿时间便能够忘却所有烦忧，甚至不记得相见时候的争吵，不计较谁对谁更在乎一点儿，不抱怨谁比谁更洒脱一些，心中只是浮现爱人的笑脸、爱人的媚眼，记起的只是爱人依偎在身边的温暖和安全感。那么我亲爱的姑娘啊，从那一朝邂逅，我心中就再也无法间断对你的思念。

万籁俱寂的夜，静听穿梭在林中的风，低低吟唱着爱的絮语，眺望雪域高原珠峰之巅，圣洁的月亮犹如银盆一般冉冉升起，布达拉宫的高墙紧锁着我旖旎的梦想，深深的庭院隔断了我与玛吉阿米相聚的路。流光溢彩的明灯把月光下的金殿映衬得更加巍峨庄严，千年文化万古流传，而眼前的我却是如此的混乱不堪。怎能舍得忘记美丽姑娘的模样，又怎能远离这樊笼带着你消失在这烦乱的红尘人间。倘若真像佛经里说的，如果这里真的有香格里拉，我愿舍弃一切人间纠葛，带着你奔向这永恒的天堂。从此以后静居雪山中央的莲瓣，被雪山环抱，闲时从白雪皑皑的山顶漫步到山脚下的森林，我为你采撷鲜花，你为我采集药草。这里的湖泊星罗棋布，像宝石般明鉴如镜；这里青草翠绿茂盛，到处都可作为修行圣地。在富丽堂皇的迦罗波王宫殿，王室拥有众多的军队，无数的狮子、大象、骏马可供乘骑。然而，我们不需要豪华壮丽的宫殿，也不要锦衣玉食，更不要百千车乘。我们只要在山脚下用土石砌筑一座碉房，冬天用牦牛毛织成的帐篷抵御雪雨风霜，就这样诵经、转经、祈祷、祝福，为我们纯美的爱情，也为世界上美好的一切。

想着想着，这样的夜辗转难眠，这样的夜更加漫长，于是起身凭栏远望，黑色的天幕前，东方那座山峰耸入云霄，云雾缭绕之间，圣洁、皓白的月亮越升越高，它闪着光，好像你白皙的脸庞，周围的云雾缥缥缈缈，好似微风拂过你的长发。我心上的人儿啊，你也一样有过这样被思念笼罩的不眠之夜吗？你也会在月光下对着星空想起爱人的脸庞吗？

感悟仓央嘉措的诗，每一首都没有奇词异句，平淡之中只要把心放在遥远的西藏，一切就会变得特别。想那座平日里不易见到的山，那是西藏的山，巍峨庄严，静默无语，却有超强的气场，直抵内心深处。想那月也不是普通的月，那是站在世界屋脊范围内才能看见的月，它比平日里我们头顶的月亮更加洁白、圆润，由此也平添了几分神圣。而那些云也不是我们上空漂浮而去的流云，它像是水粉画里调出的纯纯的白色，层层叠叠，充满质感。这一切的一切足以令人唏嘘、感叹。有一段爱情，在此情此景的渲染之下，注定了这是一段浪漫至极、感人至极的爱情，让人纠结万分却又难以抗拒。

其四十六

我问佛：为何不给世间女子绝世容颜？

佛言：玉貌娇容不过是昙花一现。

心美乃大美，女子皆有，被尘世蒙灰光彩不现。

我问佛：为何世间诸多遗憾？

佛言：婆娑世界烦恼多多，所得再多也得不到圆满。

我问佛：为何世人总困于孤单？

佛言：人心生就缺残，唯有寻得另一半才能得享温暖。若错过、失落，一生只得落寞度过。

我问佛：若与想爱却不能爱的人相遇，爱或不爱？

佛言：浮世嬗变，生命如云烟过眼，有爱尽享，不问后事才是乐事。

我问佛：如何添智涨慧如佛一般？

佛言：佛是人做的，人可做得佛。

世间十界：佛，菩萨，声闻，缘觉，天，阿修罗，人，畜生，饿鬼，地狱。

众生六道：天，阿修罗，人，畜生，饿鬼，地狱。

人生八苦：生，老，病，死，爱别离，怨长久，求不得，放不下。

因果报应，生命轮回，不悟命运真相，何得大智大慧。

世间之象皆虚幻，万事万物皆化生。心动意动万物动，心静意静万物静。生己之相，造己之命。

缘来缘去缘如是，受果受报有前因。佛心在，有自在，一琢一磨有前缘，苦乐悲酸皆自然。

一切如法，如露如电，缘落缘起，寂灭瞬间。

堪破瞬息的情缘，却莫遗落每一份偶然。为有情人间，添真情一片。

人，越痴缠，越枉然。放下，才可得自在。

我问佛：为何我悲伤，这世界就白雪翩然？

佛言：冬日将完，为记忆留下片语只言。

我问佛：为何雪总落在我不经意的夜晚？

佛言：漠视使我们错过无数美好的昨天。

我问佛：今年是否还会落雪？

佛言：把眼光放远，今冬的错过才有珍视的明年。

日日夜夜处于佛的身边，读着《妙色王求法偈》：“一切恩爱会、无常难得久、生世多畏惧、生命危于晨露，由爱故生忧、由爱故生怖、若离于爱者，无忧亦无怖。”千丝万缕的情绪慢慢舒展开来，只是，我的心里还有很多的疑惑，佛有一切法，该能度一切心吧。

为什么不是所有的女子都拥有悦目的容颜？前世红尘里佛怎会不知容貌会成为区分女人命运的因素。佛说，昙花一现只是用来蒙蔽世俗的眼睛，它会让庸俗的人沉沦视觉远离佛，也会让脱俗的心灵凸显，找到最终的归宿。美丽是心灵的描述词，视觉的漂亮和心灵的纯净仁爱是不能相提并论的，佛在这个层次里给予了绝对的公平，而凡尘里有人装扮脸蛋时却不曾装扮心灵。人们睁着眼睛却看不到世界，佛闭着眼睛就已将人看透。

人世间，为何无故多遗憾？世界太婆娑，婆娑是由遗憾填满的。且行且遗憾，幸福才会被捕捉。在我们的世界里过于圆满，心里必埋藏着未知，未知即无常，无常让人心不安。

如何让心摒弃了孤单？佛说：每一颗心生而残缺，生生世世已经习惯，因为，当它有缘和自己的另一半擦肩时，不是疏忽了错过了，就是它已经附属于别的残缺。

人生终于遇到了适合爱的人，我又无法把握住彼此的明天，该怎么办？佛说：缘来缘散，原来如云烟。既然有情在心间，就快乐地享受这五百年前修炼的果实，不要询问是劫是缘，看过万事变迁，浮生也该释然。

如何才能赶上佛的睿智？佛说：佛是过来的人，人是未来的佛。在经历中参悟，在参悟中经历，这是人生的大财富。因果轮回，生死体验，生命的真谛会慢慢浮出，荡漾在心间。

佛说：人生有八苦，一半是源自于命，一半源自于心，而内心的清净除生死外都可以影响到命。而人的心里总是盘根错节，八苦也自然不由己定。

佛说：命相由心生，形形色色，浮光掠影，心静万物静，心变世界变。若想避无常，首先避心魔。

佛说：世间万法皆由缘牵，邂逅时的回眸锁住了两个人的一生。却不知缘起缘灭，早已成空。徒留多少痴男怨女，泪眼婆娑，也将红尘看破。

佛说：需经由勘破、放下、自在才能在无限里接近佛。

的确，一个人需要放下，才能自在，只是回忆怎样放下才能永远地不再拾起？付出的爱如那东逝的水，该怎样才能收回？

我问佛，为何我的悲伤总伴着雪？

佛说：季节在轮转，不过是一时的记忆。悲伤也是一季的色调，明天不知是什么季节。下雪的夜晚被我不经意地错过，像是无意间错过的美丽。未来的美丽如这季节，要把目光放远，表象只是像，日子才是实质。

全诗弥漫着浓浓的禅意，让人分不清诗人和佛，或许在某种程度上他们已融为一体。参悟透人生，一草一木也皆有了佛缘，对生命也表现出宽容，任随万物变换，心则不动。人最终的归宿在哪里？滚滚红尘里如何取舍，经历过勘破、放下才能真正自在。只是，佛界是一种风景，凡尘也是一种风景，而一个人只能在一个高度欣赏风景，是风景那边独好，还是宁愿在自己的境遇里承受，不同的人自然会有不同的选择。

这是一首充满禅趣和哲理的诗，每一个字里都渗透着对生命和人生的思考，并且这种思考是在意识形态的高度进行，经典到让人不敢解读，生怕误读了诗人的心思。如果说文学是一种经历，误读就是无法避免的，也只有希望没有偏离诗的本意太远，留有悟性的人在新的思想领域里延展。

仓央嘉措有一种大境界，他超出了一个人的存在，心系着众生。达到这种境界的人像是站在山巅上，像一尊佛俯视着众生，眼里满含着慈悲。他和佛交流，内容全是关于众生。他提出的问题也都是众生在心里发出的疑问。

其四十七

祈福的幡幢刚刚竖起，
少年我就时来运转。
美丽的姑娘热情邀请，
请我去赴丰盛的宴席。

这一席盛宴啊，看那鲜果，看那琼浆，那飞舞的长袖，那耀眼的宝石，却是对面的姑娘最让我眼怜。你看她那空山明月般的脸庞多么美丽，红扑扑的脸庞衬着乌黑的眼睛，那么赏心悦目。你看她又双目含情望向我这里。我年少风流，在这多彩的人世，我只想融化在她多情的眼里，才不愿守着那长明灯伴着古老的佛陀。可我不能不承认佛法无边，如果不是昨天那个微妙的时刻……

夕阳的下面，牦牛悠悠然地吃草。风中母亲的呼唤伴着袅袅的烟一起飘散在天空里。珠穆朗玛的雪山千万年屹立，雪山圣女今夜是不是有人相伴？我站在与夕阳一样高的地方，看着大地的轮廓。僧侣们列队走向佛堂做最后的功课，我也应该去了，把这份寂寞带进佛堂。

今天是经幡换新的日子，那五彩的颜色让我想起你襟上的花纹。我向佛祖许下这样的愿，祈求他能让我见一眼繁华的人世，再看一眼你，美丽的姑娘。果然，今天他便将她带到了我的面前，襟边的装饰如那猎猎随风的经幡，荡进我的眼里。她请我到她家中做客，说要用最美味的食物招待我。当下我的心便虔诚地向着佛祖，感谢您的慈悲。

仓央嘉措诗中总是透着淡淡的孤独感。想他十来岁的孩子被夺了生活的乐趣，进了那枯燥的寺院，总归是有些残忍的。他的诗充满了对生活乐趣的向往，而表达了对僧侣生活的淡漠。尽管那笔调有时是欢快的，但这欢快的背后藏着一颗寂寞无奈的心，俗世法王竖起经幡祈求的，只是再平凡不过的人间欢乐，因此那欢愉便有了悲切的味道了。

仓央嘉措 17 岁那年，觉得纷乱的世事令他矛盾万分，觉得学习也无益处，终于，他在 20 岁那一年退还了僧衣，穿起俗人的衣服，只保留俗世之权。从此以后，他便放弃了戒行。

对藏族同胞而言，信仰是生命的一切意义和理由，活佛在藏族同胞的心中有着无上的尊荣，因此上师大德在俗世也拥有无法比拟的号召力。作为宗教领袖，仓央嘉措不可谓不尊。他所居住的布达拉宫巍然屹立千年不变，与那转动的经轮、招展的经幡一起垂目俯视着流年似水，地老天荒。一张张虔诚的脸和一路长头的风尘深深刻进它头顶的天空，那是藏族同胞们梦的天堂，而那蔚蓝的天空与红墙上斑驳的岁月光影，是信仰的皈依，是藏传佛教格鲁派的权力中心。

其四十八

天鹅恋上澄澈的小湖，
想长长久久地居住。
可惜湖面结满了寒冰，
让天鹅心灰意冷。

爱，是人们前世酿下的美酒，今生只需一口就可以迷醉千年。迷醉的情，剪不断的忧伤，在心头缠绕。

还记得你我初次相遇时，你步履轻盈、语笑嫣然，秋波微转，像一个石子抖落于我的心湖，从此，我的心再无安宁之日，我也自甘沉沦，那句“平生只有两行泪，半为江山半美人”，成了我心头为你诉说的低语。雾失楼台，情迷与君，人间便多了一份真情的期盼。多少次，我躲在你每次必经的路口，守候着这份爱慕，却慢慢迷失了自己。林间传来那首“倘若我也不是我，你也不是你，该有多幸福”，引起我的共鸣。内心的胆怯让我退而求其次地选择守候，不敢争向神明要求“气质美如兰，才华阜比仙”的你。可是，我渐渐发现很多优秀的男子都在暗中爱慕你，才发现守候并不能让我对你的情长久，我无法想象当另一个男子站在你身边时，我该以怎样的姿态收回我的心。糊涂了很久的我，总算是聪明了一次，我做了一个贸然的行动。

我握起用情做成的软笔，在精美的手绢上用泪水一字一字地为你写下那首小诗，把它丢在了你必经的那个路口。当你经过的时候，先是被手绢的精美吸引，捡起细看时，我看到了你羞涩的神情染红了脸颊，也许，敏感的你心里早已知道我对你的情愫。读完我为你写的诗后，你装作若无其事朝我蹲守的方向瞥了一眼，目光相遇又匆匆离开，会意的柔情幸福到惊慌失措，眩晕的感觉让我慢慢侵蚀我的心，时时刻刻眼里都是你的倩影。

如果不曾遇见你，我相信我从没见过世上最美的风景，在相知的交流里，我的人生算是真的开始具有了存在的意义。我高兴得像个孩子，在层叠的山谷间高唱着情歌，唯恐有人不知道我们的幸福。被幸福冲昏头的我，当时觉得你并没有拒绝我，没有拒绝让高山和山顶的白云分享我们的甜情蜜意。可是，你的微笑怎么渐渐冷却，我像是骑在马上担心着暗藏的冰，想找你倾诉衷肠，却发现你亦嗔亦怒，柔情化作了心上的冰，让我的心坠落，不知该往哪儿去。

善解人意的女子啊，你不是看到我的真心了吗？怎么忍心让我一会儿幸福得到了天堂，一会儿又痛苦得如下了地狱。多情的白天鹅频频回首流连着那池沼，可是湖面的冰层拒绝了他的痴心，我爱慕的姑娘，你怎么也忍心让我陷入了困境，你可知道，再大的困境也抵不了这相思的苦。

莫非你是那天山的雪莲仙子，有着纤柔的腰肢，内心却一尘不染刚强到了极致；莫非你是因着我的狂喜，发现我也逃不过终生的俗气心里不悦了。我明白了，只有脱俗的情才能配得脱俗的你，可是，不管怎样，请你允许我用一朵云霞来抚慰你的不悦，不要让我幸福的心再次孤独无助。

仓央嘉措把心情随手谱写，简单却曲折，单纯得像个孩子，真诚得成了个诗人。他把中国古代诗艺里的比兴运用到不露痕迹，洗尽铅华见真纯。永远的痴情，没有纠缠的故事，却难以掩饰难解的情绪。世上最变幻的莫过于女人的心，海水和火焰，涌动时，一明一暗，局中人怎么能懂。多情美丽的女子，怎么忍心让这样的有情人痴痴傻傻，癫狂无措。

其四十九

去年把青苗栽满田地，
今年收获的是干枯的禾束。
曾经青春年少的躯体，
如今弯曲得像藏南的弓弩。

世上有很多爱情输给了时间，曾经的心有灵犀在时间里蹉跎，慢慢地消去了最初的本真和耐心，然后彼此的步履不再同步，就各自走开，把自己的过去否定，以为下一站的幸福才是心里最美的期待。时间让人敬畏，又让人感到压抑，它不动声色地让一切事物改变了原貌，还沾沾自喜地送来挑衅的目光，被它捏在掌心的人们永远不知道方寸之间得与失只是时间的把戏。

无法和时间较真，我选择了沉默着面对，以一种静态昭示我的人生。就像人们说进攻是最好的防守，防守是最好的进攻。我选择了最好的进攻，让心里的念想在思想的深处成为无法超越的追求。人生是一个说不出谜底的谜，整个的混沌状态却披着世俗的衣裳，以所谓的人生目标的形式呈现。于是，放眼望去，芸芸众生熙熙攘攘皆为利来皆为利往，用物质实体来确认自身的价值。这是人类的悲哀，是冥冥之中无法拒绝的安排。然而，我相信，人生的长度不能简单地用时间来计量，在思想的纵深里我们的灵魂相互温暖。总有一个例外，来拒绝一成不变。你的心，纵使决意关闭千年，也总有个时间的界定。

在过去的季节里，为了呈现相识的记忆，我悄悄种下的青苗，如今已经长成禾束。对伊的爱恋也如这青苗收割了一茬又一茬，茬茬复茬茬，年年如斯无休止。我打心底相信，会有海水干涸、坚石风化的一天，你对我的拒绝也抵不过这样的奇迹，世界换了容貌，人心怎不丢弃固执。

守候重复着守候，遥遥无期无怨言，然而，思君使人老，心绪成灾君不知。等待中的相思抽空了我青年的身躯，它在反反复复中渐渐衰老，已远胜过那南弓的弯曲。而你，让我的等待再度成空，熬煞了这岁月。

多想把我的思绪全部说给你体会，把我的心情说给你听。你却偏偏把相守推开，让相思也拉长，除了我还会有谁和你能将灵魂紧紧拥抱，彼此都能感知？我的疑问在唇边被风吹散，展出的笑容总有挥之不去的幽怨。我不想让一切因缘聚，让一切再因缘散。

仓央嘉措这首诗婉转而深藏情结，没有刻痕，由眼前物想到心中事，就无法不涉及心中人。事物的生长是再正常不过的自然现象，却被诗人涂抹上忧伤，爱也罢，怨也罢，都让人感到伤感。平常的字眼，巧妙的组合，把痴情都包裹在其中。总也不明白，为什么有情人总遇到无情的人，或许其本非无情，不过也源于另一个无情的人。一旦牵涉到感情，世事就成了理不清的逻辑，理性和非理性的斗争也便蔓延开去。世事也总喜欢这样的纠缠，让人们在阴差阳错间徒增遗憾。

这一切，让人忍不住想去假设，假设没有这些情绪的缠绵，我们拥抱的爱情是不是就会成为我们追求的完美，还是我们在受挫中得来的不完美也表白着弥足珍贵？孰是孰非，终究无法定论，不如，就享受着命运的安排，哪怕是弯了身躯，年华老去也不改当初的选择。所谓的抱怨，也不过是一种无法述说的爱恋。

其五十

上天让我们从人群中相遇，
缘分让我们结成亲密的爱侣。
这奇妙的缘分就如同潜身大海，
随手就捞起了龙王的宝珠。

自古以来，爱情是无法解释的情缘，不同的人对爱的定义有着各自的理解。我向来认为，所谓的不在乎天长地久只在乎曾经拥有，要么是没有心去争取在一起，要么是软弱面对现实时的一种托词。从日思慕想的爱恋到天天相对的婚姻，它的距离不在于一个仪式，仪式是最无聊的游戏，“读书消得泼茶香，当时只道是寻常”的生活是多么弥足珍贵，需要用心的人才能体会得到。

对于爱，我不苛责，却始终如一地用心面对。那一年、那一天、那一时……在所有拥有你的时空里，我的回忆充满了幸福的味道，我无法接受也不会软弱着妥协，让一切美好的记忆戛然而止。可是，爱慕你那么多天，却始终是我一个人的独角戏，我明明在你眼中看到幸福光芒闪烁着，你却若即若离地出没在我的世界，飘然离去毫无牵挂。都说女孩的心是猜不透的谜，变幻无常，猜测的人永远跟不上它的节拍。

我心中爱慕的那个姑娘，你若感觉到了我的情意，请别再若即若离好不好，这青涩的年华里躲躲闪闪的爱恋，总要有个明了的归宿，温柔多情的你真的愿意看到我神魂颠倒，真的能做到置身事外？我相信，那天四目相对时你留下的深情绝对不掺杂质。人们说每个女儿心中也都有一个关于爱情的美好想象，让我把这美好想象呈现给你，绝不会让你受一点点伤。

大海里藏有的奇珍异宝，它们在海的深处沉默着等待，等有缘人把它们发掘。当机缘来临，珍宝问世，寻宝人一辈子的幸福全都在里面裹藏，那是用尽生命的力气祈福得来的，也会用尽生命的力气去呵护。在人生的大海里，你就是我要寻找的宝贝，我也会用尽生命的力量呵护你，你若给我这样的欣喜，我的爱，便有了实在的意义。我愿从此与红尘相隔，只守候一个你。

在夜深人静的时候，唱一首情歌给你听，月亮听见了从云朵后面探出脸来，你听见了在窗后独自徘徊。不要再掩饰你的心思了，你可知道，我的爱是无法复制的，在你若近若远的态度里，它感到了无法承受的煎熬，在瞬间产生的抱怨却又在瞬间消失。爱也不容易，恨也不容易。“死生契阔，与子成说”，如若我们能一起来经历“执子之手，与子偕老”的圆满，于你于我都是天赐的恩惠，也许你还像那含苞待放的花苞，没明白自己的心思，一味地羞怯着拒绝我的良苦用心。

捧一颗珍贵的心交给你发落，你若也感到内心缠绵，就把你的心也交给我保管。如果，你愿陪我天长地久，我绝对视你胜过海里的珍宝。

仓央嘉措这首诗与其他情歌相比语言显得更加直白些，感情也更加热烈。你和我不需要太多的矫饰，只要你愿意给彼此幸福的机会，我就敢为你撑起一片天空。用海里的珍宝来解说心中人在自己心中的位置，让真情触手可及。白头偕老不是一个经过严密思考后的承诺，而是浓烈感情的直接迸发。

其五十一

心中的秘密不告诉双亲，
字字句句都倾诉给了情人。
可这情人的“牡鹿”真是多啊，
传来传去都被我的仇敌听了去。

这风是否吹过家乡？我坐在寝宫的门槛上，想起错那湖，像美丽忧愁的精灵。我喝着它的水长大，而今它是否一如阿妈的怀抱，宽广博大？还没有住进这深深的宫殿时，我就认识你了呀，美丽的姑娘。那时在故乡，你可以唱出最美的情歌，我每每沉醉于你动听的歌声中。那时与你日日逍遥，走遍了每一条路，看过每一朵花，那时不识忧愁的滋味，多半是因为你的陪伴，我忘记了什么是烦恼。可香甜的青稞有时也会酿出苦味的酒。那日家里来了几个喇嘛，硬生生地将我从阿妈身边带走。

上天总是待我不薄，你仿佛乘着家乡的风来，明亮了我灰暗的天空。我的指尖又能触及你如玉的脸庞。你比以前更加美丽，如盛放的雪莲。我有多少话想对你说，你可知道？那思乡的愁绪，无尽如雅鲁藏布的江水；那日日学经的沉闷连最温驯的绵羊都不能忍受；那尔虞我诈的争斗像一场场噩梦将我死死困住。这些我能向谁去诉说？我的天空从此挂上灰的云，从没有想到我还可以再见到你。你就像那道阳光，在我梦中的天堂照耀我。

你是落入我心海的石子，敲开我柔软的心房，一时澎湃。我将心底最隐秘的地方向你展开，只以为你能解除我心中的挂牵。夜夜相守，我仿佛又回到了那年的错那，粼粼的湖水映着你纯洁的脸，你婉转的歌声在我的梦中萦绕。

一切看起来都那样美好，可时光怎会真的为我倒流？我忘记你是个美丽的女子，我忘记牡鹿总是有占有的欲望。你身边的追逐者多得已不是我能想象。你是那样一个美丽的女子，带给我一场纯洁的梦幻。

这真是一场人世的闹剧啊。我是最俗的凡人，追求同世人一样的理想，同时也陷入芸芸众生的茫然，看不透这浮世一场只是镜中花，水中月，那脆弱的爱情也不过是虚幻无常。

仓央嘉措笔下的这位幼年结识的情侣正是他还未正式进入布达拉宫时，在家乡门隅所热恋的姑娘。

仓央嘉措的家乡在拉萨南部的门隅那错县。门隅地区一向被藏族同胞视作“白隅吉莫郡”，意为“隐藏的乐园”，乃神秘之境。门隅是著名的情歌之乡，那里的人们喜歌善舞，“萨玛”酒歌和“加鲁”情歌最是曲调优美，奔放动人。仓央嘉措日后多情品性与卓越才情的形成，与这个美丽的地方是分不开的。

仓央嘉措的父亲是宁玛派僧人。宁玛派的教义采取家庭传承方式，故而宁玛派允许他的僧侣娶妻生子。被宁玛派奉为上师的莲花生便是一位身有两位美妻的僧人。仓央嘉措身在家乡时，无拘无束的他自是对儿女情长心怀梦想。那年他在家乡爱上了一位美丽的姑娘，可浓情总是在最化不开时被冲散。仓央嘉措身不由己，他不得不离开家乡，离开心上人儿去远方的布达拉。格鲁派的教义强调清心戒欲，加之他总是被推向当时政教斗争的风口浪尖，心生厌倦的他住在布达拉里无异于苍鹰被困进了牢房。

于是所有的放浪与风流便有了答案。我们美丽的情郎写下了一首首美丽的诗篇，然而只有岁月真正理解，这样的仓央嘉措经历了多少人世的悲欢。

其五十二

思念让我烦躁不安，
夜半时分也无法入眠。
白日里没能追到看中的姑娘，
我的心儿如浸寒潭。

青春年华里，青涩心绪里的追逐是很美妙的事情，明明是善解人意，偏偏此时故作糊涂，从此，一个是暗里藏情，一个是若痴若狂。倒是有些民族的求爱方式来得直接些，不那么百折千回，在歌声里便定了情。可是，现实里，谁也不会羡慕别人的美好，因为每个人的经历都是这个世界里的唯一。时代的不同也许会带来不同的追求方式，地域的差异也是很明显的界定。在那苍茫空旷的白云边上，小伙子们的情感也就显得直白而粗犷，火辣辣的太阳也比不上他们火辣辣的心情，是那里的大地和天空给了他们毫不矫饰的情感。

可是，无论哪里的女子到底都是水做的人儿，柔顺的外表下和柔顺的心里，却有着至刚的情怀。任那有情的人神魂颠倒，紧紧追逐，在没有确定对方是自己喜欢的人之前，说什么也不流露出自己的情绪。痴心的小伙子早已是意马心猿、心神无法安定，期待着心仪之人带来重生的希望。那颗着了魔似的心怎么也不肯安歇，就在白天追逐后的夜里也无法安然入睡，睁眼闭眼间都是她姣好的面容。可是，在黑夜后的白天，迎接的可能又是一个无所收获的白日。就这样，他眼睁睁地看着她，只怪自己无能为力。

白日接着黑夜，黑夜又连着白日，昼夜更替无穷无尽，可是，痴心的人却年华有期，怎舍得让今生的相遇成了生生的遗憾，在来生里弥补。

感情就是那样让人魂牵梦绕、偏偏又折磨人的东西。她在层层叠叠的情绪里掩饰着真面目，不懂的人只有跟着她团团转，着实折腾人。每个人都有那最初的情感萌动，每个人也都会有那最初的心情永记心间，无论你是什么身份，什么性别，或是什么样的态度对待，我们都无法否定最初情绪辗转的美好。诗歌里的主角轻声地埋怨，不过是源于太急切的心情。太多的渴望也会让心情躁乱，一会儿斗志昂扬，一会儿便精气全无，反反复复的都是那最美的爱恋。

仓央嘉措在用心写诗，大胆而热烈，无法告知的心情让人在诗歌里一览无余。世上最美不过的景致，是那最初的心动却不被人知，曲径通幽处自然有种天真的神韵。这首诗的语言带着热烈的色彩，一波三折后虽说是心灰意懒，却拉开了新的征程的序幕。感情基调也让人看到了单纯里的可爱，可爱里透出淡淡的忧伤，这忧伤是暂时的，短暂得只需伊人的一个眼神就可以驱之到九霄云外。

读这样的诗，我们不会有太多的担心，安静地看着年轻人慢慢走近爱情，再慢慢地领会爱的含义。我们也不会牵扯太多的情绪，只是那灵动的情感路里也有我们的青春，我们心领神会时又会品出自己的人生。纯真的东西毋庸太多言语的点缀，就让它自然地存在吧，在我们的灵魂深处指向着归家的路。

其五十三

南门巴的密林深处，
是我与情人约会的秘密之处。
口舌灵巧的鹦鹉窥到了我们的秘密，
请不要飞到路口四处散布。

晨钟咚咚，像打着闷雷，唤醒了沉睡中的布达拉宫，也推开了我的梦魇。远处的山峦绵延起伏与白云一起缠绵着走向天边，刚刚苏醒的布达拉宫在晨光中张开眼，继续俯视脚下匍匐朝圣的信徒。喜马拉雅山环抱着珍珠般明亮的圣湖，好像威武勇猛的藏族汉子保护着心爱的姑娘；绿草守护着苍茫的草原和阡陌交错的田野，好像慈爱的父母看护着自己心爱的孩子。

我披上红色的僧袍，手握念珠，一遍一遍唤着你的名字，分不清是清晨的诵读还是夜晚的呓语，不知是不是刚刚的一阵细雨润泽了我干涸的思念，只盼着时间倒转到相见的时刻，或者将冗长的白天换作一瞬，或者将相见的片刻尘封成永恒的标本。到时候我便可以换上俗衣便装前往南门巴，奔向早已相约的密林深处，奔向你，相会你的万种柔情。

记得那个初夏的黄昏，暮鼓刚刚敲过，我轻手轻脚换了衣装，侧门而出，疾步向密林走去，浓郁的森林像一座迷宫，但我总会找到那棵被爱意滋润的树，因为树下有你的气息蔓延开来，指引着我的方向。哪知喜爱你的不止我一个，还有那路口树上聪慧的鹦鹉，它机敏的眼神告诉我它已经发现了这个秘密，它在我身后学着我，用尖尖的嗓音叫道“哦，我心爱的姑娘”，它不断重复着。我心里又气又恼又觉得有点好笑，难道它也懂得我的心思我的想念？我的想念不敢向你倾诉，相见恨短，我不敢枉然占去美妙的一分一秒，深恐我所担忧的爱的苦果成为你的纷纷扰扰。

我心上的爱人儿啊，你看起来是那么单纯美好、无忧无虑，你的双眼纯净得如同青海圣湖的湖水，碧波不染微尘，宁静不堪喧嚷；你的心清亮得如同盛夏的草原，蓝的天，白的云，碧绿的草，宛如清新淡雅的一幅山水画。疾步如飞的我，思绪也跟着飞跑起来，那只调皮的鹦鹉会不会曾经飞到我的窗前听过我的心事？会不会多事地飞到你身边，也这样咿咿呀呀地向你学舌呢？这一次你会不会已经知道了我的爱恋，我的无奈与不堪？我的心生出一株藤蔓缠绕的参天大树，慧根纵深、蓊蓊郁郁，只希望那只多事的鹦鹉不会把这些话当做口头禅，飞到哪里都不忘讲上几句。

对仓央嘉措来说，从桑结嘉措将那神圣的光环戴在他头上的那一刻起，爱的苦恼历程就开始了，仿佛这是一座炼狱，其中热与冷，苦与甜错综交杂。也许这就是人生，没有冷就永远体会不到热的炽烈，没有苦也永远体会不到爱的甘甜。他追求自由和爱的心灵从此被深深地束缚。诗歌里面所讲述的偷偷的爱恋，那是仓央嘉措的反叛，他的疾驰、他的急切，不仅仅是来自对心上姑娘的想念，更是对自由向往的急切，对挣脱枷锁的急切。那街头巷陌的流言蜚语也许他早就听说过，也许那巧嘴的鹦鹉可不止一个，他听到过那些或者赞同或者诋毁的话吧！他不想遮掩，只是想给纯真一个私密的空间，因为爱情本来就是自私的吧！

其五十四

守门的老黄狗请听我言，
不要把我的秘密说与人听。
不要说我趁夜走出宫殿，
也不要说我天明才重又出现。

雪山遮掩了大地的威严，可是谁来埋葬我的寂寞和失落。

为什么总是在这里徘徊，为什么总是在这里皱眉，从前的生活梦一般轻盈，时光一般白驹掠过。

黄昏戴月时分，拉萨街头传来了你的歌声，梦绕魂牵攫住了我的心，飞奔的我生怕这一次爱的错过，怕你我的心灵尚未水乳交融便擦肩而过。再一次出现在你面前，看着你桃花一般的脸，一抹红霞飞过，我就知道，这一刻我痛彻心扉地沦陷了。这一刻，等待了多久我已经不记得了，我好像穿越了岁月的光年；这一幕好像无数次出现在午夜的梦幻里。

于是，那天起，布达拉宫的侧门，变成了我的时光隧道，进去之后我是活佛仓央嘉措，出来以后我是浪子宕桑旺波，在街头吟诗歌唱，和年轻的朋友们一起欢唱。只有在浪子宕桑旺波的身上，我的心才能够得到彻底的释放，我的朋友们，他们不知道白天的我是布达拉宫里面的活佛，只把我当做酒馆里、巷陌中的浪子、歌者。在他们眼里这个宕桑旺波冷峻而忧郁，这个宕桑旺波只要一瞬间的灵感便能迸发出热情激荡的情歌，这个宕桑旺波是一个昼伏夜出的年轻人，这个宕桑旺波有一个美丽的爱人——达瓦卓玛。但是没有人知道，白天的我坐在布达拉宫的最高殿，白天的我是一个被囚禁的孤魂。这个灵魂只能在夜色中、在诗歌里、在酒杯里、在爱人的怀抱里才能得到释放。

白天的我是个孤魂，被囚禁的孤魂，没有人可以倾听我的灵魂叹息，只有那只守着侧门的老黄狗才是仓央嘉措和宕桑旺波共同的朋友，也只有这只老黄狗知道仓央嘉措和宕桑旺波之间的秘密。每一天，我都在静静的沉默中等待乘着夜色飞出牢笼的那一刻，那时候，夜晚静谧无声，白云也乘着夜色飘然而过，月亮静静看着一个灵魂的蜕变，雪山脚下的微凉气息氤氲着我欢喜的身体，月光笼罩下，这是神圣的时刻，我带着庄严、欣喜还有匆忙，完成了这灵魂的洗礼。

老黄狗啊，请你千万不要说话，别说我夜晚出宫，也别说我天亮才回宫！我的老黄狗，它聪颖无比，似乎听懂了我的心意。也许它和我一样向往着高墙外的世界、深宫外的天空，向往着真正的生活；也许只有它和我一样，孤独着，寂寞着。

可怜仓央嘉措年轻的心被牢牢地禁锢在深深庭院、高耸围墙的布达拉宫之中，宫里冷漠而沉闷的空气扼杀了他少年的心，也冰冻了他的梦想。他深藏在布达拉宫，独自吞噬着寂寞的惆怅和初恋的忧伤，直到有一天他的心灵再一次有了归属，从此以后他开始偷偷地引渡自己的灵魂，他常常在晚上溜出宫去和情人相会，和朋友相聚。这首诗表达的就是这段时间的事情和仓央嘉措的心情，可以看出他的心中有一丝狂喜，也有一点担忧，所以在诗里他再三地叮嘱机灵的老黄狗千万不要说出他的秘密。也许仓央嘉措怕的不是事情败露后他将要接受怎样严重的惩罚，而是他再也见不到他的朋友、他的情人，再也做不成宕桑旺波，那他的灵魂将会被永远地压制，而这样的他与死亡又有什么区别！

其五十五

夜里与情人相会，
天明落了纷飞大雪。
雪地清晰的脚印，
让我的秘密暴露人前。

那一次，拉萨街头邂逅，注定了今世的姻缘；那一次，你启齿嫣然一笑，我的心被彻底俘获，在爱的国度，像飞蛾扑向蛛丝，从此断不了相思，从此我的快乐和忧伤在你那里慢慢溶解。

再见你时便有了那般电光石火的碰撞，曾经我的悲伤静止了时间，现在的你静止了我的时间。从此以后形影相随，我的世界在快乐和思念之间拉扯。从此在我眼里世界变得多彩，那蓝的天空，白的云彩，火红的僧袍，湛蓝的湖水，大片大片的纯色在别人眼里这彰显着神秘的宗教气息，而在我眼中这却是世间生活的多姿。于是有了以后的朝思暮想，也有了以后的夜晚相会。相会的时间总是那么短暂，庆幸在夜晚我又做回了本来的我，吟唱情歌，追逐欢乐，不去想那些冗长的教义和规诫。

可是这样一来，黑夜短暂，白昼却显得漫长。白天在佛堂打坐，或者在佛床冥想，有时候也会数着时间的步伐，心里想着小酒馆的热闹。暮色四合下，蕴藏着我们的秘密，宫门口机灵的老黄狗早就成了我的好朋友，它深藏的秘密永远不会说出去。

笙歌渐渐远去，最难是别离，本来是说好的，除非死去，永不分别。

可是现实的生活中却要常常泪洒衣襟，挥手作别。东方即白，天将破晓，站起身来窗外大雪飞扬，卷着初春的寒意扑面而来。心中不免有些担忧，雪地上行走必定要比往日慢了许多，要赶在小喇嘛起床开启宫门之前回到宫中恐怕有些困难，匆匆分别后，快步赶回宫殿，换衣、安坐。再一次远望窗外归来时的路，这个初雪的早晨，白色的雪花纷纷落下，无声无息滋润着雪域高原的万众生灵，夹杂寒意的朔风又好像珠峰的仙女在低诉这个冬天的寂寞难耐。霎时间苍茫天地，变成了一片白雪的海洋。高原的雪峰静默着，仿佛还没有从寒冬的沉睡当中苏醒过来；大地沉默着，仿佛在细细品味这初雪的味道；拉萨的阡陌田畴沉睡着，仿佛在孕育着全新的生命；街头的小酒馆仿佛也依然沉睡着，安慰着昨夜躁动不安的灵魂。这晶莹的雪花，在空中翩翩起舞，世间像是被覆盖上了一层浓浓的晨雾，可是却没有覆盖我归来时候的脚印，原来幸福就像雪花，伸手触及它就会融化。

早晚是要有个结束的，田野小巷间人们的笑声背后，有赞许有嘲讽，赞许也罢，嘲讽又能怎样？爱就是要纯净、刻骨、毫无保留、执著忍任、一往无前，即使全世界都说我是反叛者，那又如何，你肌肤的温热，终究会温暖我的心。纵使离经叛道，只是为了爱便可称作是值得！

仓央嘉措的感情从他身份改变的那一刻便悄悄地发生了变化，初恋情人成了别人的新嫁娘，初识的情人刚刚抚慰了他的心灵创伤，这段恋情却站在了风口浪尖上。对于经历过爱情伤痕的他来说，也许这个时刻他对佛理中的人生无常有了更深的理解。这一次，为了追求他的爱，他甘愿站在风口浪尖上。任凭惊涛拍岸，不动声色；他甘愿站在高山悬崖上，寒风凛冽，也不要躲藏和退缩；他甘愿反叛全世界，因为如果没有了爱，那么赢得全世界又会如何！

其五十六

就是豺狼虎豹，
喂熟了也会和你亲近。
只有家中的母老虎，
越熟悉对你越凶恶。

当母亲带给我这个绝望的消息，我整个人像是被钉在了原地，石像一般无法动弹，也无法思考。记得在藏南家乡，无边的草原上，对着天空和大地我们曾经许下共同的誓言，今生今世，非卿不娶，非君不嫁，难道这些都已经随着草原的风而去了吗？茫茫苍天不曾改变，朗朗誓言犹在耳畔，如今的消息却是你已经披上了别人的新嫁衣。还记得当时年纪小，你我在初春的草地上谈天说笑，那时的我们觉得天永远会这样蓝，云永远会这样白，无忧无虑、自由自在的日子也会永远，不会改变。只是春天来了，却又离开了；格桑花开了，却又谢了；四季交替中变换了草原上的风向，草原上的春风吹开了初恋的情窦。我以为我们会永远守着誓言，对着太阳的方向不断祈祷，祝福这美好的日子、这纯真的感情能够像蓝天白云、高山玉湖一样永恒。以为这永恒能够越过山水的阻隔，能够跨过时空的边际，把你我的心连在一起。

可是，我却没有想到，桑结嘉措的双手将光环赐予我的同时，也剪断了你我的半生情缘。现在，拉萨的朔风吹来了你的消息，那是你的婚期，我的心顿时铸成了铁一般坚硬的容器，里面装满了伤心的泪滴。曾以为，如果我是高原上绵延的山脉，你便会是偎依在我环抱里的一面湖水，恬静悠然；如果我是高天上的流云，你便是飞翔的小鸟，唱着动听的歌，与我常相伴；如果我是草原上来去自由的风，你便是风中的尘沙，永远跟随我的步伐。只是现在我知道了，也许湖泊看到山脉已经走向了遥远的天际，仍然不肯停歇；觉得流云追寻着月亮的光辉好像飘得越来越远；而草原的风啊也吹向了不知名的远方，在那里尘沙闻不到故乡的空气中那醉人的芳香。也许是前生我修行不多，所以今生一定要去圣地拉萨追悔我前生的亏欠，所以便一定要我用青春、爱，甚至生命来作为代价。

我心爱的姑娘，想你也是不得已才这样选择。也许你我都一样，面对人生的无常，没有选择的权力，也没有追究和抱怨的空隙。世上的痛苦有的可以逃脱，但有的却躲避不得。在原始森林里偶遇凶恶的豺狼虎豹，只要割下一块肉，满足了，它们便会离去。可是心爱的姑娘啊，你给的伤痛，这失去的痛苦像苍天的鹰隼啄食着我心上的血肉，不知何时才能终止。夜阑人静之时，回忆慢慢浮现，我仿佛又回到了家乡的草原，只是梦里的你越是温柔可人，醒来的我心就越疼。我甚至不敢回想梦里的风，它阵阵追着我吹来，仿佛一句一句数落我的离开，又好像一把锋利的藏刀，一寸一寸割着我的肌肤。

仓央嘉措的情歌里好像总是在不动声色地叙述着常见的情景和故事，但字里行间却饱含着他的情感故事。明明我付出了款款深情，却为何遭到你的伤害。爱本来如此，爱得越深伤得越重，最深爱的人往往伤人却最深！

其五十七

海誓山盟的情人，
嫁给了别人为妻。
我愁肠百结相思成灾，
为她憔悴得几乎委地成尘。

魂消骨瘦总是无数人相思成灾的模样。当年柳永一句“衣带渐宽终不悔，为伊消得人憔悴”道尽了多少痴情的苦。再远一点的话，我们可以说到《诗经》，其中有首诗是一位陈国的男子在月下心怀佳人时的心意表达，他说：“月出皎兮，佼人僚兮。舒窈纠兮，劳心悄兮。”《诗经》里升起了中国最浪漫的月亮，从此月光最是相思的凭依。仓央嘉措的诗里没有月亮。他只是喃喃地说着自己热恋的情人成了别人的新嫁娘，而自己早已形销骨立。是呀，这样的痛楚早已是说不得道不得，只那平平实实的一句，便可在旁人的心里留下闷闷的一记重响。

都说女子痴情，总为男人受着情苦，可也有如仓央嘉措这般的男人，情到浓时可以魂不守舍，可以至死方休。

谈及相思，又怎能不谈纳兰词。细说起来，纳兰容若与仓央嘉措虽相隔万里，但二人的命运之辙仿佛由同一辆车留下。一个位极人臣，一个雪域至尊，明明都有不可限量的未来，却都看轻这淡利浮名；一个为情痴，一个为情圣，明明都是三尺男儿的身，却都情长不输女子，一生为情所苦。

纳兰也说相思，他说："青陵蝶梦，倒挂怜么凤。退粉收香情一种，栖傍玉钗偷共。愔愔镜阁飞蛾，谁传锦字秋河？莲子依然隐雾，菱花暗惜横波。"如果仓央嘉措的相思是幅水墨画，墨即是色，质朴自然，那么纳兰的相思便是工笔画，细腻精妙于毫厘间。纳兰词中不见相思，却字字相思，那相思便是你所有的东西都在身边，却唯独你不在。物是人非事事休，这泪流尽了，这字字便是浸透了相思的血泪。

相思相思，为何人人都知情这般苦却都宁受这苦？也许是因为最美的情花就开在这相思的泪里，最铭心的爱就留在最刻骨的痛里。

其五十八

我心头的姑娘难道是被人拐走了？
我求签问卜求寻她的去处。
姑娘天真烂漫的笑容，
如今只依稀浮现在梦中。

梦仿佛是这样一个地方，你日日盼望的事求之不得时，你可在梦里一时实现；你日日思念的人不得见时，你便可以向梦中寻找。我求神问卜都问不来你的去处，若失了梦，叫我怎堪忍受这无尽相思。

这想见不得见的愁苦多少人在梦里有了慰藉，哪怕梦里一见那相思会更入骨髓，甚于往常。连豪放派的苏东坡都柔情万种地将这思念寄给了梦："十年生死两茫茫。不思量，自难忘。千里孤坟，无处话凄凉。纵使相逢应不识，尘满面，鬓如霜。夜来幽梦忽还乡，小轩窗，正梳妆。相顾无言，唯有泪千行。料得年年肠断处，明月夜，短松岗。"

仓央嘉措不是豪放派，他只是个温柔的情郎，反倒是他，表达起思念来，从不曲折。他白日里打卦求签，想问明白这姑娘的去处，于是夜有所梦，这短短几句话，直直道出了无尽的思念。他总是这样直白，就这样将一个活佛世俗的心摆在所有人面前，不遮掩，不避讳。

这梦是相思之处，是相思之慰。哪怕我知道那梦中的你是罂粟花的化身，我醒来以后，那梦里的你会嗜我的血，纵使有时梦境成虚，令人平添愁苦，我也要见你，哪怕一眼。

其五十九

大家都在说我的闲话，
不过这闲话说得没错。
我确实迈着轻快的步子，
去了街头卖酒的人家。

对于爱情，我不想说得太多，太多的言辞会让它变得复杂而不真实，就这样用心地爱着、体会着已经足够。但是，各种层次、各样风格的人都有，爱说闲话的人是屡见不鲜。自己的事自己还没有弄明白，已被他们顺风传说出去。特别是和爱情有关的事，他们的演说能力是绝对的一流。只是，我的爱情自有我来经历，任你诌来诌去也无法诌出我的心情来。

曾经我也把这些闲言碎语当成真实的故事来听，那只是儿时的事情，现在已经知道爱就是两个人心灵的交汇，可以没有故事、没有语言，甚至只是一次擦肩而过的那个眼神。有时候，爱就是种空白，聋人爱上盲人也可以在无声无息里演出人生的至爱，这是那些只会捕风捉影、宣扬自己演说才能的人永远也无法明白的事实，对他们来说可以说是不可思议。

不过，有些人生性就有颗慧心，在天地之间能捕捉灵性，让花花草草也都跟着灵动起来。他们的心超越了世界的边界，也可以说没有了明确的边界，在无限里延伸，去接近生命的真实。我的爱就是碰到了这样的一位脱身于自然的女子，她的出现让我生活变得缤纷起来，让我在心神安宁的境界里悠闲地呼吸。自从相识的那一天，我就感到了这种爱的无限，在每一个冥思静想的时刻，我都忍不住想在自然里找一种最美丽的事物、语言、声音，或者是超于世外的抽象感觉来对应她的美好和真实，但我发现在我脑海里出现的任何一种事物、语言、声音，或是抽象的感觉都无法和她相提并论。她是从天上坠落的不可言说的美丽，在生命的无限里布施。

可是，我们的相爱让上天都嫉妒了，坠入人间的仙子也无法摆脱尘世的闲话。我为我没有保护好她而抱歉，她会说话的眼睛看穿了我的心思，微笑着不说话，转过身去，望着远方，告诉我：我们在那里也在这里，不要让我退出这里。我明白了她的意思，她说我们在心灵的深处相遇，也在俗世里相处，她接受了心与心的相知，也要和我一起承担俗世里的琐碎。我为有这样的知己欣慰，再多的纷纷扰扰也不回避，因为我们的心在一起，出生入死我们的心永不相弃。

让一切淡淡地来，让一切自然地去，我不再害怕，不再抱怨也不再苛求。让真的永远纯真，让假的等着风化，只要我们的心灵相会，让一切闲言碎语自生自息。

仓央嘉措在爱情里永远是无畏的，他明白自己的需求不是世俗的功名利禄，也不是故装纯真哗众取宠，他知道内心的安宁只有和心爱的人在一起才能得到，所以，无论身在何方他都选择了对相爱的人不离不弃，相伴相依。

当被推上至尊的位子后，他比谁都清楚他的选择会带来怎样的结果，但是，他没有顾忌，也从不因为戒律清规怀疑自己的坚持。这一切，让我们对他青睐的女子产生很大的好奇，究竟怎样的蕙质兰心、超凡脱俗为她赢得了仓央嘉措永世的爱，也许她偏离一切揣测之外，她只是她自己，无法言说的美让有心的男子甘愿驻足。只是，那一世，他遇见了她。

其六十

林中巧嘴的小鹦哥，
请你暂停活泼的鸣叫。
柳树枝头的画眉阿姐，
正要为我唱首悦耳的歌。

拥有一颗闲适的心是人生的一种宝贵财富，而闲适往往来自于纯真，来自于生命最初的呼喊。现在的生活节奏越来越快，能拥有闲适的人也越来越少了，这是生命的一种反常现象。曾经，我们以为创造的物质财富够我们生存了，就可以停下来看看路边的风景，如今，社会越来越富裕了，我们的闲适反而被富裕排挤掉。人类行走的路径是个圆形的，走得太快时就会回归到当初我们竭力摆脱的落后状态。

现在还有多少人会在心里唱一首朴实的民歌，唱给那林间的鹦鹉和画眉，而就在那时曾有一个诗人将这样的幸福满溢在他的语言里。无论外界的风云怎样变幻，他在内心都有个自己的林子，在林子里有他的诗篇。也许那个他诗歌里的鹦鹉代表了扰乱他幸福的因素，在他的一生里，幸福被打扰成了不被允许的戒律。他从幸福的天堂突然间坠入痛苦的地狱，其中的落差只有他自己最清楚，在噩梦复制着噩梦的日子里，纯真的他留下的诗篇却依旧落尽繁华。

没有人问过他的梦在哪里，他的生命被别人拼接，其实，信仰是人们心灵得以安放的地方，在他身上却成了刑具。他的信仰不在这里，在路边的小草和小溪里，在巍峨的山和蓝天的云朵里。他以孩童的纯真判定是非标准，他认为画眉比鹦鹉漂亮、歌喉也比鹦鹉的动听，他就告诉鹦鹉消停一会，让画眉唱歌。他其实不讨厌任何一个存在，他和它们都是亲密的伙伴。

等到他的纯真被人无视并侵犯的时候，他却也用当初的办法来告诉现实里让人讨厌的“鹦鹉”，不让自己被剥夺欣赏美好的权力。我为他保留的这份纯真感动，倘若时光倒流，真想和这个至真的诗人做一世的朋友。只可惜，他的呼声没有人能听得进去，他们只会死守着僵硬的条条框框任年华老去，虚度自己生命的同时也破坏了别人的幸福。

现在读来，这样的语言仍让人莫名地感动，无法言说的美在唇角画出美丽的弧线，不知该为这个世界庆贺曾有一位有心人曾经来过，还是该为这样最本真东西的缺失遗憾。关于诗人最终的消失成了一个谜，无论别人怎么言传，我都愿意相信，消失后他和心爱的姑娘找到了安身之处，他继续着他的纯真，不过，已没了和政治的纠葛，他换用了另一种方式来阐释。

应该感激的是，历经岁月的变迁，历史的河流把他美好的心智冲刷得更加璀璨夺目。他的诗篇不知拨动了多少温情的心，在未来又不知会被多少人解读、阐释，但有一个主题是永恒不变的，那就是他对纯真生命的坚持和对爱的忠贞无悔。我相信，每一个曾被他温暖过的人都会记得他的名字：仓央嘉措！

其六十一

即使妖龙冲我张牙舞爪，
我也不会惊慌逃跑。
不管后事如何，
先把面前香甜的苹果摘下再说。

读到这首小诗时让人禁不住想起狄金森的那首有着同样纯真的《篱笆那边》，在这两首诗里都跳跃着一颗单纯的童稚的心，那心跳是源于对香甜苹果的渴望。当幼小的心里有了这样明晰的渴望时，生活和梦都变得具体了。那想象中的甜蜜已足够甜到孩子的梦里，只是，这样的渴望得到实现似乎也是一个艰难的事实，不然怎么也需要爬过篱墙、战胜凶恶“妖龙”。

每个人在生活中都会有些小小的愿望，这些愿望点缀着他们的路途，小时候的一个玩具、一个鲜美可口的食物或是一句用心的称赞，都足以让我们快乐无比；慢慢地长大后，我们的眼光看到了别处，在经过的陌生处寻找不到当初的记忆，那儿时的愿望或是感觉就成了我们身边的小火炉，在感到冰冷的时候拿出来取暖。

只是，那种美好已在现实里找寻不到，那篱笆的阻隔和凶恶“妖龙”的阻止会让我们耽于行动，但是，对于诗人则是无需考虑的因素。他们能在自己的灵魂里超越现实的阻隔，把一切抛在脑后。狄金森把行动与否的问题抛给了上帝，而我们的仓央嘉措却把困难留给了自己。他不去管“妖龙”具有多大的权力，他也不去问行动后会给自己带来什么样的灾难，他只知道自己理所应当的需要，他决意抛开一切束缚，保持着那份纯真，按自己的本性自主行事，去追求心目中美好的东西。

从一开始仓央嘉措就没有失去自己，无论面对什么样的境遇，他都有自己的坚持。早年在乡村生活的时光，给了他浓郁的柔情，至柔也是志刚的真谛被他演绎得十分透彻。当满腔的柔情被糟蹋不顾时，他的刚性就抬起头来，捍卫自己的生存法则。

仓央嘉措有一个纯真执著的灵魂，从他的人生拉开序幕开始就没有更改过。当遭遇命运的变幻莫测时，他把郁闷和相思留在心里，退到自我的范围内思考人生；当和心爱的姑娘再度相见后，他原本无法沉睡的心更显得火热，不追逐名利，只为一个她，在和“妖龙”的斗争里出生入死。他从没有退缩过，哪怕是在最危险的时候，他也决心摘到那香甜可口的“苹果”，也决心为自己的渴望奔赴生命的挑战。

我们不去评价那有形和无形的枷锁，因为，我们知道，对于一颗自由纯真的灵魂来说，生命不止，自由不息。只是，我们无法理解他们为什么不能接受那么美好的东西和追求，哪怕只是用来为自己积德，成全别人的幸福也是值得做的善事。也许，他们有他们的生存法则，也许他们的生存法则里没有追求幸福这一条，也许他们根本不懂什么是一个人最起码的幸福，他们不过是麻木的利欲熏心的一群小丑，在历史的瞬间挡了有心人的道。

时过境迁，我们从未听到仓央嘉措追问这些，我们也应尊重他的选择，给他留出时空来安静地享受幸福，那是人类至上的纯真。

其六十二

美丽的仙女意抄拉姆，
本是猎人我捕获的猎物。
暴横的君王却夺人所爱，
将我的爱人从身边抢走。

有一个传说，有一位仙女名叫意抄拉姆，她的笑甚至能夺走勇士的心魄。可我是比勇士还要英勇的猎手，就是我把那位美丽的仙女捕获。这仙女啊，来自乾达婆天，身体轻盈如天边的云彩，体香阵阵不是人间的芬芳，就连她走过的地方也会开出美丽的格桑花。这位美丽的仙女要同我一起度过人间的岁月变幻。可上天总是容不下美好的姻缘，可恶的君王看中了我的仙女，竟将她从我身边夺去。

此时的仓央嘉措想必是失了心爱之人。他借用了藏族民间流传广泛的戏剧《诺桑王子》的情节，来表达自己苦闷的心境。

《诺桑王子》源自《甘珠尔》。它的流传同青藏高原的雪一样古老。仓央嘉措诗里提到，美丽的仙女是被抢去的，而在《诺桑王子》里，故事的情节并非如此，它讲述的是一个动人的爱情传说：

很久以前，一位叫南国日登巴的国王为了振兴自己的国势便派人到北国额登巴的莲花神湖去拘捕神龙。北国的神龙知道以后，便向住在莲花神湖边的猎人邦列金巴求救。英勇的猎人帮助了神龙，帮它赶走了敌人。神龙为了报答他，便送他一件名叫“桑木派”的神物。

一日，猎人在乌日楚山后的仙湖中遇见了乾达婆天界的七仙女，便想用“桑木派”抓住其中为首的仙女意抄拉姆。这时，一个居住在乌日楚山洞的隐士告诉猎人，说要抓住意抄拉姆须用龙宫的捆仙索。于是，猎人重回莲花神湖，用“桑木派”换得了捆仙索，抓住了她。原本他想迎娶这位美丽的仙女，让他成为自己的妻子。可是那位隐士劝他，说猎人是不能与仙女成婚的，还不如把这位美丽仙女送给北国那位英俊贤明的王子诺桑。猎人听从了隐士的话，带着意抄拉姆来到了诺桑王子的宫殿，将她献给了王子。

故事并没有讲完，可我们知道，那位击退敌人、帮助了神龙的英勇猎人其实是自愿将仙女送给诺桑王子的。仓央嘉措借用了这个故事，但他却用自己的遭遇改变了故事的情节。有人横刀夺爱，仓央嘉措的内心必定承受了极大的煎熬。身为世俗至尊的他竟无法保住自己的爱人，就好像一个可以击败巫师、捕获仙女的猎人，却斗不过一个有权势的凡人一样，那是一种怎样的无奈与愤懑？

我们继续讲那个美丽的爱情故事。

英勇的王子见到了美丽的仙女，与意抄拉姆形影不离。他们的恩爱引起了其他妃嫔的嫉妒，她们便想办法骗诺桑王子离开了王宫，想要挖出意抄拉姆的心肝。危急的时候，美丽的意抄拉姆飞回了乾达婆天。诺桑王子回来后不顾一切地寻找他的爱人。他历经了千难万险，踏遍了万水千山，闯过了层层考验，没有什么能阻挡他的脚步。终于，他到达了乾达婆天，接回了美丽的仙女。

这本是个美丽的故事，可仓央嘉措却用它表达了求之不得的痛苦。爱情至苦之处莫过于此。

其六十三

姑娘你在此当垆，
我日日沉醉于杯中美酒。
今生没有别的希望，
只愿与你和酒浆长伴醉乡。

仓央嘉措这首诗，道尽了他的精神寄托。佛法虚无，何处才能握住实实在在的人生？那拉萨的酒肆里有醉人的美酒，有心爱的姑娘，这才是人世，这才是风流的少年生命的向往之处。我是白日里佛堂里的尊者，可更愿意入那酒肆做浪荡的宕桑旺波。这样的仓央嘉措难免让人想起柳永。

他曾追名逐利，是大宋景祐进士，官屯田员外郎；他的家族世代为官，最终他厌倦了官场；他为人放荡不羁，死后是青楼女子捐钱葬身，终生潦倒；他才情卓越，词工绝佳，世人常说，“凡有井水处，皆可歌柳词”。他厌了这浮世，于是他说：“烟花巷陌，依约丹青屏障。幸有意中人，堪寻访。且恁偎红翠，风流事，平生畅。青春都一饷。忍把浮名，换了浅斟低唱。”

他们都有相似的矛盾，一个在情与佛之间，一个在情与名之间。仓央嘉措问：“世间安得双全法，不负如来不负卿？”柳永安慰自己：“浮名利，拟拚休。是非莫挂心头。”如生得同时同地，这样的两人相遇会擦出怎样的火花？

但是柳永与仓央嘉措还是不同的。仓央嘉措少时浸染了太多俗世人情，被生生推上至尊的高位，自是有些不惯，加之生性使然，时运所济，抛洒浮名乐意为之。

其六十四

暴风夹杂着沙石，
使苍鹰的羽毛纷乱不堪。
姑娘虚情假意的话语，
让我心烦意躁。

仓央嘉措的内心此刻一定遭受了极大的创痛，如同被暴风狂沙摧折了鹰羽。多情的他却遇到了虚情的姑娘，这样的欺骗实是人间最伤人的刀。

仓央嘉措的这首诗可以用这样一句诗做注脚，那便是："多情自古空余恨。"怪只怪仓央嘉措太多情，都说爱情里先爱上对方的人定然是输的，这便是多情的恨。恨归恨，哪怕此恨绵绵无绝期，仓央嘉措却是为这骗她的姑娘动了真心，否则何来心烦意躁一言？恐怕仓央嘉措这心烦意躁不是一日两日便能过去的。他的身上流着多情的血，和世上千千万万多情的人一样，怕就怕他为情人憔悴成了瘾，不管那人是不是真的值得他这样做。

真正爱上一个人你才会知道，为了情人忧思憔悴也是爱情的一种风景，正所谓"一日不思量，也攒眉千度"。这样的情绪给了爱情一点凄美，于是爱情便在每个情人的精心浇灌下开得更加艳丽。如果对方是个对你真情实意之人，也不枉你憔悴一场，可仓央嘉措此时并没有那么幸运。也许这人世多情就是应了无情而生，于是情花便开出了毒。情花之毒无药可解。这毒会让人上瘾，即使致命也至死方休。

其六十五

印度之东有妙姿孔雀，
工布之谷有丽音鹦鹉。
所生之地遥隔千里，
它们却会聚于拉萨城中。

有些人一出场就在相互靠近，在命运的棋盘里，谁也无法自己决定下一站身处何方。有一种缘分是山山水水隔不开的，双方多年的努力无形中好像都是为了一个目的。这冥冥之中的安排，结局或许在戏剧没有上演的时候就已经写好，分分合合都是不容改编的。其实，只要经历过人生艰难旅程的人，都相信这种不算科学的解释。当我们面对命运的翻云覆雨无力抗拒时，也许只有这样的解释才能让人的心稍稍平静一点。

我始终相信是老天让我们相遇，这种感觉在你出现前就已经很浓烈了。我始终有种预感，就是和一个唯一能让我的内心安宁的人会在这里相遇，不知道是哪一天，也不知道以什么样的形式，甚至也不知道她的样子，就知道这种只在我们之间存在的感觉。在我们相遇之前，一切都是平常的过场，都是在为了那一天做铺垫。

换一个说法，也许更能让这样的缘分变得具体可感。你可知道印度的孔雀和工布之谷的鹦鹉，尽管出生地不同，为什么能在拉萨相见？这是它们的前世相约，在今生里继续。人与人之间也是如此，前生的缘分未了，会在今生里再续前缘。如果，彼此间的情意太深，这种缘分就会一直不散。我不知道你是否也相信这样的神话，不知道你的心里是怎样感知爱情，我知道始终都有一盏穿越千年的灯火，在远处给予我温暖，我的今生就为了与她相见。

你不知道也好，也省得想起前世红尘里的记忆，只需在今生里坦然地绽放自己的青春。在那不见首尾的历史长河里，一石激起的千层浪也是引不起瞩目的平常，它滔滔地流走，冲刷出各种自然的迥异和人生的变迁。如今回望处也已经变了景色，我们姑且忘记历史，在现实的情况下，感受今生的酸甜苦辣。

只是面对现实复杂的情况，我的最原始的梦境被打破时，我随便无关痛痒地牢骚几句。你们口口声声使用着佛的权力，把一切的行为归为佛的用意，怎么没有看到我难舍的情缘也是佛的安排，他让我今生里学会了爱人，才得以具备修佛的资格。你们的阻隔是违背了命运的旨意的，我的心还是要追随我心爱的姑娘，我知道这和信仰是不冲突的完美。当人与人的相见成了一种宿命，任谁也无法改变宿命时，我愿意接受这种宿命以及由它带来的各样后果，让我的前世相约不再落为遗憾。

仓央嘉措不是一个没有信仰的人，他在内心深处相信一切的美好，不被现实利用的纯粹的美好始终是他念念不忘的追寻。他用这样的方式告诉了拆散自己幸福的人，一切是命运使然，人们应该自然地接受。

无需太多的言辞，也不用太多的迟疑，我们由陌生走到熟悉，是缘分让我们一步步地靠近。无论世事怎样无常，我们坚持着的这份情缘已经嵌入生命里，早已删除不去。

其六十六

洁白的鹤啊请听我言，
我想借你的翅膀，用用就还。
我想去的地方并不遥远，
那美丽的理塘，去看看就回还。

这首情歌从遥远的山间传来，初次听到时捕捉到的是种痛彻心扉后的无力抗拒。若心也插上翅膀，跟随乐曲飞翔，太深太深的眷恋在蓝天白云里回响。眼中的万物，安静而深沉，崇高的姿态让人感到了渺小，从深宫里起飞，飞过苍山，飞过纳木湖畔，飞过一世的情缘，来到让人心疼的理塘。这里，有位姑娘，她曾为我，用百灵鸟般的歌喉，将美丽的理塘草原歌唱。只是这歌声穿越了时空，歌声里的故事感动了无数的后人，却永远飞不出诗人的伤感。

我现在还记得那段最美最美的时光，美丽的达瓦卓玛，我们一起放牧，在那青草无边的草原上，洁白的羊群像天上柔软的云朵，累了就停下来用各自的形式为对方驱走疲劳，充满诗意的草原上从没有着上悲伤。像一对幸福的鸟儿，我们却慢慢住进了彼此的心房，从此生命开始了新的旅程。

然而，命运的无常阻断了我们的幸福，就在那幸福的地方，我被不幸带走，徒留我心爱的姑娘在身后奔跑、呼喊，视线却越拉越长，终于被风尘掩盖。一别之后，两地相思，怎堪忍受？我在深深禁宫里，面对幽幽酥油、沉沉的佛经书，却无法看到佛的尊容，达瓦卓玛的脸庞却印在脑海里，抚慰我的忧伤。我知道，天涯相隔，她也难舍深情，在遥遥的南山将美丽收藏。

我曾以为，命运的残忍莫过于此了，它把人类最在意的美好摧毁，还把它捻在手心里嘲笑众生的迂腐；甚至，在筋疲力尽的时候，怀疑美好也是残忍的代名词，乔装改扮将善良的人类欺骗。没想到的是，那时看到命运的残忍不过是不值一提的小把戏，到后来才发现，没有反反复复的折磨，直到你彻底地放弃抗拒，它绝不会善罢甘休。在命运的手掌里，我们之间的缘分又被它再一次把玩。

就在那美丽的纳木湖畔，夜色突然显得分外地温柔，它又将意外的幸福赐给了我，我和我美丽的姑娘在很久很久的别后再次相遇。那时，纳木湖东山顶上皎洁的月亮正清辉四泻，慷慨地洒向人间，袭一身的清逸，超然世外，重新携手的心情，全部都在月光里，安静而欣喜。然而，我和我的爱人不允许公开交往，所以，我只有悄悄地去八角街和她见面，我和我的幸福还是有着距离。倘若，一直这样，我也会非常非常地知足，也会在心底真诚地感谢命运的恩赐。幸福总是来得太迟，却又去得太急。我对命运的理解终被彻底地否定，我的姑娘不知了去向。

面对着这不堪忍受的伤害，我的情绪一片凌乱，无从拾掇的心瓣散落一地。我该怎样再次与她相逢，恐怕一切只有在来世才能期待了，因为我已经看到我们的今生已被魔掌毫无商量地画上了句号。在以后的日子里，我不会再有任何的希冀，生命被扼住了咽喉。来不及反抗，已经命归黄泉。

在情绪找不到出口时，我只有为我的心声借一双洁白的翅膀，飞过高山、雪域，去我心上人的故乡安居，哪怕又将迎来命运不怀好意的玩弄，我也毫不迟疑，我知道，在那里，我们会再次相遇。也许只有在有你的气息的地方，我才能感觉到自己的存在。

人们说这是在仓央嘉措遗物中发现的他生前写下的最后一首诗，诗歌里带着淡淡的忧伤，有着那种看透后的安静，安静里自然有一份执著，告诉了人们他的心曾经是怎样地热烈过。仓央嘉措终生念念不忘的地方，实则是他一直以来没有能够抵达的梦想。我们无法知道，这对有心人最终会在哪里相遇，他们的灵魂是否在一切凡世的纠缠停歇后相伴在彼此的左右，那时他们会延续着原来的幸福，还是在人生的轮回里选择了停留，只为那一生的那一次爱恋，放弃了前行路上的所有。

其六十七

阴曹地府的阎罗王，
在堂上高悬着“业[①]镜”。
人世间说不清的情仇，
用镜子一照就恩怨立现。

人们总说是距离产生了美，让我们和万物间保留一份距离，这样才会欣赏到它们的美丽，而不去计较其中的瑕疵。其实，我对生活中的事并不是很苛求，并不是无法接受一点点不满意的地方，我知道就像人各有所长、各有所短一样，不完美也是一种完美。只是，随着年龄的增长，最初的认识和生活越来越大的偏差成了内心无法接受的负担。

小时候，会把很多人和很多事当做自己的榜样，认为他们是一种绝对的权威，只要和他们一致的都是正确无误、值得学习的，而一旦和他们有少许不同，就会被舍弃、被厌恶，就成了不可原谅的。那最初的认识是最深的记忆，就像黑色和白色那样分明。那时，我像是住在天地相连的一边，而远处就是天地相连的另一边，其中错落安置的景物被印在心里，它们随四季的变化也有相应的变化，但每一个轮回都是出奇地相似，辨不出太多的差异。在生活里也是如此，长者教给我们的也是最直接的东西，美与丑、善与恶都是泾渭分明的，那时我们的世界没有这么多左摇右摆。人与人之间最单纯的东西，在不被强调的时候呈现。

等到命运突然被改写时，我对周围的人和事开始感到了陌生，本是在同一片土地上成长起来的人，却有着太大的差别，真真假假让人难以分辨。人与人总是隔着一座山，山的两侧是不同的景致。孤独和忧郁纠缠着我，人间的光明越来越淡，在脚下消失。我最真实的追求被他们涂上污浊的颜色，给抛弃在闲言碎语的争斗之间，对于他们而言，勾心斗角成了一种习惯，目的是他们唯一注视的东西。

真的让人费解，不是说在阴曹地府里阎王还有一个区分善恶的镜子吗，在最缺乏温暖的地方还有一把尺子来抚慰人们的心，而我们宣扬的美好的人间却是非不分。所谓的尺度，成为某些人谋私的工具，善与恶的界限变得模糊不清，还不如那镜子说一不二。

仓央嘉措这样直接控诉现实的诗歌不是很多，让人能明显地感觉到，他以前贯之以情的书写是他真情的自然流露，也是他避开杂乱现实的一种方式。也许，在能够避开时他都选择了避开，沉醉在情的诉说里，任随风云变幻也和自己不相干。他原本想守着那份真情，留住些美好，只是上天啊太过于刻薄，夺走了他最后坚持守护的东西。这样的时候，生又如何？死又如何？

这首诗歌采用了对照的手法，让是与非、善与恶在不同的境遇里伸张，只是，诗人坚持的美好让人失望了，他看到了在这样的人间里，纯真的美好已不复存在。从一个天堂般的村子里，被拉到布达拉宫，这个过程给了他天地的悬殊。日子已无从倒流，也不允许他有新的开始，高高的宫墙禁闭了未来。当生命的意义被亵渎时，他终于鸣出了自己的不平。

注　释

①业：佛教用语，指人在世间的所作所为，有善业与恶业之分。

其六十八

十地法界的具誓护法金刚，
神通广大法力非凡。
请大展神通威仪显现，
把邪魔外道统统驱赶。

仓央嘉措的这首诗是赞佛之语。他眼中佛教的敌人在此诗中并未点明，但我们大可不必纠结于此，仓央嘉措的佛法修为自是高深，他的诗中出现了“具誓护法金刚”，此金刚又称“具誓金刚”、“善金刚居士”，藏名单坚。具誓金刚是藏传佛教格鲁派密院的主要护法，也是宁玛派“三根本”护法之一。藏传佛教对于“三根本”重视非常。所谓“三根本”即指上师、本尊、护法。具誓护法有360个兄弟眷属，因此，后来念诵的护法祈祷文中有“三百六十化身无穷众”的偈赞。

具誓金刚单坚当年曾阻挠莲花生大师来西藏。据说具誓金刚单坚听说莲花生大师要前往拉萨会见图伯赞普，心中十分妒恨，根本不把大师放在眼里。他想试探一下大师到底有多大的本领，于是便在莲花生大师途经西藏吾尤西仓宗格拉山时，率领他的360眷属前往阻拦。莲花生大师是神通大师，具誓金刚根本无法阻拦，反被莲花生大师施展神通死死地定住，丝毫动弹不得。莲花生大师遂逼其献出命咒，将之收为佛教护法。

具誓金刚的法相众多，大多数时候他以骑狮或骑羊相出现。他的骑狮相为一面二臂，三目怒睁，面色紫红，面相恐怖，骑乘一只绿鬃白狮，身着蓝法衣，头戴白沿毡帽，右手挥舞金刚杵，左手托持滴血魔心送至嘴边；具誓护法另一个重要化相骑羊相则为骑乘一只山羊，通体漆黑，头戴一种称为“太虚”的特殊帽子，右手持铜冒火锤，左手托吹火皮囊，面貌较为温和。由于这一化相是铁匠装束，因此誓具护法也被西藏的铁匠视为他们的护法神。

仓央嘉措在诗中提到了另一佛教名词“十地”，当指佛教圣人的十个得道等级而言。大地能生长万物，故佛典中常以“地”来形容能生长功德的菩萨行。“十地”即指十个菩萨行的重要阶位。

这首诗表达了仓央嘉措对佛法的敬重，他风流但并不代表他不敬佛。也许他只是在那场有些残酷的斗争中，对佛法产生了迷茫。也许曾被推向斗争前沿的仓央嘉措不知那样玄而又玄的佛法是否能度得苍生，于是他便想抓住一些实实在在的生活，所以他选择了俗世，而又有什么是比这俗世更实在的呢？